「夢」の認知心理学

岡田斉
Hitoshi OKADA

keiso shobo

まえがき

私は、夢を専門に研究する心理学者ではない。確か一九九二年のことだったと思う。大学院時代から共同研究を続けていた松岡和生さんから一本の電話があった。彼は心理学の授業で夢について話そうと考え準備を始めたという。そこで感覚、知覚的な入力から覚醒時の心的事象は生起するのだから、夢の中でも同様に見たり聞いたりするような体験がどの程度あるのかといった知覚的な特徴を明らかにするところから出発することにし、夢の中での知覚体験に関する研究を調べていったのだが、少し困ったことになったらしい。普通の人の一般的な夢に色がつくかどうかを調査したデータを調べていくと、五〇年くらい前までの研究しかなく、それらのデータによれば夢に色がつく比率は多くても二割くらいしかないという結果しか見つからない。しかし、気になって周りの学生たちに聞いてみると、みんな夢に色がつくのが当たり前で、白黒の夢のほうが考えられないという声が大多数だったというのである。そこで、日本はおろか世界的にも近年こういった調査研究は全くないようなので、夢に色がつく頻度に関する調査研究をしてみませんかというお誘いだったのだ。

私は、フロイトの精神分析などを読んで夢分析は面白いとは思ったものの、それまで聴覚を対象にした実験的研究を行ってきたので、正直なところ夢の研究など最も非科学的で胡散臭い領域だと考えていた。しかし、彼の提案するような調査であれば科学的であるし、何より世界中どこを探してもデータがないという点は魅力的だったので、あっさりとそのお誘いに乗ってしまった。

彼と調査の話を詰めていくにあたって、単に色彩感覚の有無だけを聞くだけではもったいないので、様々な感覚体験や感情的な体験、さらに体外離脱や明晰夢などの特殊な夢の体験頻度なども聞いてみようということになり調査の内容は膨らんでいってしまった。大学生・短大生を対象にデータを取り始めたのだが、分析してみるとこれが面白い。調子に乗って、さらに発達的にも見ていこうということになり、結局一〇歳から八〇歳まで数千人のデータを集めてしまうことになってしまった。本書の第八章はそういった経緯から成り立っている。

その結果、気づいてみると二〇年近く調査を続けてしまうことになってしまい、挙句の果てに、勁草書房の永田さんからこのような本の企画を勧めていただく事態にまで至ってしまった。ご提案を受けた時には、面白そうな話題をあっさりとまとめる程度で済ませるつもりであった。しかし、歴史は繰り返す。どうせ書くならと思い、少し頑張って文献を調べていくと大変な本にたどり着いてしまった。それは二〇〇七年に出版された、三巻からなる“The new science of dreaming”という本である。総ページ数は九〇〇ページを超え、最新の夢見の研究を網羅したもので参考にするつもりで目を通したところ、その程度で済ますには惜しい内容が満載されていた。結局本書のかなりの部分はこの本の内容を紹介することになってしまった。扱えた内容はそれでも全体の三分の一程度に過ぎない。また、一般の読者が持たれるような素朴な疑問にも対応できるように、大学の授業で実際に学生からあった質問とそれに対する私の見解を各章に加えることにした。

私には夢のメカニズムを解き明かそうというような高邁な理想があるわけでも、この分野の発展に身を尽くそうというような悲壮な覚悟があるわけでもない。新し物好きの単なるミーハーに過ぎない。しかし、夢の研究を調べれば調べるほど、自分でも行えば行うほど、その世界は広く、深く面白い。心の科学としての心理学のすべてがそこにある。しかし、世界的にはこれほど様々な議論と研究があるにも関わらず、特に基礎研究に関しては日本の国内での研究は盛んであるとは言い難い状況である。夢に興味を持って基礎研究に挑戦する人たちが一人でも増えてくれることを望んでいる。

本書をまとめるにあたって勁草書房の永田悠一さんには大変なお世話をいただきました。この場を借りて御礼申し上げます。

二〇一〇年八月

岡田　斉

「夢」の認知心理学

目　次

目次

第一章　「夢」の認知心理学とは

1　「夢」の認知心理学を定義する

(1)　夢を定義する

本書を始めるにあたって、基本的な用語についての見解を明らかにしておくことから一歩を踏み出すことにしよう。

「夢」という漢字の語源については、日本における睡眠・夢見研究でもっとも著名といってよい大熊がその著書『睡眠の臨床』（一九七七）の中で以下のようにまとめている。

日本語の「ゆめ」という言葉の語源について、辞書の「言海」をみると、ゆめは寝目（イメ）または寝見（イミ）から転じたもので、その意味は「睡れる中の物思いに現（うつつ）のごとく物をみること」であると巧みに表現されている。また漢字の「夢」という字は、音は「ボウ」あるいは「ム」で、目がはっきり見えないという意味の字「瞢」の目のかわりに夕を入れたもので本来は「夕暮れとなりて物の明らかに見えざること」である。本来「ゆめ」に相当する漢字は「㝱」（ボウ）という字で家の中の牀（トユ）にてゆめを見るという意味の字であるが、現在はその漢字の一部である「夢」が「ゆめ」を表す字として用いられるようになったのである。

次に「夢」が意味する内容に焦点を当ててみよう。心理学の研究で「夢」はどのように定義されるのであろうか。

オーバックは睡眠障害と夢の関連性について論じるにあたって、夢の定義を明らかにする必要性を次のように述べている（Auerbach, 2007）。

夢と夢見について正確な定義をすることから始めるのがよいと思う。定義をすることで定量化と測定が簡単になるからである。研究者たちは夢は現象的なものであるという点で一致しているが、正確な定義を避ける傾向にある。睡眠研究者の専門団体と夢研究者の団体が共同してコンセンサスを得ようと努力したが失敗したのであった。

さらに、松田も、夢について簡単に定義することは難しく、Dreaming誌においても定義している論文はわずかに一一・五％にしかすぎず、一般的には定義することを避ける傾向があることを指摘している（松田、二〇〇六）。加えて、定義されている研究を見わたしてみると今度は、定義が研究者間で一致しない（Rock, 2004）のである。ともあれ内外の研究者の行った定義をいくつか挙げてみることにしよう。

小熊は、「夢は睡眠中に発生進行し、覚醒時の自我人格的活動とは違う特性を持つ異常意識で、正常な環境適応性を失なった内閉的な不完全な心身活動であり、その上、夢意識は分離意識で、その内容は全部覚醒後の観夢者には白昼の世界とは同じ客観的事実として、またはもっと切迫した現実、すなわち常に眼前の現在的場面として意識される」（小熊、一九五七）としている。河合は、「夢とは睡眠中に生じる自覚的体験のうち、明確な感覚性心像体験を持つものをいう。夢と睡眠中の思考体験とは判然と区別しがたいときがあるが、その体験の中での自分が覚醒時との自己同一性が維持されている場合には、夢とは言わずに睡眠中の思考とされる」と述べ（河合、一九八一）、やや広い概念に移行している。ハートマンは、狭い定義では登場人物がいて、筋書きらしきものがある、妄想じみたものだけを夢と呼ぶ。そうした夢は主に後に詳しく述べるレム睡眠中に現れるようであるが、広義には睡眠中のあらゆる段階で起こる精神的活動を夢と呼ぶ立場もあると述べている（Hartmann, 1998）。ホブソンは、「夢見は健常な人の睡眠時に定期的に起こる特徴的な精神状態である」（Hobson, 1994）とこれらより広い定義を採用した。ロックは「目が覚めてから語ることのできる睡眠中の精神的な体験」(Rock, 2004　伊藤訳 二〇〇六) を夢と呼ぶというようにもっと広い。これらの内外の定義を見てもわかるように、夢の定義はいわゆる夢らしい夢から、睡眠時の精神活動一般をさす概念としてとらえる方へと広がってきている様子が見て取れる。最近では、先に挙げたオーバックは、「睡眠に随伴して起こる精神活動、もしくは主観的に経験される認知的事象であり、これはまた、覚醒から睡眠への移行期と関連する精神活動も含むことになろう」(Auerbach, 2007) とさらに拡大した。

夢についての定義を明らかにしなかったり、定義がばらばらになることには理由がある。それはよって立つ理論によって夢の定義が変わってきてしまうためである。そのため、特定の立場に立たないように配慮して論じようとしている人たちは、定義をしないほうが都合がよいとしてあえて定義しないという風潮が広く起こってきてしまったことが推測できるのである。本書ではできるだけ広義の定義を採用することとし、先に述べたオーバックの定義に従うことにする。

研究論文を見渡すと、夢を表す用語がいくつかあることに気づく。心理学的研究では、夢 (dream)、夢見 (dreaming)、夢想起 (dream recall) の三つの単語が使われている。「夢」は夢体験そのものを指す言葉であり、「夢見」とは夢を見ている状態を指す。夢は想起した形でしか客観的な対象とはなりえない個人的体験であり科学的な研究対象としては「夢想起」しかあり得ないという指摘もある (松田、二〇〇六)。これから述べる各種の研究で精神分析の流れに属する研究では夢の内容に焦点があてられるため、「夢見」よりは「夢」がよく用いられる傾向がある。一方それとは対照的に科学的立場を標榜する脳科学に準拠する研究においては、内容よりも生成のメカニズムやプロセスが主たる研究対象となることもあり「夢見」が用いられることが多いように見受けられる。

（2）心理学的研究とは

心理学についても定義が必要であろう。心理学の祖はウィルヘルム・ヴント（Willhelm Wundt）である。彼が始めた心理学とは心を科学的に解明することを目指す学問であり、その対象として意識を想定した。しかし、意識内容は主観的な現象であって第三者からは客観的に観察することが困難であるため、客観性を基盤とする科学には最も相性が悪い対象であった。このため、彼の発想は魅力的であったが行き詰った。その後、意識ではなく観察可能な行動を主たる対象とする行動主義が提唱されたことで、心理学は科学として発展していったのである。しかし、行動のみに着目した行動主義は、単純な行動については説明できても、複雑な心の働きについては「心」もしくは「意識」を仮定しないと説明することが難しくなり、これもまた行き詰ってしまった。そして、その結果として、行動的な指標を活用して意識体験を対象とする認知心理学が一九五〇年代以降、勢いを持つことになる。そこで、こういった経緯を踏まえ、本書では心理学が「意識と行動の科学」であるという立場を取ることにする。

（3） 認知心理学とは

次に「認知心理学」の定義である。アンドリュー・コールマン（Andrew Colman）が編集した“Companion Encyclopedia of Psychology”（Colman, 1994）によれば次のようになる。

認知（cognition）という単語は「理解する」ことを表すラテン語の“cognoscere”に由来する。認知心理学は記憶、注意、思考、推論、問題解決など情報処理に必要であると考えられるすべての心的な過程を取り扱うことで発展してきた心理学の一つの分野である。知覚については含める立場と含めない立場がある。心理学者が心理学的な過程における認知的な側面に注目する時には、行動的に現れる側面ではなく、精神的な活動に重点を置く。さらに「認知科学」という分野があるが、この分野は生体における情報処理についての理論的なモデルを構築することを目的とする、認知心理学のみならず、脳科学、コンピュータ科学、人工知能、言語学、哲学などを含んだ学際的な学問分野であると定義できる。

認知心理学は先に挙げたような領域を対象に実験的な手段を用いて研究を進め一九五〇年代半ばから盛んになった。さらに、認知科学は脳科学研究やコンピュータ科学の急速な進歩に歩調を合わせて一九八〇年代から発展を続けることとなったのである。

2　夢の心理学的研究の歴史

（1）心理学の黎明期

ヴントの夢についての議論

心理学の創設者であるヴントは心理学の対象を意識であると考えたので、意識体験の一つである夢には当然言及することになる。ヴントは“Grundriss der Psychologie”（Wundt, 1897）の中で夢についても論じている。

厳密な意味での精神病ではない不規則な意識が日常生活で現れる状態として夢と催眠がある。幻覚と夢の違いは夢においては統覚の働きが弱いために頻繁な変容や自己意識の交替や判断の混乱などが起こる。幻覚においては感覚の機能によって制限を受けるが夢においては外的で意図的な活動は完全に抑制される。夢の中での空想的な内容が意図的な行動と結び付くと催眠のひとつの形である夢中遊行となる。

夢と催眠は本質的には同じ精神物理学的現象である。両者はともに意思作用を抑制する特徴を共通に持つので生理学的には脳の同じ領域内の活性度の違いで説明できる。この差異は「補償機能」の原理で説明できる。ある領域の活動が抑制されればそれと関連する別の領域の活動性が増大するということである。この関連性は直接的である場合もあるが、血管系を介した間接的な場合もある。

彼は幻覚と夢を一つの連続体上にある現象としてとらえ、その基礎を脳内における同じメカニズムに求めた。これは現在の夢見における最新の知見と一致する見解であり、その先見性に驚かされる。

カールキンスによる夢の研究

次に、心理学の黎明期の夢の研究を行った心理学者として、メアリー・カールキンス（Mary Whiton Calkins）を取り上げたい。

彼女は全米の女性で初めて博士号を取ったことでアメリカにおける女子教育の分野では大変有名である。彼女はクラーク大学のサンフォードのもとで、さらにハーバード大学でアメリカの心理学の祖であるウィリアム・ジェームス、ジョサイア・ロイスのもとで心理学の研究を続けたが、当時のハーバード大学は女子には正式には門戸を開いておらず、いくら素晴らしい研究成果を挙げても「ゲスト」扱いしかされなかった。それでも研究を続けた結果、卒業試験も含めて博士号をとるためのすべての要件を満たし、しかもジェームスに「これまでのハーバードの試験の中で最も素晴らしい成績だった」と言わしめるほどであった。にもかかわらず、単に女性であるというだけの理由で教授会から学位の取得を拒まれたのであった。その後、ハーバードのもつ女性向けのラドクリフカレッジが彼女に学位を出すと提案してきたのだが、彼女は「私はハーバードで仕事をしたのです」といってラドクリフからの提案を丁寧に断ったのである。この結果、彼女は四年後の一九〇二年に、全米で初めて博士号をとった四人の女性のうちの一人に甘んじることになった。カールキンスの研究は主として対連合学習についての実験的研究であったが、一八九一年に夢について行った研究は現在の水準からみても先見の明があるものであった。

American Journal of Psychology に一八九三年に掲載された彼女の論文は "Statistics of dreams"「夢についての統計的検討」であった。「実証的」な手法で「正確に」夢を記録することを目指した研究である。

サンフォードのもとで研究していた一八九一年の春、彼女は七週間にわたって夢の内容を記録するという研究プロジェクトに参加した。この研究では毎晩夢を見ているときに目覚めたら間髪をいれずにその特徴を包み隠さず記録するというものであった。カールキンスは覚醒時の生活と夢見の生活は緊密に結びついていることを示した。彼女は夢というものは感覚器官を通して最近知覚した人や場所や出来事を再生するものであることを見出したのであった。一九八〇年代になってフロイトの夢分析が隠れた意味を強調しすぎたがゆえに攻撃されることとなった時、カールキンスの夢に関する研究は一〇〇年近い時を経て中核に躍り出たのである。神経科学に準拠する夢研究者は彼女の研究を称賛することになったのである。

（2） フロイトの精神分析と夢分析

夢に関する心理学的な研究を概観する場合にはジグムント・フロイト（Sigmund Freud, 1856-1939）を避けて通ることはできない。彼は、二〇世紀でもっとも著名な一〇〇人の心理学者（Haggbloom et al., 2002）の中で、心理学の専門雑誌で引用された回数、心理学のテキストに引用された回数で第一位、総合的な評価でも第三位であり、心理学を代表する巨人の一人であることは間違いない。さらに、その影響は心理学のみならず、人文科学、社会科学、文学、芸術にまで及んだ。例えば、総合的な芸術活動として有名であったシュールレアリスム運動はフロイト抜きには考えられず、中心メンバーの一人であるサルバドール・ダリがフロイトの講義を聞きに何度も出向いた逸話は有名である。このため、マルクス、ダーウィンと並んで一九世紀から二〇世紀にかけて世界を代表する科学者の一人として挙げられることとすらある。

フロイトは無意識という概念を広めそれを明らかにする方法として精神分析を創設したのであった。彼が精神科医として出会った事例にヒステリー（今では身体表現性障害と言われる）があった。この事例では足が不自由であるという訴えがあったが、身体的にはどこにも問題がない。当時は仮病ではないかと片付けられるようなケースであった。催眠によって類似の症状を現わすことが可能であるということを示したフランスの精神科医シャルコーのもとで学んだフロイトは、この患者に催眠をかけ質問を行ったところ、普段とは異なる当時としては不道徳ともいえる話をし始めた。そしてこのことに患者が気づいた後に、ヒステリーの症状が消失したのであった。これは、普段われわれが持っている意識の下に気付いていない意識である「無意識」が存在し、「抑圧」されていたそれに気付くことで症状が消えたのだと彼は考えた。このようなプロセスから、彼は無意識を明らかにすることが精神症状の解消につながると考え、それを明らかにする方法を「精神分析」と名付け治療の現場で実践していったのであった。

彼は初期には催眠を用いたが、その後、単に連想を行っていく「自由連想法」に切り替えていった。単に自由に連想を進めていくだけのことなのだが、ときに患者はその連想が進められなくなってしまう壁に当たることに彼は気づいた。そして、壁にぶつかる理由として、その先に無意識の世界があり、そこに進ませないようにしていると推測した。さまざまな連想を行い、それが止まったところをつなぎ合わせていけば、無意識が何かわかると推論したのであった。

一方、彼が無意識へ至る王道と考えたものが夢である。彼は、無意識に抑圧されたことを表出させるために人は夢を見ると考えた。そして、この発想をもとに彼の夢分析が行われるようになる。

フロイトの心のモデルでは幼児のころの記憶、空想、思考などが無意識の最下層を形成する。これらの考えは抑圧されているが、つねに表に現れようとする。睡眠中は抑圧がいくらか緩和され、無意識的願望（夢思想）はなんとかして夢に自らを表現しようとする。しかし、抑圧が完全に緩和されることはない。無意識には検閲の働きがあり、顕在夢（夢内容）に表現される前に無意識的素材を偽装する。検閲はこの目的のため夢を歪曲したり、いくつかの内容をくっつけて圧縮したり、移動させたり、抽象的なことばを視覚化したり、象徴化を利用するというのである。フロイトは、夢は夢を見る人の無意識にある思考と動機を表していると主張した。夢を理解するためには、彼は、隠れた象徴的な意味を見つけ出すために表面の下にあることを探索すべきであると主張したのである。夢には「顕在的内容」（表面に現れてきた内容）と「潜在的内容」（夢の経験の中に象徴的に表象されている隠れた意味）があるという説である。

最初フロイトの精神分析は受け入れられなかったが、その後世界中に支持者が広がり、精神分析が一世を風靡することになった。その結果として夢見の研究は精神分析的研究に席巻され、事実を地道に科学的に積み上げていくカールキンスのような研究はほとんど見られなくなってしまった。

先に述べたように、心理学は心（意識と行動）の研究に科学的方法を用いる学問であると定義されるが、彼が仮説を形成した方法は科学的ではなく、どちらかといえば芸術的と言った方が適切であろうと後に評価されている。その点では、一般的な人たちにとっての「心理学」としてよく知られている彼の説は、心理学の本流に位置するものではない。しかし、彼の残した様々なモデルや考察は、少し大げさかもしれないが、すべての心理学者の「心の傷（トラウマ）」になるほど大きく強力な影響を与えたことも間違いない。これから夢についての研究を概観していくが、亡くなって七〇年近く経ったにもかかわらず、彼の説は科学的でないと厳しい批判にさらされつつも、それを科学的に証明することは科学的な心理学研究を目指すものたちにとっての究極の目標の一つとなっているようにさえ見えるのである。

(3) レム睡眠の発見とホブソンの活性化―合成仮説

一九五三年、シカゴ大学のアゼリンスキーとクライトマン(Aserinsky & Kleitman)は単に休息をとっている時間だとしか考えられていなかった睡眠にスポットライトを当てる画期的な発見を行った。彼らは、有名な科学雑誌である Science に、「急速でけいれん的で組織的な眼球運動」が夜間に定期的に生起し、その時に起こしてみると二七のうち二〇で被験者は夢を見ていたと報告した。このような眼球運動がない状態の時に起こした二三のうち一九で夢は報告されなかった。最初の眼球運動は入眠後一時間四〇分と四時間五〇分の間(平均三時間)で現れた。その時の前頭葉と後頭葉の脳波のレベルは「常に低電位(五―三〇マイクロボルト)で周波数は不規則(一五―二五ヘルツと五―八ヘルツが多く見られる)」と述べ、その時の身体的な活動に関しては「呼吸の速度は眼球運動があるときには一分間に一六・九であるが、ない時には一三・四になった。すべてのケースで眼球運動の時期には身体の活動性はピークに達するが、そうでない場合には眼球運動は伴わない」と述べている。これが、有名な急速な眼球運動(Rapid Eye Movement: REM)を伴う睡眠(レム睡眠)の発見と夢見との関連性に関する初めての記述である。

彼らの発見の後、睡眠中に脳波と眼球運動を生理学的に同時に測定することで夢を確実に取り扱えるようになったため、レム睡眠中の精神活動を調べる研究がまさに花開き、夢に関するより客観的なデータが莫大に蓄積されるようになったのである。このような研究の中から主に脳内の生理学的メカニズムを基にした夢見のモデルが提唱されるようになってきた。最も有名なものがアラン・ホブソン

（Alan Hobson）の提唱した活性化—合成仮説（activation-synthesis hypothesis, Hobson, 1988）である。

彼は睡眠時、主としてレム睡眠時の脳の活動と、神経伝達物質の活性化に関する研究をもとに夢の生起について次の四点からなる生理心理学的モデルを提唱したのである（Hobson, 1994）。

1　**活性化**　レム睡眠期になると夢を体験するように脳は内的に活性化する。

2　**入力の遮断**　内的に活性化した脳は、睡眠を維持し、夢を持続させるため外界からの刺激を遮断する。

3　**出力の遮断**　活性化した脳は、夢の中の運動指令や運動によって作り出される刺激によって睡眠が妨害されないようにするために実際に運動しないようにする。脊髄や脳幹で運動指令がその先に届かないように抑制が行われる。

4　**内的な刺激の喚起**　脳幹におけるアミン作動系ニューロンとコリン作動系ニューロンの相補的な交互作用によって、脳幹にある橋という領域からPGO波という脳波の一種が生起し、脳を活性化させる。この波はまず脳の視覚野に到達し、そのあと、連合野、そして視床に強い興奮を引き起こす。この信号は内的な情報を生み出すだけでなく、それに伴って眼球運動も生じさせる。このように自己活性し自己刺激する脳がこれらの信号を処理し、記憶の中に貯蔵された情報をもとに解釈を行う。

外からの刺激が遮断された状態で、脳内で発生するPGO波というランダムな波によってランダムな視覚的なイメージが作りだされ、出てきたイメージに対して特に前頭葉が論理やストーリーを後付けして作り出されたものが夢であるというのが彼の理論である。ホブソンは夢の源泉がランダムな波であるので、その内容にはフロイトがいうような潜在的な意味はないと強く主張した。そして、夢を解釈したり分析したりすること自体が非科学的であり意味のないことであると、精神分析による夢分析を痛烈に批判し続けているのである。最近この理論はその改良版である、活性化、入力、処理モードモデル（AIM理論）という形に拡充されてきている。ホブソンの議論に関しては、主たる著作が『眠りと夢』（一九九一）、『夢見る脳』（一九九二）、『夢に迷う脳』（二〇〇七）として邦訳されているので参照いただきたい。

（4）レム睡眠と逆学習説

ホブソンの理論はクリックとミッチソンによる夢の逆学習説（Crick and Mitchison, 1983）を生み出す契機にもなった。クリックはワトソンとともにDNAの二重らせん構造を発見しノーベル賞を獲得した有名な生物学者であったが、DNAの研究の後、心理学に転向しこのような夢の理論を提唱するに至ったことは興味深い。

レム睡眠は、ほ乳類一般にみられる。人、猫、ネズミなどを対象にレム睡眠だけを遮断する実験を行ってみると、あたかも「うしなわれたもの」が「埋め合わせられる」かのごとく、その後の睡眠ではレム睡眠の量が増える。これはレム睡眠自体が重要な機能を持っていることを示唆するものである。しかし彼らは、たいていの夢は思い出されないので、この機能は夢見とは全く関係がないか、もしくは、忘れることが必要なことではないかと考えたのである。彼らによるとレム睡眠の間に大脳皮質を刺激する橋のランダムな活動であるPGO波は、記憶を消去する機能を持つという。夢はこのような無意味なものの蓄積を忘れるためにだけ作り出されるものであると考えるのである。

さらに、単に記憶を忘れることとつまり、逆学習の過程は連合的な回路にある記憶内容をより強固にするようにできているという。人間の記憶のような複雑なシステムにおいては、彼らが寄生的結合と呼ぶ不要なものを消去した結果、記憶内容を明確化させ、よりアクセスしやすい認知的構造を作り出す効果を持つのではないかと考えるのである。

加えて、彼らは進化的な観点を導入した。何種類かのほ乳類はレム睡眠を持たないことに着目したのだ。オーストラリアの単孔類の一種であるハリモグラはレム睡眠を持たない。ハリモグラは、その個体の大きさに比べてまことに大きな大脳皮質を持っているのだが、これは「逆学習」のシステムを持っていないことに起因すると考えられた。彼らは続いてバンドウイルカとネズミイルカは、レム睡眠ではない睡眠であるノンレム睡眠（詳しくは第二章参照）は示しても、レム睡眠は示さないことにも着目した。クジラ目の動物もまたその体の大きさと比較しても大脳皮質は非常に大きい。そして、昔は、このことは潜在的には高い知的能力があることを示すものであると受け取られてきた。しかし、彼らは、これらの動物は特に高い知能を持つわけではないが、いつも水で支えられているので小さな頭を持たなければならないという進化的な要求がなかったので、レム睡眠を発達させる必要がなかったと主張した。アザラシは海に住むほ乳類であるが、水面上で頭を支える必要があったので普通のレム睡眠を持つようになったのだという。このため、「レム睡眠の機能は脳をより効率的に発達させるためであり、そして特に、レムがないときに持つであろう大きさより脳を小さくできるためである」という主張をするのである。このような議論をもとに総合的に考察した書籍として『無意識の構造』（ジョナサン・ウインソン、一九八七）を挙げておこう。

彼らの議論はそれまで事実上精神分析しかなかった夢見に関する心理学の議論に脳科学の発想、生物の進化などを持ち込むことで、科学的に信頼できる魅力的な理論として専門家のみならず一般の人たちにも支持を広げていくことになったのである。このような経緯から夢についての心理学的な研究は夢の内容を精神分析、もしくは深層心理学的に説明しようとする臨床心理学の一派と、それらは非科学的であり、夢には隠された意味などはあり得ないとする神経生理的な立場をとる研究者たちに二分され、お互いが別々の世界を作り上げてしまった感がある。このあたりの詳しい事情はアンドレア・ロック（Rock, 2004　伊藤訳 二〇〇六）の本に詳しく述べられているので参照されたい。

生理心理学の立場を取る睡眠研究者はレム期にしか夢見はないのだから、ノンレム期において夢の報告があったとしても、単にその直前に起きたレム期の夢の記憶に過ぎないはずであると考える傾向が強いようである。実際、レム期に覚醒してその時の精神活動の報告を求めると、九三％はノンレム期の報告より夢らしい内容であることが見出されている（Antrobus, 1983）。しかし、ホブソンに代表される神経生理学的モデルでは、夢見に関する次のような疑問には答えることができないという本質的な弱点が指摘されるようになってきた。

その疑問とは、脳が夢の内容を実際にどのように作り出すのかについてほとんど何も説明できないこと、ノンレム期の七％でレム期よりもより夢らしい夢がなぜ起こるのかについても説明ができないこと、平均的にレム期においては被験者の八〇％は精神活動があったことを報告するが、そうでない睡眠時にも（ノンレム期・徐波睡眠期　第二章参照）五〇％程度の精神活動の報告があること（Nielsen, 2000）である。このため、睡眠時の精神活動について説明する神経生理学的モデルが立脚するレム期とノンレム期の報告の間の差異を説明できるだけでは夢の生成に関する説明としては不十分なのである。睡眠状態において起こるすべての認知的な事象を引き起こす神経的な実態を説明できなければならないし、睡眠とそれ以外の状態の間の認知的な特徴の差異についても同様に説明できなければならないのである。その点では活性化—合成仮説やＡＩＭモデルは十分とは言えないのである。

では、これらの疑問に答えられる理論はあるのだろうか。それこそが、本書の主題となる夢見の認知理論、もしくは神経認知理論と呼ばれる考え方である。

（5）　夢見の神経認知理論

夢見の神経認知理論とは

夢見の「神経認知理論」は、夢をレム睡眠時に特有の現象としてとらえ、目覚めている時の意識と区別する立場はとらない。夢見であっても覚醒時であっても同じ一つの仕組みから発生するのであり、夢では認知の働く状況が少し特殊なだけであると考える（Domhoff, 2001; Foulkes, 1999; Solms, 2000）。その状況とは先のホブソンの活性化―合成仮説の前提とあまり変わりはない。すなわち、大脳皮質のかなりの部分が継続して活性化していること、感覚刺激は大幅に減衰していること、自発的にコントロールしている思考がないことである。睡眠中に脳が活性化した結果、感覚的情報もしくは意図的なコントロールの裏打ちのないイメージが作り出され、それが夢となる。しかし、活性化―合成仮説と異なるところは、レム睡眠になると脳の活性水準が上昇するので夢を増強することになるものの、脳が活性化するという条件が整ってさえいれば夢は生起すると考えるので、夢見はレム睡眠の時にだけ現れるとは限らないという点にある。

神経認知理論を支持する研究では、レム睡眠を利用することが多いので、一見すると活性化―合成仮説とよく似ているように見える。しかし、両者は本質的には全く異なる。活性化―合成仮説では「レム睡眠＝夢見」と考える生理・心理同形論の立場に立つ。すなわち、夢見という心理学的な現象はレム睡眠という特殊な睡眠時の生理学的状態によって決定されると考えるのである。したがって、レム睡眠の生理学的なメカニズムを明らかにすれば夢見も同時に明らかになるということになる。一方、神経認知理論は、夢見は心の働きの結果として現れる現象であると考えるのでレム睡眠のような生理学的なメカニズムはそれを支える要因の一つにしか過ぎず、生理学的なメカニズムを解明したとしても夢の内容を明らかにすることは理論的に難しいと考える。哲学的には前者は心身一元論の立場を取るが、後者は二元論の立場に立つといえるかもしれない。このため、神経認知理論が用いる研究方法は心を科学する認知心理学的な方法に準拠することになるのである。

その基本的なアプローチは現象を偏りなく把握しようとすることから始まる。レム睡眠を利用するのは、単にこの時期には鮮明な夢を捉えやすいからであるに過ぎない。先に挙げたように、心理学の黎明期には意識体験が心理学の研究対象とされたため、その一つの形である夢は盛んに研究されたのだが、カールキンスに代表されるように夢の内容をありのままにとらえようとするものだった。これはまさに認知心理学的な夢見研究の初期の形といってよい。その流れは一九〇〇年ごろ、フロイトの登場によってほとんど断ち切られてしまうことになるが、一九五〇年代半ばに一人の研究者が登場することで復活することになる。それがカルビン・ホール（Calvin Hall）である。彼はもともと実験動物を使った記憶の研究で有名な実験心理学者だったのだが、研究人生の後半に精神分析的な流れをくむ夢の研究に没頭するようになった。しかし、彼がとったやり方は違った。精神分析のように特定の夢を取り上げて分析するのではなく、一般の人がどのような夢を見ているのか徹底的に収集して統計的に取り扱い、精神分析の理論を確かめようとしたのだった。最終的には五万もの夢を世界中から収集し、夢の内容を量的にコーディングするシステムを開発したのである。ロバート・ファン・デ・キャ

表1-1　アメリカの大学生と日本の大学生が思い出した夢の内容の割合

	アメリカの学生	日本の学生
夢の内容	83%	74%
落ちる夢	77%	91%
攻撃されたり追いかけられる	71%	87%
何度も同じことをする	71%	87%
学業	71%	86%
セックス	66%	68%
遅刻する	64%	49%
おいしいものを食べる	62%	68%
恐怖で固まってしまう	58%	87%
愛する人の死	57%	42%

スル（Robert Van de Castle）との共著であるThe content analysis of dreams（1966）は夢の内容の定量的な分析に使えるほぼ唯一の道具といってよい。この内容については渡辺がわかりやすく紹介しているので参考になるだろう（渡辺、二〇一〇）。そして、ホールの教え子でありその研究を引き継いで一般的な夢の内容をさらに明らかにする研究を進めたのが第四章で紹介するウィリアム・ドムホフ（William Domhoff）である。

神経認知理論に基づく夢見の研究

このような研究の例として、表1―1にアメリカと日本の大学生の夢の主題についての大規模な調査の結果を示す（Griffith et al., 1958）。どちらの文化においても同じような夢が共通して見られることに注目してほしい。多くの夢は「うまくいかなったこと」、落下、追いかけられる、もしくは何もできないということを扱っている点にも着目してほしい。大人の夢に最も共通して見られる感情は、不安もしくは恐怖なのである。夢は良いことよりも不幸なことのほうが多いのである。夢見る人は攻撃の原因よりは攻撃性の犠牲者となることが多い（Domhoff, 1996; Hall & Van de Castle, 1966）。それは単なる夢だったのだと目覚めてから落胆することは時々しかなく、むしろ目覚めてから安心することのほうがずっと多いのである。奇妙なことに一一歳から一三歳のころだけは他の年齢と比べて楽しい夢が多いのだという（Foulkes, 1999）。

最も良く覚えている夢のいくつかは奇妙なものであるにもかかわらず、ほとんどの夢は、普通の日常の出来事で毎日の思考とそんなに隔たっているものではない（第四章参照）。例えば、一〇歳までの年齢では反対の性の夢を見ることはほとんどないが、一〇代になると見るようになる（Strauch & Lederbogen, 1999）。視覚障害者は移動運動や移動に困難をきたすような夢を頻繁に見る（Hurovitz et al., 1999）。ある研究においては若い大人に自分が「関心を持っている」出来事（例えば、結婚、家族、友人、趣味など）をリストの中からチェックすることを求め、別の人たちには関心のないことについてのチェックを求めた。そして、彼らに三晩に渡って彼らの夢について報告を求めた。彼らは関心を持っていることを頻繁に体験し、無関心なことはほとんど夢見なかった（Nikles et al., 1998）。しかし、我々が過ごす日常は必ずしも夢の焦点となるとは限らない。人は読書や書き物やコンピュータを使うことやテレビを見ることを夢見ることはまれなのである（Schredl, 2000）。もちろん、目覚めているときですら、これらの事を行いはしても、これらのことを行っていることを空想したりはしない。

神経認知理論を支える立役者の一人にデビッド・フォルクス（David Foulkes）がいる。彼は第四章で触れているようにレム期覚醒法を使って子どもの夢見を発達的に研究したことで有名である。長年の研究の結果、彼がたどり着いた結論は、夢見ることに要求される能力は、認知的な成熟であるということであった（Foulkes, 1999）。乳児はレム睡眠に膨大な時間を費やすが、五歳以下の子どもをレム睡眠中に起こしても夢を見ていたと報告することはまれである。乳児が夢を見ていないのか、単にそれを報告できないだけなのかを知ることは難しい。しかし、もう少し年齢が上の子どもはレムで起こしたときに夢を報告することは半分にも満たないが、例えばパズルを解くような能力である視空間的能力の高い子どもは明晰な夢を報告することがしばしばある。覚醒時のイメージ能力が高いと眠っているときに夢を見る可能性は高くなるのである。年齢の低い児童が見る夢のほとんどは動くことのないイメージであることがほとんどであり、第四章に示すように七歳以降にならなければ大人の見るような夢は現れないのである。彼は子どもの夢は認知の発達を色濃く反映していることを見出した。そして、夢見を研究することは認知を研究する最も近道であると考えたのだ。フロイトは、夢は無意識に至る王道であると述べたが、フォルクスは、夢見の研究は子どもの意識と人格の発達の理解に至る王道であると研究の最後にまとめたのであった。

第三の柱が明晰夢である。明晰夢とは夢の中で夢であることがわかる夢である。この夢を使うとほぼリアルタイムで夢の内容の研究ができる。その研究を強力に進めたのが第七章で取り上げるラバージ（LaBerge）の研究である。

(6) 神経認知理論と活性化合成仮説の比較

ニールセンは神経認知理論と活性化―合成仮説の比較を行っている（Nielsen, 2003）。

夢はレム期だけに特異的に起こる現象なのかという問いに関して、フォルクス（Foulkes, 1962）の研究がある。彼は、レム睡眠が発見されて以降、睡眠時の精神活動の測定において、夢見に特化した活動性の測定が行われることが多かったことに着目し、それが偏った結果を生み出したと考えた。そこで、夢見に特化しない公平な基準で認知的な活動性を測る基準を設定して検討したところ、過去の研究と比較してノンレム期にも多くの精神活動が見出されたのであった。そして、その後、この知見は多くの研究者によって確認されている。また、レム睡眠時の精神活動についての報告はノンレムの時より長くなることが一般的なので、長いほうが豊かな内容になると考えがちである。しかし長いからといって質的に豊かであるとは言えない。フォルクスとシュミット（Foulkes & Schmidt, 1983）とアントロバス（Antrobus, 1983）は量的な差異の影響を排除する方法を工夫し、質的な差異を検討することができる方法を開発した。二人によれば、報告の長さが統計的に制御されると質的な差異は減じるか消えてしまい、睡眠時におけるすべての精神的活動は共通のイメージから得られるものであるという仮説を支持する結果が得られたのであった。

フォルクスはレムとノンレム睡眠で報告される精神活動は①記憶の活性化、②体制化、③意識的解釈という共通のプロセスから生起すると考える。精神活動の差異は記憶の活性化の程度によって生じるに過ぎない。レムのほとんど、そしてノンレムでは時々あるように、活性化が強く拡散していると、脳は強く刺激され、意識的解釈は明快ではっきりしたものになる。ノンレムにおいてはたいてい、レムでは時々あるように、記憶の活性化が弱く拡散していると脳は強く刺激されず意識的解釈は明快ではなくぼんやりしたものになる。睡眠段階ではなくさまざまな記憶の要素の拡散度もしくは有用性こそが睡眠時の精神活動の生起と形態を決定すると考えるのである。

第三章で詳しく述べるソームズは、ホブソンのモデルの生理学的な根拠に異議を唱えることでこのモデルの裏付けを行ったともいえる。ソームズもフォルクス同様、夢見をレム睡眠という生理的状態と同一視しない。しかし、彼はフォルクスとは違って夢見は神経生理学的な基盤と関連性を持つと考える。認知心理学的なモデルではなくフロイトの精神分析的モデルと同種の動機づけ―幻覚機構からなるものであると考える点で異なる。

活性化―合成仮説や最近のその改訂版では睡眠時の精神活動を①レムとノンレムで推測されている生理学的基盤、②形式的な心―脳同型説の二つの視点から説明を試みる。レム睡眠とノンレム睡眠の生理学的な属性が精神的な体験を決定すると考えるのである。幻覚的なイメージ、談話的構造、認知的な奇異、超感情性、妄想的なことを受け入れること、先立つ精神的な内容に関する記憶の欠損の六つの特徴によって、夢見における精神活動（それはレム睡眠の特徴であるのだが）は、夢見のない精神活動（ノンレム睡眠の特徴である）と区別される（Hobson & Stickgold, 1994）。

神経認知理論と活性化―合成仮説の違いを明らかにする鍵として「夢見」と「認知的活動」の区別がある。図1―1に夢見をめぐる現象を四つのレベルに分類して示す（Nielsen, 2003）。「頂点の」夢

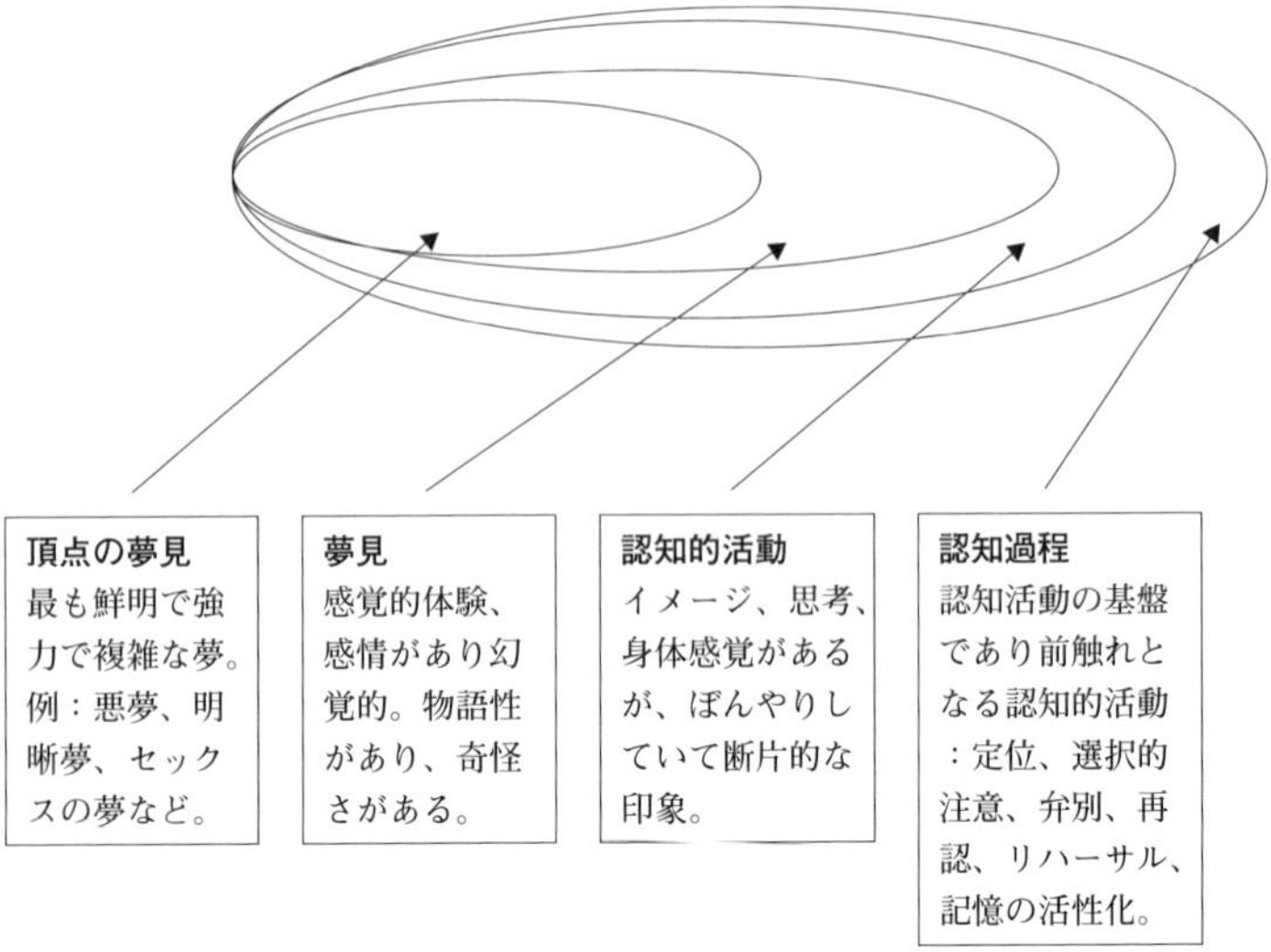
頂点の夢見
最も鮮明で強力で複雑な夢。例：悪夢、明晰夢、セックスの夢など。
夢見
感覚的体験、感情があり幻覚的。物語性があり、奇怪さがある。
認知的活動
イメージ、思考、身体感覚があるが、ぼんやりしていて断片的な印象。
認知過程
認知活動の基盤であり前触れとなる認知的活動：定位、選択的注意、弁別、再認、リハーサル、記憶の活性化。

図 1-1　Nielsen（2003）の睡眠時の精神活動の 4 つのレベル

は例外的に鮮明性が高く複雑な夢であり、たとえば悪夢、明晰夢、セックスの夢などが含まれる。このような夢はレム期に起こり、ノンレム期では稀であることから、レム期とノンレム期の精神活動の間には質的な違いがある根拠とされ、活性化—合成モデルを支持するものと考えられる。次のレベルはいわゆる夢らしい夢である。感覚的体験、感情があり幻覚的、物語性があり奇怪さがある精神活動を指す。このレベルも活性化—合成仮説にとっての対象となる一般的な夢見である。三つ目のレベルは認知的活動である。ここには、単なる思考や反射、身体的な感覚、断片化されたもしくは記述が難しいぼんやりした印象といった内容の精神活動である。活性化—合成モデルに立つ研究者はこのような体験は夢見に含めない。

　夢見よりは認知的活動のほうがより包括的で

ある。共通的な用語である「睡眠時の精神活動」と同義であり、目覚めるまでに現れる精神的活動のすべてを含む。ここには静的な視覚的イメージ、思考、反射、身体のかんじ、もしくはあいまいで断片化された印象も含まれることになる。さらに、認知的活動を支える、定位、選択的注意、感覚の区別、再認、リハーサル、記憶の活性化、整理統合などの覚醒時の認知の骨格をなすと思われる処理過程は睡眠時にもまた活性化していることが知られている。たとえば、記憶の復元のプロセスは夢の生成の中心となることはほとんどの理論が前提としていることである。原理的にはそのようなプロセスは想起されることのできる感覚的イメージのような現象的な対応物を処理するか否かに関わらず活性化するはずである。

「認知的活動」と「夢見」の定義における違いは、おそらくレムとノンレム睡眠からの想起における精神活動のレベルの変動が原因となっていると思われる。ノンレム睡眠の定義の異なる三つの研究（明快で詳細な夢の内容の記述、Dement & Kleitman, 1957; やや詳細な夢想起、Goodenough et al., 1959; 少なくとも特定の内容のひとつの要素、Foulkes & Rechtschaffen, 1964）を比較するとノンレム睡眠で想起された精神活動の数は七％、三五％、六二％となったのである。

夢見と覚醒時の心の働きは基本的に同じ仕組みに基づくのか、違うものなのか、それが本書の議論の中心となるのである。この点を念頭に置いたうえで後の章を読んでいただければ幸いである。

Q 最近夢を見ていません。夢を見る方法などありませんか。

A 夢を覚えていない人が夢を思い出せるようになる方法ですが、夢に関心を持つようにすれば思い出す頻度が増えることが知られています。最もよいのは夢日記をつけることです。日記をつけると決めて寝ると夢を思い出しやすくなるようです。この本を読んだだけで夢に関心を持つことになりそれで想起の頻度が増えることもあるかもしれません。私自身の経験ですが、夢に関する様々な研究を調べている時のことですが、例えばフロイトの説を調べているとフロイトの言っているような夢を思い出したりすることがありました。夢に興味を持つと思いだしやすくなるだけでなく、内容まで影響を受けるような印象です。

第二章　睡眠時に何が起こっているのか？

本書の目的は夢に関する主として認知心理学的な視点につながる新しい研究を紹介することである。夢に関する定義については明確ではないことを述べたが、睡眠中に起こる現象であることについては異議を申し立てる人はいないであろう。そこで、夢についての議論をまとめていくにあたって、まず、睡眠中に起こっていることを明らかにしておくことにしよう。睡眠とはどういう現象なのかをみてみよう。

1　睡眠の段階

アゼリンスキーとクライトマンによるレム睡眠の発見の後、睡眠には四つの段階があることがわかってきた。睡眠を調べるには、脳波計が用いられる。脳波計は脳の活動によって頭蓋に現れた微小な電気信号である脳波を増幅して測定する装置である。脳波に加えて眼球の動きとあごの筋肉（頤筋《おとがいきん》）の動きもあわせて測定する。これらは合わせて睡眠ポリグラフと呼ばれることもある。

脳波や筋肉からの電気信号は、直径一センチメートル程度の銀でできた電極を皮膚に張り付けることで抽出され、細い電線で脳波計へ導かれる。皮膚にある脂分のために電気の通りが悪くなる（電気抵抗が大きくなる）ので、電極を張り付ける皮膚はアルコールでよく拭いて皮脂を落とし、電気を通す性質をもったペーストを電極につけてから、特殊な接着剤とテープではずれないようにしっかり固定する。耳朶につけたA1とA2の電極を基準として、C3とC4は脳波、E1とE2は眼球運動、顎の筋肉の電位を測定する。このように多くの電極をつけて眠ることになるので、なかなか寝付けない被験者も多く、睡眠脳波を測定する前にはまず実験室での睡眠に慣れることが必要となる。また、実験者は常に起きていて、脳波計を終夜監視する必要がある。睡眠実験で一番大変なのは徹夜を続けなければならない実験者なのかもしれない。睡眠脳波の測定はされる方もする方も、大変な作業なのである。

このようにして睡眠時の脳波の測定が始まる。覚醒時には図2―1のような比較的振幅の大きい細かい波が観察される。これらはβ波（一四ヘルツ以上）と言われる。さらに目を閉じて安静にしているとこれよりも少しゆっくりした、リラックスの指標とも言われるα波（八―一三ヘルツ）が現れる。α波は緊張したり注意を払ったりすると減衰するが、眠気を覚えてうとうとした時にも減衰する。

覚醒から眠りに入ると脳波に変化がみられるようになる。最初に現れるのが睡眠段階一といわれる。この段階ではα波が消失していることが判断の基準の一つになる。さらに、図2—2に示すようにこの時期の脳波の振幅は覚醒時より小さくなる。一方で様々な周波数を含む複雑な波が現れる。これは脳の神経細胞の活動が不活発になったと同時に各神経細胞がそれぞれ同期しないでバラバラに活動している様子を反映していると考えられている。たとえて言うなら、たくさんの人がいっぺんにしゃべりだした状態のようなものであろう。この段階では眠ったという感じが乏しいこと、外部からの刺激に応答可能であるという特徴がある。

さらに睡眠が進むと睡眠段階二となる。この段階では呼吸が規則正しくなり、外部刺激への応答は低下し、眠ったという感覚が生じてくる。脳波上では糸巻きのような形をした睡眠紡錘波（図2—3中の下線部）が現れる点で特徴的である。この時期からレム睡眠ではない睡眠（ノンレム睡眠）に入ったと考えられる（井上、一九八九）。

次に第三、第四段階が現れる（図2—4）。この段階になると睡眠は深くなり、名前を呼んでもなかなか目覚めなくなる。脳波上では図に示すようにそれまで見られなかったゆっくりした大きな振幅の波であるデルタ波（〇・五—二・〇ヘルツ、図2—4下線部）の出現が特徴的である。そのため徐波睡眠（ＳＷＳ）とも呼ばれる。デルタ波の割合が二〇％以上だと第三段階、五〇％以上だと第四段階と判定される。このようなゆっくりした波が現れるのは、脳の活動水準が下がって神経細胞が一斉に同じリズムに同期していることを示すと考えられる。

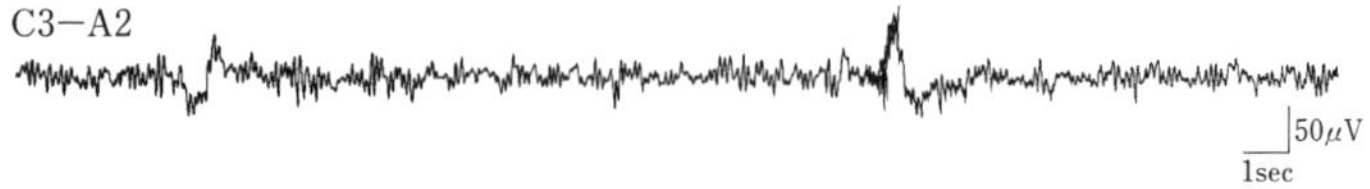

図 2-1　覚醒時の脳波

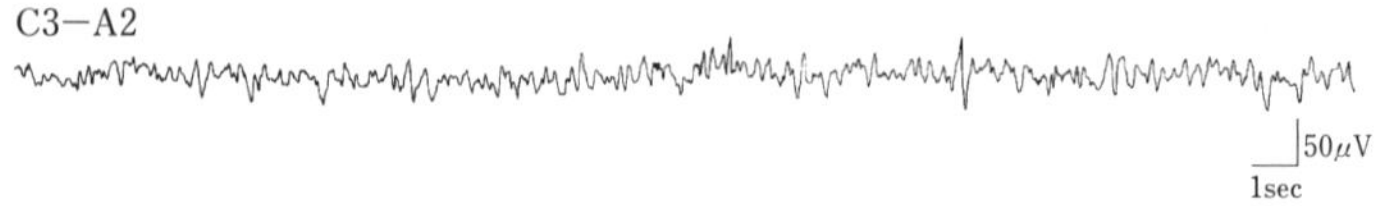

図 2-2　睡眠段階 1 の脳波

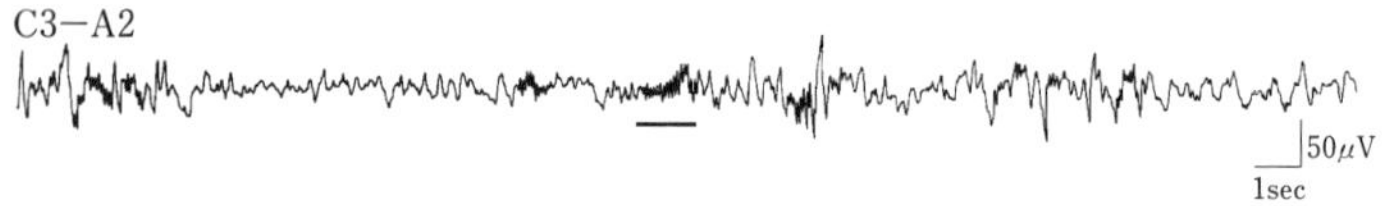

図 2-3　睡眠段階 2 の脳波

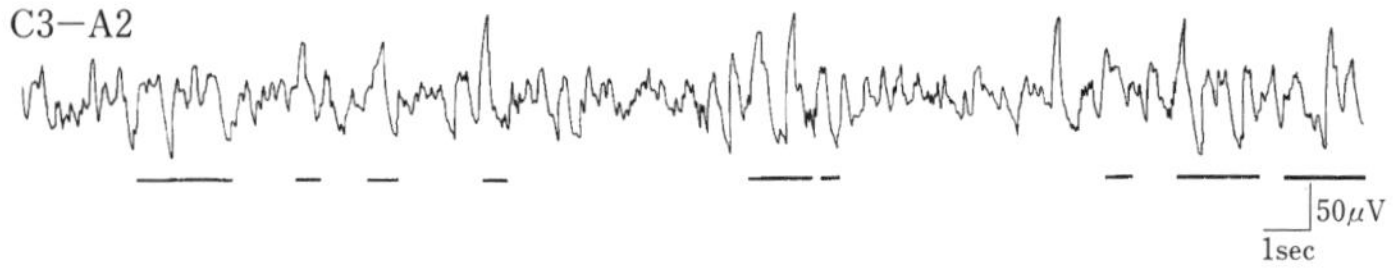

図 2-4　睡眠段階 3 の脳波

図 2-5　レム睡眠時の脳波

出典はすべてRechtschaffen & Kales（1968 清野訳 2010）。

一度第四段階まで睡眠が深まると段階は浅く元に戻っていく。入眠後九〇分から一〇〇分程度で第二段階まで戻った後、レム睡眠が出現する。この段階は脳波の上では睡眠段階一と類似するがα波が頻繁に現れる点で少し異なる（図2―5）。ここでこれまで触れなかった眼球運動と頤筋の測定が必要となる。レムとはこの時期に現れる急速眼球運動ＲＥＭ（**R**apid **E**ye **M**ovement）の頭文字を取ったものである。まぶたの下の眼球の動きは外部から観察してもよくわかるが、眼球のそばに張り付けた電極から眼球運動に伴った電位の変化が見られることで確認できる。この時、骨格筋は脱力する。この筋肉の脱力を確認するためにあごの頤筋の電位を調べるのである。レム睡眠は心拍数、呼吸数、血圧、体温などが激しく動揺することから「自律神経系の嵐」とよばれることもある。身体的には陰茎やクリトリスの不随意的な勃起、子宮の筋収縮活動が著しく高まることも知られている。このようにレム睡眠は、外から見たときには動きがない静かな睡眠に見えるが、身体の内部ではとても活動的な状態になっていることから逆説的睡眠とも呼ばれるのである。

さらに、レム睡眠は二つのはっきりした状態に分けることができる。活動的な状態では、レムはその名前に示されるような急速眼球運動を含む筋肉のけいれんのような不規則で短時間の事象が目立ってさまざまに見られる状況にある。もう一つは急速眼球運動や他の一過性の事象が一時的に低下している比較的穏やかな状態である。

その後はまた第二、第三段階へと睡眠が深まり、また九〇分程度でレムに戻るというサイクルを五回程度繰り返して目覚めに至るというのが平均的な睡眠の様子なのである。睡眠段階は四段階からなるとされているが、夢見との関連を検討する場合には、レム睡眠、ノンレム睡眠、徐波睡眠の三つの相での差異が扱われることが多い。本書ではこの三つの睡眠の相と夢見の関連性が中核の話題となるので、まず知っておいてほしい。

覚醒とレム睡眠はいずれも「脱同期化」した状態である。脳波の記録に寄与する数多くの個々の脳細胞が急速に、不規則なパターンで平均的に「発火」し、この発火が違ったときに異なった小集団の神経細胞で起こるのである。対照的にノンレム睡眠時、特に徐波睡眠時（ＳＷＳ）には、脳波の記録は、多くの細胞集団がすべてお互いに調和しながらゆっくりとしたより規則的なパターンで発火することを示すので「同期化している」と言われている。「脱同期化した」脳波はより活性化した状態と考えられる。なぜならこのパターンは多くの小集団のニューロンがそれぞれに情報処理のプロセスに「取り組んでいる」ことを反映していると考えられているからである。対照的にＳＷＳの脳波が同期化している間は、それらはその時には情報処理をしていないので、ニューロンはゆっくりしたリズムで一緒に発火していると考えられている（Wamsley & Antrobus, 2007）。

2　レム睡眠と夢見

レム睡眠の発見以降、睡眠時の脳の活動と夢見の関連性について数多くの研究が蓄積され、夢見や睡眠のメカニズムに関する理解が進み、さらに睡眠時の脳のメカニズムの解明へとつながって行ったことは間違いない。このような研究の文脈の中からホブソンの学説が登場してくることになると第一章で述べたが、レム睡眠時の脳の働きについては彼の学説によって立つ人たちが中心になってまとめることが多く、これらの概説にはやや偏りがあるように感じられる。そういった中で、長年にわたって脳波を用いてレム睡眠と夢見の関係を研究してきたゴッテスマンが、膨大な研究の蓄積をもとにレム睡眠時の脳の働きに関する研究を丹念にまとめた貴重なレビューを行っている（Gottesmann, 2007）。そこで、この節ではこのレビューをもとにレム睡眠と脳の働きに関する研究の足跡をたどっていくことにしたいと思う。

（1）レム睡眠の発見以降の研究

先の章で述べたアゼリンスキーとクライトマンによるレム睡眠の発見（Aserinsky & Kleitman, 1953）の時点では、観測された脳波の振幅が覚醒時に比べると小さかったことから、まだ脳が活性的な状態にあるとは気づかれていなかった。「活性化した」睡眠であることはその後の研究が明らかにしていった。エヴァーツは、レム睡眠中に眼球からの視覚情報が最初に投射される視覚野の神経細胞は、徐波睡眠時より眼球運動が生起しているレム睡眠中により活性化することを報告した（Evarts, 1962）。さらに、視覚野につながる神経系を直接刺激してみたところ、この時期が最も目覚めにくくなるので「最も深い睡眠段階」と呼ばれた。彼はさらにレム睡眠の間、サルが覚醒時に「周りのものを見ていたとき」のような視覚野のニューロンの活動的な発火があることも見出したのであった

（Evarts, 1964）。その後、レム睡眠中に視床皮質と大脳皮質の反応性が高まることが見出された（例えば Gandolfo et al., 1980）。しかし、このように大脳の中枢では活動性が高まっているにもかかわらず、人間においても（Williams et al., 1962）、動物においても（Weitzman et al., 1965）眼球や聴覚器官などの末梢からの感覚刺激は大脳には送り込まれず、切り離されていることもわかってきた。さらに、人間において、レム睡眠中には、身体は筋の弛緩のためリラックスしていることを示す指標となる負の一定した脳波の電位が見出されている。（例えば Berger, 1961）。このように「逆説睡眠」の状態が明らかにされていったのである。

もう一つ重要な発見があった。それはレム睡眠の時だけ現れるＰＧＯ波の発見である（例えば Hobson, 1964）。ＰＧＯ波とは、ネコのレム睡眠中に脳幹にある、橋（**P**ons）、外側膝状体（lateral **G**eniculate body）、大脳皮質で視覚に関わる後頭皮質（**O**ccipital cortex）の三カ所から記録されたことから、その大文字部分をとって名付けられた脳波の一種である。その波形の特徴から、棘波とも呼ばれている。この波が発生することで大脳皮質や視床の反応性が高められるようである。この波は脳幹などの脳の深部に直接電極を挿入しないと測定が難しいため、人間での存在は疑問視されてきたが、同様の一過性の波が人間においても認められたという報告がその後現れてきた（例えば Miyauchi et al., 1987）。この波は主として視覚野で収束することから、夢を作り出す過程では、まず視覚が活性化されていることを示唆するものである。ステリアーデらは、レム睡眠に入る前の中間的段階時に高電位のＰＧＯ波（眼球運動がない状態で）が見られるので、鮮明な視覚的イメージがこの短い期間に現れているのかもしれないことを示唆している（Steriade et al., 1989）。しかし、この時期に対象者を起こした後に得られる言語報告によれば、視覚的内容はなく、「なんともいえない、不快で、気がかりな混乱、痛ましい心配、のような感じ」（Gottesmann, 2002）なのであった。しかも、ＰＧＯ波の持続時間は最大でも一〇〇ミリ秒しかなく、夢見が持続する時間とは一致しない（例えばGottesmann, 2000）。ＰＧＯ波はホブソンの理論では、レム睡眠期に夢を発生させることに関わっていると考えられているが、夢が一秒の一〇分の一で終了するとは考えられないので、この理論についての妥当性には疑問が呈されてきている。唯一可能性のありそうなＰＧＯ波の影響は、一次視覚野で非常に過渡的な活性化を引き起こし、レム睡眠中に非活性化している領域において背景となる活動性を維持する程度のことなのかもしれないようなのである（Braun et al., 1998）。

より最近の研究では、レム睡眠中に現れるγ帯域の活動性の発見が興味深い。ボイヤーらはネコで注意的な行動が休んでいる間にα波の三倍くらい早い三五―四五ヘルツのリズムの脳波（γ波）が生起することを見出した（Bouyer et al., 1981）。人間ではリバリィらがこのγ波は覚醒時に大脳皮質領域で観察できるが、それは感覚刺激があれば誘導されること、そして大脳皮質全体がその周期にロックされていることを示唆した（Ribary et al., 1991）。リナスとリバリィは覚醒時とレム睡眠中ではγ波がはっきりと表れるが、第四段階の徐波睡眠の間には顕著に減衰すると報告した（Llinas & Ribary, 1993）。覚醒とレム睡眠は電気的には似た状態であるが、前者が外部からの感覚と同期しているが、レム睡眠時には同期しない点で決定的に異なるのである。対照的に、徐波睡眠時にはこれらの発振の振幅はずっと小さくなることを示した。レム睡眠中に外部からの感覚刺激との同期がないということは「我々はレム睡眠中には外的な世界を知覚することがないことを示し……夢見の状況は、感覚的な入力が意識的な経験を作り出すメカニズムに準拠することのない注意過剰状態であると考えることができるかもしれない」（Llinas & Ribary, 1993）。ポミエは「心は、オフィスで感覚器官という電話が外されているように、注意をそらすものから保護されている」（Pommier, 1970）という隠喩を用いてレム期を表現し、レム睡眠中に生起しているγ波は大脳皮質の感覚受容野と前頭葉を遮断することを指摘したのである（例えばMassimini et al., 2005）。このγ波は動物でも確認されており（例えばMaloney et al., 1997）、特に覚醒時とレム睡眠に関連して起こる強い海馬のシータリズムとともに現れる。

（2）睡眠中に脳のどこが活性化するのか

PETを使った脳機能イメージング研究

最近の一〇年間で夢の研究者は、睡眠時の精神活動の基盤にある脳の局所的な活動性の特定のパタンを理解する手助けとして脳機能イメージング研究からの知見に頼る機会が増えてきた。実際、夢の研究に限らず、臨床現場では脳波を使うことは減り、MRIなどを使って脳の構造を直接調べる検査法が中心となってきていることと軌を一にするものであろう。日本においては脳波を測定する機械を製造している会社はついに一社になってしまった。脳機能イメージング研究は大脳皮質が全体としてより活性的なのかそうでないのかだけでなく、ある時期に脳の特定の部位が活性化しているのかどうかの情報をもたらしてくれる。PETでは放射線の標識を付けたグルコース、酸素などを血流に注入し、そこから発生する微弱な放射線を測定することで、これらが脳の中のどこに移動して消費されるのかがわかり、リアルタイムに近い形で脳のどの場所が活性化しているかがわかるようになるのである。

PETを用いて睡眠中の脳の働きを検討した研究は、精神活動を含む大脳皮質の構造に関して数多くの重要な発見をもたらした。マドセンらはレム睡眠中の視覚連合野の活性化を調べ、視覚的な夢経験の複雑なプロセスをモデル化した（Madsen et al., 1991）。その後マッケらは大脳皮質における「前帯状皮質、右鰓蓋《さいがい》後部、右扁桃体、嗅内皮質の周辺において」血流量の増大があることに着目し「……血流量の局地的な最大値は左扁桃体と左視床に位置した」、「扁桃体の帯状の同時活性化は夢の情動的側面を説明することができる」と述べている（Maquet et al., 1996）。

（3）大脳における抑制過程

レム睡眠時に脱抑制的過程が存在することを確認している研究もある。「プレパルス抑制」という現象がある。これは、刺激を与える直前に反応を起こさない程度の弱い事前刺激を与えておくと、急な音刺激などでびっくりする音響驚愕反応が抑制される現象のことである。統合失調症患者ではこのプレパルス抑制が起こりにくいことが知られている。キズレーらは、この抑制が健常者であってもレム睡眠中には消失することを見出したのである（Kisley et al., 2003）。

レム睡眠時に血流量と酸素消費の増大を示す脳の部位について見てきたが、抑制的な働きに関わる前頭葉皮質、より正確には背外側前頭前皮質、頭頂葉基底核と後部帯状回皮質の一部が（例えばBraun et al., 1997）活性化されないことも示されてきた。加えて、視覚連合野と腹側系の流れも活性化されるが、一次視覚野は脱活性化する（例えばBraun et al., 1998）。これはレム睡眠時にγリズム同期しないことを示したリナスとリバリィ（Llinas & Ribary, 1993）の結果を説明できるものなのである。

（4）レム睡眠時に起こっていること

覚醒時には大脳皮質において活性化と抑制がコントロールされて同時に起こるということで覚醒時の論理的な思考を説明することができ、徐波睡眠時には両者が減少することで貧困な思考のような精神活動が起きることを説明できそうである。レム睡眠時には活性化していて、なおかつ抑制する働きが弱まっている大脳皮質が、豊かではあるが非論理的な精神活動を生み出しているのであろう。さらに、痛ましい記憶と関連する記憶痕跡が強く活性化することで繰り返し見る悪夢も説明できるかもしれない。この仮説は、大脳皮質を刺激し主として抑制性の影響を働かせるセロトニン作動性（例えばMcGinty & Harper, 1976）とノルアドレナリン作動性（例えばHobson et al., 1975）のニューロンが活動しないことによって裏付けられている。そしてレム睡眠中の前頭前野の活性化の低下はこの睡眠段階時において起こる反応性の消失にも関わっている可能性がある（例えばBraun et al., 1997などのPETを用いた研究）。

二つの末梢性の活動がレム睡眠中の精神活動に関連するように思われる。一つは眼球運動である。これは橋から発生したPGO波によって生じた橋、もしくは皮質の活性化に関連するものであろう。しかしすべての眼球運動が関連するわけではない。ある種の眼球運動は脳幹を切断された動物（例えばJouvet, 1962）、新皮質を除去された人で（Jouvet et al., 1960）も記録されているので、夢見とは関係がないとみるべきであろう。対照的にサッカード的な眼球運動の活性化に関わる脳の領域は夢の内容と眼球運動の間に時々観察される関係性を説明することができよう。

ノルアドレナリン作動性の神経系が脳幹の青班核を抑制し、海綿組織の充填（男性における勃起）を引き起こす（Giuliano & Rampin, 2000）。この活動はドーパミン作動性ニューロンが影響する前脳の働きによって安定化されている。この現象はすべてのレム睡眠の段階と動物においても生起しているので、夢の内容につながるという仮説は今では棄却されている。つまり、ホブソンの活性化―合成仮説の根拠は揺らいできていると言えるのである。

フロイトは記憶、日中の残渣、そして末梢および内蔵感覚から取り込まれたものが夢の起源であると述べたにも関わらず、夢見に関連した末梢の活動については何ら言及がないことは興味深いことである。彼は単に夢見る人は特定の感情状態で目覚めることができると繰り返し書いているに過ぎないにもかかわらず、彼の精神的な装置についてのモデルは知覚から筋運動の出力にまで拡張されているのである。性的なものや性的な象徴は彼の夢解釈の中では過剰に表象されているが、勃起がレム睡眠においては常に観察されているということについてフロイトは一言も触れていないということは見過ごされてきたことである。フロイトの理論は科学者からは強い抵抗を受けてきた理論であり、夢見る睡眠段階の生物学的な特徴としての勃起はフロイトにとっては大きな助けになるはずなのに、このことは予想外のことである。過去の研究に関して膨大な知識を持っていたフロイトは、夢見におけるそのような末梢の活動について述べていたエルヴェ・サン＝ドニ（Hervey de Saint Denys）や間違いなく気づいていたルクレティウス（Lucretius）について言及していたのである。これは彼に心理的な検閲が働いた結果なのだろうか？

（5）レム睡眠は誰でも体験する統合失調症？
プレパルス抑制とγ波

レム睡眠と統合失調症には類似性がある。まず、これまでみてきたようにレム睡眠中のγリズムは大脳皮質領域、特に知覚に関わる領域と前頭葉を機能的に分断しているようだが、同様の現象は統合失調症においても生じているといわれている（例えば Tononi & Edelman, 2000）。次に、レム睡眠中には脳は末梢からの刺激を遮断しているように見える。すなわち一次視覚野は脱活性化しており（Braun et al., 1998）、感覚からの情報を視床レベルで抑制（例えば Gandolfo et al., 1980）することで大脳皮質を外部の刺激から遮断させている。統合失調症でよく見られる幻覚の発生に関する仮説でも感覚入力の減退が指摘されている（Behrendt & Young, 2004）。さらに、聴覚性の刺激に対するプレパルス抑制はレム睡眠中には起こらないが、統合失調症患者では覚醒時にも起こらないのである（Kisley et al., 2003）。最後にレム睡眠時の夢には、覚醒時とは対照的に、自己刺激と外界の刺激の間の混同があるのだが、それは統合失調症でもよくあることなのである。

断層撮影法を用いた研究から、前頭前野背外側（例えばBraun et al., 1997）もしくはその他の前頭葉（例えばLövblad et al., 1999）でレム睡眠中に脱活性化が起こることが指摘されている。これが、この睡眠段階における認知の乱れの源泉となると思われる。同様の背外側の脱活性化は統合失調症でも見られ、特にそれは認知的な課題遂行能力が損なわれているときに見られる（例えばBunney & Bunney, 2000）。さらに、後部帯状回皮質における脱活性化（例えばBraun et al., 1997）もみられる。辺縁系の一部ではないが、「夢の感情的な側面に関わる」（Maquet et al., 1996）前部帯状回は活性化している（例えばBraun et al., 1997）。レム睡眠時の認知能力に関して後部帯状回が持つ機能については議論のあるところではあるが、前頭前野背外側と後部帯状回でおこる脱活性化は、至高的音楽演奏時に「我を失って」いるようなピアノ演奏者の特定のケース（例えばグレン・グールドがバッハを演奏している時のように）にも観察されている（Parsons et al., 2005）ことには触れておく必要があろう。この行動は、意識の現実感を失いほかの脳の部位、特に運動野、辺縁系で活性化が起こるという点で夢見と統合失調症は似ているということを示すものである。

レム睡眠中に扁桃体が活性化する（Maquet & Franck, 1997）ことで夢見の感情的な要素が引き起こされるという知見は統合失調症とも関連する。今日ではグルタミン酸の乱れが、この疾病によって引き起こされる障害を説明する最も重要な仮説の一つとなっている。海馬と前頭前野から青班核へ向かうグルタミン酸作動性求心性神経の活動が減少すると、幻覚、妄想や奇異な思考のプロセスが引き起こされることが知られてきている。さらに、それが扁桃体のグルタミン酸作動性求心性神経への影響を脱抑制化し、統合失調症における感情障害を引き起こしている可能性が取りざたされているのである（Grace, 2000）。

ドーパミンはレム睡眠と統合失調症において似たような働きを示す。覚醒時にドーパミンのレベルが増大すると、鮮明な夢見と同じような精神病理学的な症状が引き起こされる。統合失調症に効果的な神経遮断薬はグルタミン酸とドーパミンを減少させることで症状を軽くする（例えば Solms, 2000）。このように統合失調症においてドーパミンの機能に乱れ（増大）があることが示されてきたのである。レナらはラットにおいて初めて、精神病の場合と同様に青班核におけるドーパミンの放出の最大値はレム睡眠時に起こるということを確認した（Léna et al., 2005）。この結果は夢見と統合失調症の間に強い類似性があることを示すものであり、この現象は両者に共通した認知障害の原因となっていると考えられる。

レム睡眠中にセロトニン作動性、ノルアドレナリン作動性ニューロンが働かなくなる点も統合失調症は似ている。ＬＳＤによって縫線核のセロトニン作動性ニューロンを急速に抑制すると人間では二五マイクログラムで（Toyoda, 1964）レム睡眠を増大させることができ、それより少ない投薬量では精神病理学的な症状を引き起こすことができるのである（Muzio et al., 1966）。ノルアドレナリンは、セロトニンと同じように、それが減少するとうつの原因となるので正常な精神活動に寄与するものである。人間において青班核への直接的な刺激を行なった稀な研究の結果「幸せと思考の……明晰さが促進される」（Libet, 1994）と報告されている。ノルアドレナリンの欠損は統合失調症的な不調に見られるものであり、新しい神経遮断薬は再取り込みを抑制する特徴を持つ（例えば Linner et al., 2002）。ノルアドレナリンが欠如することでレム睡眠が出現する数秒前にこの神経調整物質が正常なレベルに再現されないようになってしまうらしい（Aston-Jones & Bloom, 1981）。統合失調症になりやすい人においては、それは夢見の幻覚的な活動の始まりを覚醒時の意識において現実であると信じさせることを好ませるようである（Kelly, 1998）。

正常な心の機能において高度に重要な神経伝達物質であるアセチルコリンは統合失調症の症状にも関わる。なぜならこの神経伝達物質が中枢で減少することが覚醒時の幻覚的な活動の起源となるであろうと認識されているからである（Collerton et al. 2005）。同様の現象はレム睡眠中にも観察されている（Marrosu et al., 1995）。

レム睡眠の研究に関する歴史を紐解くと、まず予期しなかった強い脳の活性化が夢見の強力な心理学的活動を支えていることが明らかになった。脳による抑制的な過程が見出されたことで夢見における非論理的な心理的特徴の説明が可能になった。睡眠時の活性化と抑制の影響は脳の覚醒時の機能についての理解をより深める重要な情報も我々にもたらした。神経化学的・心理学的な夢見と統合失調症との類似性は、統合失調症の心理生物学的モデルとしてこの睡眠段階への新しいアプローチへの基盤を与えるものである。この睡眠段階の特徴は統合失調症の中間形質をなすものであることを示しているからである。また、レム睡眠の特徴の遺伝的な背景を調べることで、この多遺伝子性疾患の遺伝子的な乱れを特定し、将来的にそれに特化した治療法を確立できる可能性があるのである。

夢に関して過去の著名な哲学者や精神医学者は次のように記述してきた。カント（Kant, 1724-1804）は夢の精神活動の異常さについて「そのマダムは歩く夢見者である」と述べた。その少しあとショーペンハウアー（Schopenhauer, 1788-1860）は「夢は短期間の狂気である」と主張した。ほぼ同時期にモーリー（Maury, 1817-1892）は「夢は幻覚の一種である」（Maury, 1861）と書いている。一方で卓越した神経生理病理学者であったジョン・ヒューリングス・ジャクソン（John Hughlings Jackson, 1835-1911）は次のように述べていた「夢について発見しなさい、そうすれば狂気について発見することができるであろう」（Nahum, 1965）と。神経精神科医であったアンリ・エー（Henri Ey）は「夢と狂気は同じ源泉からほとばしり出るということは明白以外の何者でもない」（Ey, 1967）と書いている。

これらの指摘が現代における科学の進歩によって実証されつつあるということで、めでたしめでたしとなりそうなのだが……。しかし、そうは問屋がおろさない。この後の章の議論を見てほしい。

Q　脳波を測るための電極をつける時、髪の毛は邪魔にはならないでしょうか。その部分だけ毛をそるとかしなくても大丈夫ですか？

A　確かに、ご心配はごもっともですが、髪の毛をかき分けて頭皮を出せば、クリームを塗ることで電気が通るので大丈夫です。おそらく、脳波を取っている人たちは理想的には電極のところだけ髪の毛を剃っている人が一番良いなあと思っているかもしれません。でも、テントウムシのように丸い図柄が二〇カ所以上あるというヘアスタイルって……。

Q　レムで起きた時、男の人は元気だというのは性的な夢を見たからでしょうか。また、女性でも性的な反応があるのでしょうか？

A　それは違います。レム期になるとほぼ自動的に起こることのようです。女性でも似たような状態になっていることが知られています。

第三章　夢がなくなった⁉——夢見の神経認知心理学

1　ソームズ登場

夢見の研究の歴史を見るといくつかの節目があるように思える。それはフロイトの精神分析とレム睡眠の発見である。レム睡眠の発見以降、主として脳波を指標とした生理学・生理心理学的な立場に立つ研究者たちの多大な努力によって、夢見と脳の働きに関する科学的研究が飛躍的に進んでいったプロセスは先の章で見てのとおりである。これから取り上げるソームズの登場は、精神分析とレム睡眠の発見ほどではないにしても、夢見の研究に与えた影響はかなり大きいように思われる。

一九九七年、いつもお世話になっている洋書屋の新刊情報を見ているとマーク・ソームズ（Mark

Solms）という夢の研究の世界ではあまり聞いたことがない人が書いた"The neuropsychology of dreams"（『夢の神経心理学』）という題が目に飛び込んできた。おもしろそうだと思って早速注文したところ、すぐに手元に届いた。三〇〇ページ近い英語の本であるので、英語が得意とは言えない私にはざっと目を通すことですらかなり辛いことであったが、読んでみて驚いてしまった。これまでの夢の研究では見たことがない内容が満載だったのだ。古今東西手に入る限りの文献を集め、局所的な脳障害によって夢を失うか夢に障害を示した三六一の症例をもとに、脳のどの部位が夢と関係し、どこは関係しないのかはっきりさせたのだった。

彼の報告で最も衝撃的だった点は、生理心理学的夢見研究の端緒となった夢見とレムとの間の因果性に疑義があることを脳のメカニズムの観点から指摘した点にある。彼はホブソンらがレムの成立と夢見の発生に脳幹が最も重要な働きをすると主張しているのに対して、以下のように述べている。

脳幹の深部の損傷によるレム睡眠の喪失によって夢が消失したと思われるケースは三六一ケース中二つしかない。これらの事例はレム睡眠と夢見の間の伝統的な仮定に重大な疑問を投げかけるものである。

生理学的なレム睡眠の状態と夢見の意識状態の間には統計的に有意な相関があるにも関わらず、夢見はレムと因果関係を持つとは言えないのである。

レムを生み出す生理学的機構と夢見を生み出す機構は互いに独立である。レム睡眠を生じる神経過程はいつも夢を生じる過程と同時に働くが二つのプロセスは互いに独立に生起しているのである。
(The neuropsychology of dreams, p. 54)

さらに彼のまとめた夢見のモデルではフロイトの精神分析には脳のメカニズムの裏打ちがあると同時にこの本の主題である夢見の認知心理学的研究もまた支える証拠にもなるものともいえるものであった。

そこで、ここではソームズの議論の内容を簡単に紹介したいと思う。

2　シャルコー・ウイルブランド症候群

ソームズが最初に紹介した事例が、脳の障害で夢がなくなってしまったというシャルコー・ウイルブランド症候群である。

シャルコーの患者は一八カ月以上かかかって徐々に忘れっぽくなっていくことに気づいた(Charcot, 1883)。突然の混乱の後、その状態には終止符が打たれた。彼は視覚的なイメージを意識的に心に呼び起こすことが全くできなくなったのだ。彼は自分の状態を次のような言葉で表現している。

今では、たとえどれだけ願ったとしても、私は自分の子ども、家内、もしくは日常的に私の回りにあるさまざまなものの特徴を思い描くことができなくなってしまった。抽象的な記憶は完全に保存されているにもかかわらず、見える対象をイメージすることができなくなったので、私は長い間よく見知ってきたものを見るたびに日常的に驚きを経験するようになったのです。

そして、「対象を視覚化する能力が完全になくなってしまったことによって、私の夢見は変わってしまった。私は以前には夢の中で視知覚を有していたのに、今では夢にはおしゃべりしかない」と報告したのだった。

もう一つはウイルブランドの事例である。シャルコーの報告が公刊された四年後、ウイルブランドは、これと似たようなケースを報告した（Wilbrand, 1887）。ウイルブランドの患者は「へんちくりんな状態」になってしまった。彼女はかかりつけの医者が認識できなくなり、人や動物と動かない事物を混同してしまうようになったのである。彼女は最初盲であるとみなされた。彼女が数週間後起床することを許されると、「見えていないのに読むことはできる、という変な状態」にあることに気づいた。そして、「病気になる前、彼女は画像のイメージを伴った夢がたくさん見えていた。今や彼女は夢をほとんど見なくなってしまった」。しかし、その後彼女は夢の中で妹のイメージを見るようにはなった。死後、剖検の結果、後頭葉に両側性の梗塞が見つかった。

これら二つをまとめてシャルコー・ウイルブランド症候群という。クリッチリーの定義によれば、

「患者が視覚的イメージまたは記憶を心に呼び起こす力を失い、そしてさらに睡眠の間夢を見なくなってしまった」(Critchley, 1953) 状態としている。再視覚化の障害はこの複合した症候群の基盤となるものであった。夢見の停止、相貌失認（顔を見ても誰の顔かわからなくなること）、そして局所解剖学的失認または健忘は、大なり小なり基礎的には再視覚化の障害に帰結できると考えられた。シャルコー・ウイルブランド症候群の示す状態は、夢見ることの基盤には視覚的にイメージする能力があることを示すものであり、夢見についての認知心理学的理論を強力に支持するものと考えられるのである。

3 脳のどこが夢見に関わっているのか？

シャルコー・ウイルブランド症候群の例によって、部分的な脳の障害によって夢が止まってしまうことがあることが初めて示された。そして、それ以降の脳障害の事例研究を丹念に調べ夢見を止めてしまうことに関わる部位、逆に夢見を過度に活性化させてしまう部位をソームズは明らかにしていったのである。まとめていった結果、通常の夢見の過程には、主に次のような脳の部位が関わっているらしいことを突き止めた。それは主として辺縁系、下頭頂葉小葉、内側後頭側頭、そして、前頭葉中央基底核と脳幹と間脳辺縁系をつなぐ回路である（図3―1）。脳のこれらの部位を損傷すると夢はなくなるか、異常になる。反対に、脊髄と末梢感覚運動系、一次感覚野、視覚領域以外の複数の感覚に関連する等皮質、大脳皮質前頭前野側背といった部分は、通常の夢見の過程にはあまり関係がない。

これらの知見から夢の過程の本質は、後者の構造群の寄与がない状態で前者の構造群が機能することによって決定されると考えることができる。

もし、夢の基本的性質が、先に挙げた部位の間の結合が協調した機能によって決まるとすると、次のような疑問が次にわいてくる。各構造はどのように夢見の過程に関わっているのだろうか。おそらく、各構造は過程全体に対して特徴的な役割を担っているのだろう。そして、お互いの役割分担の特徴はその構造が損傷を受けたときに全体的な過程が崩壊する様子から推測できるかもしれない。

(1) 内側後頭側頭の構造

内側後頭側頭領域は、視覚的イメージの生成に寄与するらしい。この領域が損傷を受けると、視覚的なイメージ（あるいは視覚的イメージの諸側面）が欠けているものの、それ以外の側面は全く普通の夢見がなされる。これは先天盲の人が体験する夢と似たものであろう（第六章参照）。大脳皮質の視覚野で特に関連の深い部位はおそらくV3、V3A、そしてV4ではあるがV5とV6は関連しないようである。V2の働きについては疑問がある。一次視覚野（V1）が通常の夢には関わっていないことは、通常の夢見における視覚的イメージは外部から来たものではなく内的に生成されたものであるという結論を導き出す。すなわち、夢は後方投影によって生成されるのである。この結論はこの症候群に付随しておこる夢の異常性を説明するとともに、視覚的な表象性の要因は夢生成過程の本質ではなく末端に位置づけられるべきことを示すのである。

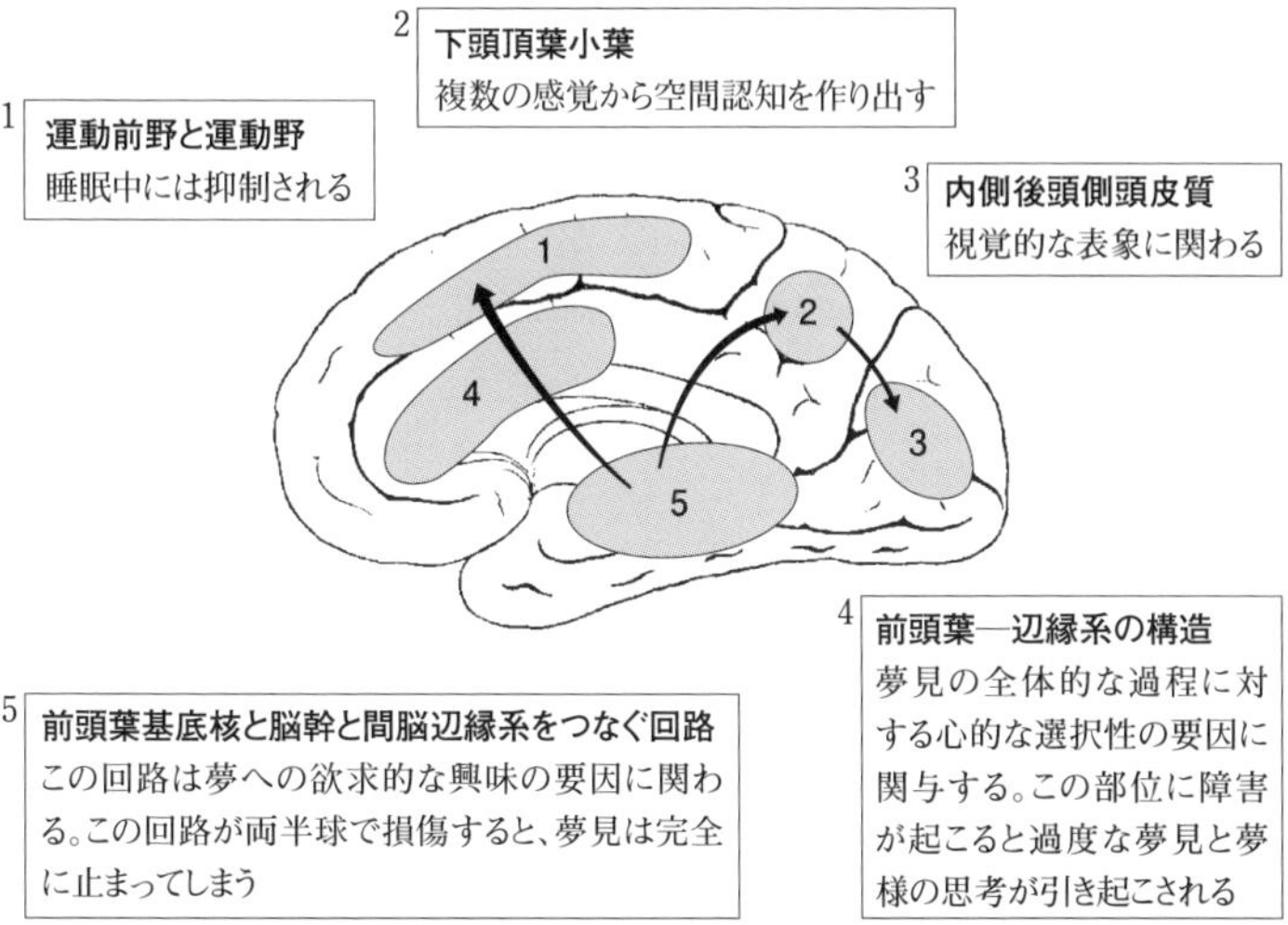
2 下頭頂葉小葉
複数の感覚から空間認知を作り出す
1 運動前野と運動野
睡眠中には抑制される
3 内側後頭側頭皮質
視覚的な表象に関わる
1
2
4
3
5
4 前頭葉―辺縁系の構造
夢見の全体的な過程に対する心的な選択性の要因に関与する。この部位に障害が起こると過度な夢見と夢様の思考が引き起こされる
5 前頭葉基底核と脳幹と間脳辺縁系をつなぐ回路
この回路は夢への欲求的な興味の要因に関わる。この回路が両半球で損傷すると、夢見は完全に止まってしまう

図 3-1　ソームズが指摘する夢見の生成に本質的に関わるとみられる脳の部位

Hobson et al. (2003).; Gray, H. (1918). *Anatomy of the Human Body*. (http://www.bartleby.com/107/indexillus.html) を参考に作成。

（2）下頭頂葉小葉の構造

下頭頂葉小葉の領域は空間的な認知に関わる。どちらの半球であってもこの領域を損傷すると夢の経験は完全になくなってしまう。このことは、空間的な認知ができることが夢見の基盤となることを示唆する。空間的な認知は頭頂・後頭・側頭のつながった領域から生成される複数の感覚から作り出されているようなのである。

左と右の下頭頂葉小葉の損傷の結果、夢がなくなってしまった人たちを神経心理学的に調べてみたところ、空間を認知する能力が夢見に関与する内容には半球ごとに違いがあった。右頭頂葉を損傷すると、具体物の空間認知に影響が現れる。左頭頂葉の場合、感覚入力に直接対応するのではなく、具体物から抽象化された「象徴的」な認知に障害が起こる。

これらの要因は夢の主観的な経験にとっても明らかに本質的なものである。しかし、具体的な空間の要因は偽空間的な夢経験よりも健常な夢経験にとってより重要であったのだ。したがって、具体的な空間認知は、象徴的な操作が現れる基盤となる媒体であるとソームズは考えた。先に概観した後方投影の図式とこのような推論を組み合わせると、夢は蓄えられた表象から抽象的に合成するプロセスによって生じると結論する。このように、夢においては抽象的思考が具体的な知覚へと変換されるのである。

(3) 前頭葉基底核の回路

前頭葉基底核と脳幹と間脳辺縁系をつなぐ回路は、夢への欲求的な興味の要因に関わる。この回路が両半球で損傷すると、夢見はまた完全に止まってしまうのである。「脳の好奇心―興味―期待を指令するシステムは……それは目標探索行動と有機体の外界への興味を増進するものである」夢の過程のこのような側面と関連する。これらの回路は「目標探索行動と有機体の外界への興味の増進を起こす」。必要以上に活性化してしまうと過度で異常に頻繁で鮮明な夢見を引き起こすが、損傷してしまうと「外界の世界との相互作用的な興味の喪失」とともに完全に夢見を消失させるのである。これらの回路は夢見を引き起こすことに中心的に関わっていると考えられる。

この部位は、食欲の動機の制御とも関連していること、そして、前頭葉深部の両側性の損傷を伴う全体的な夢の喪失は衰弱と関係するのではなく、脱抑制的な症候と関連するということから、通常の夢見は、こころのもつある種の高次の安定的、抑制的機制の積極的な関与なしには起こり得ないという結論が導き出される。

これらの結論は「夢見への基本的な動機づけの原動力は心理学的なものではなく生理学的なものである（Hobson & McCarley, 1977）」というそれまであった考え方に疑問を投げかけるものである。もし、心理学的原動力が高次の大脳過程と等価ならば、夢見は脳幹から発する刺激によって生成されるランダムな生理学的事象であるということと、全般的な失夢症は脳幹の損傷によっておこる基本的な覚醒水準の障害と関連するのではなく、むしろ、内側後頭側頭や前頭葉の損傷によっておこる空間的―象徴的そして、動機づけ―抑制の障害であるという観察結果を両立させることは難しいことである。夢はある種の高次の心的機制によって生成され表象されることが示唆されるのである。

(4)　前頭葉―辺縁系の構造

前頭葉―辺縁系の領域は、夢見の全体的な過程に対する心的な選択性の要因に関与する。この部位に障害が起こると過度な夢見と夢様の思考が引き起こされる。

夢の後方投影の機構は、この領域によって選択的に抑制され安定化されているらしい。前頭葉―辺縁系によって生成される心的状態と夢見を特徴づける心的状態の間がよく似ていることから、夢見と覚醒時の認知の差異はこの領域の生理学的変化に関連しているようである。このため、過度な夢見と夢様の思考と過度な後方投影のメカニズムは同じものであると考えることができる。この傾向が強くなってしまうと、患者は睡眠中ばかりか覚醒時においてすら、抽象的に思考したことを具体物の知覚として経験することが起こってしまう。言い換えれば、睡眠中の前頭葉―辺縁系の領域に生理学的な変化がおこると「夢での行動に現れる景色は覚醒時の表象的生活とは異なったものになる（Fechner, 1889）」。覚醒時にイメージを思い浮かべる時には知覚的注意は外的に喚起された知覚の方向へ選択的に向かうのに対して、睡眠中は内的に喚起された知覚へ同様に向かうと結論できる。

前頭葉―辺縁系構造は、外的なものへ向かうはずの知覚的注意を睡眠中に選択的に抑制するが、この働きは前頭葉―辺縁系の損傷によって機能しなくなることもまたありそうである。この領域が通常の睡眠の間には大脳皮質の運動システムに抑制的な影響を及ぼす可能性は、この領域が損傷した患者に夢の実演を引き起こすことがあるという事実によっても支持される。

この領域の関わり方によって夢見と覚醒時のイメージの多くの違いを説明できる。コスリンの覚醒時のイメージのモデルにおいては、前頭前野の背外側領域は内容検索機構のある場所である（Kosslyn, 1994）。そして、この機構は外界の知識をもとに知覚的な可能性を制限する。意図的な活動性によって生じる行動場面にも関わるため、運動システムの上端（思考から行動への通路）としても考えられる。夢の生成の際に、脳のこの領域が機能しなくなると、夢の中での適応的な思考の土台が著しく壊される。その結果、知識に基づいた束縛から知覚的イメージが解放されると同時に、意図から運動行動への指令がブロックされるのである。そして、覚醒時の生活の間の知覚的注意は、選択的に現実の外的事物の知覚の方向へ向かうのに対して、夢見の間は内的な幻覚的表象を無批判に受け入れる。まとめると、覚醒時の表象生活の間の運動の意図性は現実の外的なゴールに選択的に向かうのに対して、夢見の間は内的な幻覚的表象へ無批判に向かうのだと結論できるかもしれない。夢の中では人は自分が色々なことを自分がしていると表象するが、実際にはその人は何もしていないということである。夢の中の行動は行動ではない。それらは過去の経験から得られた活動の表象なのである。

（5）側頭葉―辺縁系の構造

辺縁系が興奮性の活動をすると、夢は情動的になる。この領域が発作的に活性化すると、頻繁に繰り返して悪夢を体験するようになる。過度に辺縁系が活性化してしまうと、抑制的で安定化を図る前頭葉―辺縁系の後方投影機構を圧倒してしまうらしい。その結果、前頭葉―辺縁系の損傷によって起こるのと同じような過度な夢見や夢様の思考が起こるようである。

この部位へ刺激を行うと恐れや不安感が引き起こされること、辺縁系の発作に関わって生じる夢は不安感によって特徴づけられることから考えると、側頭葉―辺縁系がこれらの悪夢に関与することが推測される。これらの悪夢で繰り返される内容は、夢を引き起こすある種の精神的な機構の特殊性を反映しているのである。側頭葉―辺縁系の機構が夢（特定のタイプの夢ではあるが）を引き起こすように見える事実は、この領域は夢生成の過程の導入的段階の最後に位置すべきものであることを示唆する。

4　夢が生起する過程についてのモデル

眠っている脳には、わき起こってくる刺激によって意図的な運動はできないようにいろいろな仕掛けが備わっている。

一次感覚野とそれに付随する感覚受容器は睡眠中は脱活性化あるいは抑制されている。これは、外的な刺激による活性水準を下げる。すべての運動系は同様に脱活性化あるいは抑制されている。生理学的には、このことは脳幹における脊髄の運動神経の抑制だけでなく、前頭前野の抑制も関わる。これは自発的な意図の実行をおさえ、一般的に運動活動の活性化水準も下げる。

しかしながら、少なくとも次の三つの理由から、外界の世界への関心と目標志向的な活動を抑制したからといって、夜間の活性水準は完全に下がってしまうわけではない。すなわち、外的な感覚刺激は睡眠中には完全には消失せず多少は取り込まれている。さらに、すでに存在している自発的な意図と運動プログラム（昼間の残滓）が睡眠中にどうなっているのかよくわからないが、睡眠中には様々な種類の内因性の刺激が自然にそして絶え間なく起こっている。飢えや渇きなどに加えて、レムの活性化はこの種の夜の活性化の最も良い例である。また、てんかんの発作によって起こる辺縁系の興奮状態もその一つになる。内因性の刺激は夜間の覚醒水準を上げる源泉の一つであろう。なぜなら、先に挙げた感覚と運動系の抑制により、内因性の刺激は抑制されないからである。

一方で、ある閾値を越えた外的な刺激から睡眠者を保護する仕掛けがうまく働かなかった結果として、そして、もう一方では睡眠中に起こる内因性の刺激によって起こる影響を阻止する能力が欠けることによって、夢があらわれる。もし、これらの刺激が前頭葉基底核にある好奇心―興味―期待（欲求的）の回路を活性化すると、夢見が起こる。この過程は睡眠状態を保護するように仕組まれた三番目の仕組みである。

欲望的な興味が起こっても意図的な運動を実現することは抑制されるので、知覚的幻覚を生じるような方向へ夢は進む。したがって、辺縁系に直接接している知覚的記憶痕跡的なシステムが、現れた夢の活動の舞台となる。覚醒の間は、知覚的記憶痕跡的な活動は前頭葉―辺縁系の注意の機構によって抑制され、外的な感覚情報によって制御されている。しかし、睡眠時には注意による事前の活性化がなくなり、外的な刺激がブロックされ、このような抑制は弱まる。夜間抑制されなくなった欲望的な興味が現れ、知覚的、記憶痕跡的な活動のパタンが活性化されることで、幻覚的になり、前頭葉のシステムが弱まったことによって実際の知覚と間違われてしまうことになる。

本来の意味での幻覚は三段階の過程から成り立っている。すなわち、前頭葉基底核で形成された欲求のプログラムは左頭頂葉によって象徴的に表象され、右の頭頂葉によって具体的に（空間的な媒体によって）再表象され、そして両側性の後頭葉―側頭葉の機構によって複雑な筋運動的視知覚に変換されるのである。その結果生じた知覚的な経験が奇怪なものになることは、外的で知覚的（一次知覚野）そして影響力の大きい拘束が欠けることによって、そして、また、前頭葉基底核（検閲）からの下降性の影響がないことによって引き起こされる。

　ここで示した図式は以下のように要約できる。睡眠中に欲望的興味を喚起させる刺激は、種々の抑制的な機構、すなわち前頭葉基底核が意図的な運動活動に変換されることにならないようにするために、そして、種々の知覚的で記憶痕跡的後頭葉―側頭葉―頭頂葉の機構がそれを象徴的に変換し視覚空間的な幻覚の形で具体的に表象するために、そして、種々の反射的な機構が結果生じた幻覚と現実の区別に失敗するために睡眠者を目覚めさせることがないのである。

　ここで取り上げたソームズの議論は、先に挙げたレム睡眠が夢に関係するという立場からの研究に対して同じ脳のメカニズムという土俵の上で真っ向から勝負を挑んだと言えよう。そして、さらに盤石と思われた脳波の研究者の提唱するモデルに対する精神分析ではない理論である神経認知理論を支える柱の一つとなっているのである。

コラム1　動物の睡眠と夢

鳥は眠っている時に歌の練習をする？

眠っている犬が、キャンキャン鳴いたり、吠えたり、唸ったりすることは大抵の人が目にしている。他の動物についての同様の逸話的な報告は、人間が夢見るのに匹敵する幻覚的で「感情的」なイメージを体験していることを示唆する。鳥や爬虫類でさえ睡眠中に声を出すことがある。人間の場合に見られるような、これらの睡眠に関連した発話は睡眠時の精神活動（SRM）と関連し、声を出した時の動物の睡眠状態の基礎にあるものと機能的に関連すると思われる。

鳥のケースの場合、大変示唆的である。デイブとマーゴリアシュは、覚醒時の生活の中で歌を生成することに関連することが知られているある種のニューロンの「自発的な」活動は、睡眠時にも感覚運動的な活性化のパタンで再活性化することを示した。さらに、睡眠時に歌を歌うことによって鳥の運動「皮質」を活性化した時の神経活動のタイミングと構造は、昼間の歌の時の神経活動と一致したのであった（Dave & Margoliash, 2000）。

鳥は睡眠中に「練習」しているのだろうか？　鳥は自分の歌を睡眠中に「聞いているのか」それとも夢見ているのだろうか？　我々はどうすればこのような問いに答えられるのだろうか？　ある種の鳥はレム睡眠中に哺乳類が示すような典型的な筋の弛緩のパタンを示すことがある。もし、レムに関連した運動系の抑制をそのような鳥で実験的に止めることができれば、我々は夢の上演行動の形を見ることができるのであろうか？　我々が知る限り、研究者は鳥においてはそのような可能性を確かめたことはない。このことを難しくしている理由には鳥のレムエピソードは典型的には秒単位でしか続かないほど極めて短いという事実がある。さらに、鳥が歌を歌うことはそれらの動物においてはレムでない睡眠に伴って起こることがしばしばであるからである。

鳥やイルカは片目をつぶって眠ることがある

鳥類の大半とイルカやクジラなどの水棲哺乳類は「半球性の睡眠」を示す。二つある大脳半球の片側しか眠らないのだ。このような睡眠時にはレムにはならない。というのはレムになると筋肉が弛緩するため、例えば長距離に渡りをしている鳥は墜落してしまうし、イルカなどでは呼吸のために海面に上がってこれなくなるので溺れてしまうからである。

このような睡眠中彼らは片目を開け続ける。この時、眠っている半球とは逆側の目が開いていることが普通である。ゴーレイによると、集団で寝ているカマイルカは隣り合ってゆっくり泳ぐが、まるでまなざしを向けることで群れとのコンタクトを維持しているように、開けている目は他のイルカの方向にまっすぐに向ける傾向がある。面白いことに、眠っているイルカが時間単位で群れの片側から別の側に場所を転換すると、まるで眠っている脳が入れ替わったように、開いている目もそれに合わせて変わるのである。オスのイルカの多くは繁殖力のあるメスへの接近を独占するような連携を形成する。よって、開けた目で集められたメスを監視しているのかもしれないのである（Goley, 1999）。

第四章　普通の夢はどんな夢？
――平均的な夢の内容に関する実証的研究の結果

1　はじめに

フロイト派の精神分析家も、鋭く対立する活性化―合成仮説を支持する研究者も、夢見る脳は高度に感情的で精神病理学的な状況にあることを信じている点では実は一致しているのである。しかし、夢は彼らが言うように本当に奇怪で感情的なものなのだろうか。ここでは主として睡眠実験室で覚醒した時に集められた夢と日常的な場面で集められた夢の研究についてウィリアム・ドムホフ（William Domhoff）がまとめたレビュー（Domhoff, 2007）をもとに、一般的に体験されている夢の内容がどういうものなのかを見てみることにする。

2　実験室での覚醒から得られた大人の夢の内容

(1) 実験室で集められた夢の内容

ノンレム睡眠時の夢はレム睡眠時の夢と内容は似ているということを示す研究は数多くあるが、通常はレム期の報告の方が、頻度は多く、長く、より鮮明であることが知られている。そこで、レム期に覚醒した時に報告される夢を典型的なものであろうと考え、大人、子どもと青年から報告された夢の内容をみてみることにする。

大人のレム期の夢の内容を睡眠実験室で最も総合的に調べた研究は、一九六〇年から一九六七年の間の七年間に五八人の若い青年男女が参加し、メリーランドのベセスダにある国立精神衛生研究所とニューヨークのブルックリンにあるニューヨーク州立大学ダンスステイト医療センターで行われた六三五の夢の報告に基づくものであろう（Snyder, 1970; Snyder et al., 1968）。この研究では、例えば、（大変当惑しながら）公衆の前に半裸もしくは全裸で現れたり、突然歯が抜けたり、自分の力で飛びまわったり、空間に落ちていったりというような、いわゆる典型的な「夢らしい夢」が実際のところどの程度現れるのか調べることも目的の一つであった。しかし、予想に反してこのような夢らしい夢が現れる頻度はそれほど高くはなかった。六三五の報告の中で、裸に関して語ったものはほんの一〇例であり、当惑した感じを報告したものは皆無であった。歯の抜けた夢は三例あったが、飛ぶことと落ちることは一つずつ現れたに過ぎなかった（Snyder, 1970）。夢に典型的に現れるとされるものの中でも、より現実的な夢ですらほとんどなかった。例えば試験に関する夢は一一例、これらには失敗は含まれていなかった。お金を拾った夢は一つしかなかった。これらの研究の結果、大人の夢は一般的に信じられていることとは全く違うものであることがわかった。典型的なレム期の夢とは「夢見る人と他の人が普通の活動と仕事をし、通常彼らについて話をしている、明快で首尾一貫した現実的な状況」なのである（Snyder, 1970）。全体として、「九〇％以上が日常の経験についての記述であると考えられる」のである（Snyder et al., 1968）。

では、実験室で集められた夢の中でも夢らしい夢はどの程度あったのだろうか。レム期に体験されている夢に関して、一六人の若い大人の女性を対象として行われた研究でより詳細に検討された（Dorus et al., 1971）。報告された内容を検討したところ、覚醒時の経験が大きく歪められた内容は、夢全体の一六・七％に過ぎず、登場人物では六・二％、物理的環境では七・八％でしかなかった。覚醒時の生活で経験され

図 4-1　G. William Domhoff

1936 年生まれ，カリフォルニア大学サンタクルーズ校で 1965 年から教鞭をとる。心理学，社会学教授。マイアミ大学でカルビン・ホールのもとで夢の研究を行い，1962 年に博士号を取得。
http://sociology.ucsc.edu/whorulesamerica/about.html

ることがあり得ないことは物理的環境の四・九%、すべての登場人物のうち一・三%、すべての活動と社会的関係の六・八%でしか現れなかった。彼らに新奇さについて全般的な評定を求めたところ、「覚醒時の経験と違ってはいるもののその違いはもっともらしい」割合が二五・八%であり、「覚醒時には普通ありえないこと」は八・九%でしかなかった。すなわち、夢において奇怪なことが現れることは極めてまれであることを強調する結果となったのだ。

ストラウチとマイヤーは四四人が一六一晩実験室で過ごした報告から得られた五〇〇のレム期の夢についての報告を集め、その中で非日常的と思われる一一七の夢のサンプル内容を検討した(Strauch & Meier, 1996)。彼らは、「首尾一貫した思考と経験が完全に欠けており、全体として知的ではない、もしくは、乱れたと思わせるようなものですら、ほとんど集めることはできなかった」と述べている。登場人物による軽い社会的もしくは文化的な違反行為から突飛過ぎてありえない行動に至るまでの異常な夢の内容は、突然現れたり突然シーンが変わったりというような夢の構造変化を伴う奇怪さよりも、二倍多く現れることを見出している。いかなる種類の奇怪さも認められなかった報告が二三・八%であり、奇怪な要素が一つだけ現れた比率は三九・三%であった。大人の夢ではある種の奇怪さはあることが明らかになったものの、予測される比率よりもはるかに低かったのである。

(2) 実験室で集められた夢に伴う感情

実験室で体験された夢にはどのような感情が伴うのだろうか。夢で体験される感情に関しては、先に挙げた二つの実験室における三つの異なった研究で検討されたが、後に一七人の若い大人（女性九人、男性八人）を対象にしたフォルクスらの研究でより詳しく調べられた（Foulkes et al., 1988）。集められた夢は、実験参加者と、中立的な判断者の両方による評定が行われ、夢の報告のうち約七〇％が少なくとも感情を伴っておりベセスダとブルックリンの研究の数字よりも高くなった。しかし、覚醒時で似たような状況があったケースの一七％では何の感情もなく、覚醒時の生活ではありえない状況での夢に感情が現れた割合は三・二％でしかなかった。彼らは、夢において体験される感情は一般的には適切であり、むしろ例外的に覚醒時の生活で現れると考えられる感情が欠けていることがよく起こるものであると結論している。

ストラウチとマイヤーの研究では、実験参加者は目覚めるたびに夢でどう感じ、感情がどう高まったのか問われた（Strauch & Meier, 1996）。五〇〇のレム期の夢の報告をもとにして、彼らは二六・四％の夢の報告には感情が欠けており、二三・四％は普通の気分、そして五〇・二％は特定の感情を伴っていることを見出した。全体として、ネガティブな感情がポジティブな感情の二倍頻繁に現れ、感情の強度は中程度であった。夢に現れる感情は、極端に弱いことも極端に強いこともいずれも稀であった。概して参加者は「目覚めて似たような状況に直面しているときに持つであろうと思われる感情的な反応を示している」が、ある夢では覚醒時の生活で似たような部分の体験があった時には感じるはずの感情が欠けていることもある。その中に感情を伴わない夢が少なからずあるという結果に基づいて、「感情が夢の経験において重要であるという考え方に立脚していることとは対照的に、多くの夢は感情的な反応を引き起こしていないということは興味深い観察結果である」と結論した。

感情の問題に特に焦点を当てた三つ目の研究は先に挙げた二つの研究と同様の結果を報告している。九人の実験参加者に（女性七人、男性二人）ポータブル終夜睡眠ポリグラフ検査を用いて自宅で睡眠段階をモニターし、レム期に起きてもらうような実験を行った結果、先に引用した二つの実験室研究とほとんど正確に一致するように二六％の報告では感情の要素はなかった（Fosse et al., 2003)。さらに、感情は一八％で「低い」残りの二八％の夢で「中程度」となり、「高い」と判断されたのは残りのたった二八％に過ぎなかった。

レム期の報告のうち四分の一では感情が欠けているというこれら三つの研究の知見、そして、覚醒時の生活では現れている場面でも感情を感じないことが時々あることは、フロイト派や活性化―合成仮説を信奉する人による夢における感情性についての一般的な主張を支持しないし、感情の強度の分布に関しても彼らの仮定とは合わない結果なのであった。

3　実験室で集められた子どもの夢の内容

子どもはどのような夢を見るのだろうか。そしてそれは発達とともに変わっていくのだろうか。子どもの夢に関してはフロイトも論じているが、最も信用できる研究はフォルクスたちが行った実験室研究であることは衆目の一致するところである。

彼らは三―一五歳の子どもを対象として長期間に渡った縦断的な研究と、五―八歳の子どもを対象として二、三年間別の実験室で追試した研究を行った（Foulkes, 1982; Foulkes et al., 1990）。最初の研究は五年間毎年九日間続けて、三―四歳と九―一〇歳の二群、合わせて三〇人の同じ子どもたちを実験室に呼び、夢が発達に従ってどのように変わるのか調べたものだった。開始から三年後に一一―一二歳の男の子六人が、開始五年目には七―八歳の女の子七人がこれに加わり、全体として四六人の子どもが研究の対象となった。二六人は五年間すべて、三四人は少なくとも三年、四三人は少なくとも一年は完全に過ごした。五年間で二七一一回もの覚醒を行ったのだった。

実験の結果は予想もしなかったものとなった。三―五歳の子どもはレム期に起こしても夢の報告をあまりしなかったのだ。レム期に起こしてみても夢を想起できた割合は二七%に過ぎない。しかも、思い出した夢には、動きがなく、平凡で、未発達なものでしかなかった。登場人物、テーマ、行動という点から「夢らしく」なるのは五―七歳になってからであった。しかし、それが大人が実験室で見るような夢と、頻度、長さ、感情、そして全体的構造において似たような夢になり始める、もしくは人格との関連性を示し始めるのは、子どもが一一―一三歳になるのを待たなければならなかった（Foulkes, 1982）。

先の縦断的な研究の結果、五―八歳の間に夢の内容が劇的に変化していくことが分かったので、五歳、六歳、七歳、八歳の誕生日の一カ月以内に一〇人の男の子と一〇人の女の子を対象として横断的な追試が行われた。これら八〇人の子どもは、三晩の間に一〇回覚醒させられ、全体では八〇〇の覚醒が行われた。その結果、先に行われた縦断的な研究の主要な結果のすべてが支持された。夢に現れたイメージは七歳までは動きがなかった。そして、子ども「自身」が登場しても八歳になるまでは能動的な役割は取らなかった（Foulkes et al., 1990）。攻撃的な相互作用、否定的感情、不幸、もしくは失敗はほとんど現れることはなかった。仲の良い関係性が現れることも稀だった（Domhoff, 1996）。

その後、スウェーデンでも九歳から一五歳までの子どもを対象とした長期的研究が行われた（Strauch, 2003, 2005）。一二人の男の子と一二人の女の子が毎年三晩連続で実験室で眠り、全体で五五一のレム期の報告が集められた。その結果はアメリカの長期的研究での前青年期と青年期の結果と同様であった。さらに、自己の関与、発話の現れ、夢の構造の独創性は時間とともに増加した。この結果は、青年期における夢見の認知の変化はわずかなものである（Folkes, 1982）というフォルクスの結論を支持するものであった。一年目の研究では感情、もしくは幸福感が伴った夢は一三―一四％でしかなかった。一三―一五歳になると男の子では一五％、女の子では二五％になった。この数字は同じ実験室場面で測定した大人の結果の半分程度であった（Strauch, 2005）。内容については、ほとんどの夢はスポーツをする（二〇％）、ある場所から別の場所に移動する（一〇％）、家の周りにいる（二〇％）、学校で面白いことをする（授業ではなく）（一〇％）などのような様々な日常的な場面に関することだった。泥棒や幽霊やヒーローとのあり得ないような出会いを含む冒険物語は一〇％しかなかった。

これらの夢は「現実的」から「創造的で非現実的」までの範囲の尺度で評定された。「創造的」は非日常的で創造的なやり方で覚醒時の似たような経験を結びつけるようなことと定義された。「非現実的」な要素は、これはまた「奇怪さ」もしくは「ありそうもない」とも呼ばれたが、覚醒時の世界との関連性に欠けるものとして定義された。これらのカテゴリーに関して、三九―四一％の夢の報告がすべての三つの水準で「現実的」であったのだ。これは若い大人のコントロール群で見出された現実的な夢の比率が三七％であった結果とほぼ同様であった。創造的な夢についての報告は五年の間に二九％から四一％に跳ね上がった。これはコントロール群の値よりわずかに下回るだけであった。非現実的で奇怪な夢は三一％から一五％に減り、後者の数字は若い大人の群の非現実的な夢の報告の割合である一三％に近い値となった（Strauch, 2005）。夢の非現実的な要素の多くは別の日常的な状況の文脈で起こることである。それは例えばサッカーがいろいろな色のボールで行われているといったようなことである。しかし、完全に非現実的なこともあった。一一歳の男の子の三番目のレムの時に報告された夢では地下にある下水管の中でネズミが鳥に乗っていたといったものもあった（Strauch, 2005）。

このように、子どもと青年をレム期に覚醒して夢を調べた実験結果は、大人の夢ほど奇怪でも感情的でもないことを示している。大人と子どもの両者からのレム期からの報告についての実験室研究の結果は、夢見は一般に考えられているほど奇怪なものとは程遠いことを示すものであった。

しかし、レム期の夢は夢生活の良いサンプルとは必ずしも言えないという指摘もある。これは、ホブソンと彼の共同研究者が実験室での夢の研究の結果を一般化することに関して言ってきたことであった。このため、実験室の外の状況で集められた何千という夢の報告からの知見に移る前に、実験室と自宅の夢を比較した研究を見てみる必要があることになる。

4　実験室の夢と自宅の夢の比較

実験室でのレム期の夢の報告内容と自宅で朝に思い出して集められた報告内容には違いがあるといわれてきたが、同じ対象者について自宅と実験室の両方で行った多くの実験の結果、両者の間には大きな違いがないことが分かってきた。自宅と実験室での報告の間でよく見られる違いは、夢の要素における敵意と攻撃性が、若い大人の自宅での夢の報告でより頻繁に現れる点がある程度であったのだ（例えばDomhoff & Schneider, 1999）。

ホールによって行われた、実験室で書かれた報告と自宅で書かれた報告に基づいた大規模で詳細な夢の比較（Hall, 1966）についての再分析が行われた結果からも、これらの一般的な結論が支持された。ホールとファン・デ・キャスルによる二四のカテゴリーからなる夢の内容に関する指標（Hall & Van de Castle, 1966）に組み込まれた比率とパーセンテージに基づいた夢の長さのデータを用いた再分析の結果、少なくとも実験室で夢を三四、自宅で夢を一五想起した八人の若い大人の男性の、計一二〇の自宅の夢と二七二の実験室の夢を比較してみたところ統計的な有意差が見られた項目は四つに過ぎなかった。動物が登場した比率と三つの攻撃性の指標は自宅の夢の方が高かった（Domhoff &

Schneider, 1999)。奇怪さに関して最も特筆すべきことは、自宅と実験室の夢における奇怪な要素の比率を調べた研究では何ら差異が認められなかったことである（Domhoff, 1996; Hall, 1966）。非現実的な要素を一つでも持っていた夢は全体として、八一五の夢のうちたった一〇・四％の夢しかなかったのである。

ホールの研究結果（Hall, 1966）の再分析の結果、自宅で報告された夢において攻撃性が現れる比率がより高いということは、日常の夢についての報告においてある程度、選択的な想起がなされていることを示唆するが、四四％の夢は身体的であるかどうかには関わらず、いかなる種類の攻撃性も含んでおらず、七・二％はいかなる形の身体的な攻撃性も示すことはなかったということは特筆すべきである。さらに、敵意を持った思考、批判、拒絶を単に含むだけの攻撃的な多くの相互作用は、フロイト派や活性化—合成仮説派が、夢の内容は奇怪であると特徴づけている場合に念頭に置いているような内容ではなかったのだ。このため、自宅で報告された夢の内容に関する研究結果を、夢の内容の性質について一般的な研究の資料としてさらに活用することは問題がないと言えるのである。

5　実験室ではない状況での夢の内容

若い大学生の大規模なサンプルを対象として実験室外で集められた夢の内容についての研究は、実験室の結果と同様の結果を示している。これらの知見の一般的な傾向は、一九九〇年代半ばに九八人の女性から得られた二四六の報告と、三七人の男性から得られた九五の報告を用いたドイツの大学生の研究でも確認することができる（Domhoff et al., 2006）。これらの夢の内容の分類を行った結果、女性の夢の七五・二％、男性の夢の六二・一％で、親もしくは兄弟、配偶者・ボーイフレンド・ガールフレンド、他の家族のメンバー、友達の四つのカテゴリーのうち少なくとも一つが現れた。同様に女性の夢の四二・三％、男性の夢の二七・四％で娯楽に関する内容として、旅行もしくはバケーション、スポーツを見たりやったりする、パーティーやカフェやバーに行く、娯楽やショーを見る、買い物をするの五つのカテゴリーのうち少なくとも一つが現れた。仕事や学校や政治に関する日常的なことは女性の夢では二〇・三％、男性の夢では二九・五％現れた。全体としては先に挙げたいずれのカテゴリーにも属さない夢は女性の夢では一二・六％、男性の夢では二〇・〇％であった。女性と比較して男性の夢には、親しい人物が登場しにくく、身近な娯楽活動が現れにくく、学校や仕事や政治に関することがより多く現れやすい。しかし、日常生活にはないよく知らない登場人物もしくは活動を含んでいる夢は、どちらの性別であってもほとんど報告がなかった。

大学生を対象とした大規模な夢のサンプルについての最も組織的な研究は、ホールとファン・デ・キャッスルの符号化システムを用いて行われたものであった（Hall & Van de Castle, 1966）。

彼らの研究はクレーブランドにある二つの大学で、一九四九年から一九五〇年の間に、大部分が中流の白人である一〇〇人の女性から得た五〇〇の夢と、人口統計学的に等しい一〇〇人の男性から得た五〇〇の夢に基づき、覚醒時の生活における性別間の類似性と差異、そして夢における性別間の類似性と差異を明らかにしたものである。これは夢の内容をパタン化する根拠となった。例えば、男性の夢では身体的な攻撃性の比率が高く、女性の夢では拒絶と仲間はずれの比率が高い。これは、女性よりも男性の方が覚醒時においても物理的な攻撃性に関わる比率が高いこと、女性の方が「社会的攻撃性」（仲間はずれ、拒絶、批判など）により関わりやすい傾向（Underwood, 2003）が高いことを見出したことと対応する。

同時に、夢は日常生活の完全なシミュレーションではないということも明らかにされた。例えば、男性の夢ではよくある状況の七%、女性の夢では一四%が、彼らが実際の覚醒時の生活でやっていることとは少し違っており、二%の登場人物は死んでいるか想像上のものか、男性と女性の両方の別の登場人物に変化してしまったりしている。すべての夢の報告のうちの約三分の一が病気で亡くなった人や愛する人を亡くしたことであり、悲しみ、怒り、困惑、不安などの否定的感情については、全体として見たときには、幸福な内容を上回る数の「不幸」な内容を含むものであった。少なくとも一つの攻撃性、不幸、失敗もしくは否定的感情を含む夢の数を算出すると、男性では八〇%、女性では七七%の夢がこれらのネガティブな内容の要素を含んでいた。反対に、女性でも、男性でも五三%の夢には少なくとも一つは、仲の良い関係、幸運、成功、幸せなどのポジティブな感情の要素を含んでいた。ここに示した結果は、夢は覚醒時の生活の完全な引き写しでもないことを示している。

男性の夢の一一・六%、女性の夢の一三・四%が混乱、驚き、困惑、不確かさを少なくとも一つは含んでいる。この感情は「ある種の予期していなかった出来事に直面したり、選択可能なものなのに選ぶことができないといった状況から生じることが「一般的」（Hall & Van de Castle, 1966）であることから考えると興味深い。

性差に関しては、一九八一年にリッチモンド大学で男性と女性を対象にした研究、一九八五年にカリフォルニア大学のバークレー校で女性を対象とした研究、一九八〇年代の終わりごろにサーレムカレッジで女性を対象とした研究、一九九〇年の初めごろのカリフォルニア大学サンタクルーズ校で女性を対象とした研究で確認された（例えばDomhoff, 1996）。概して、この四五年間でアメリカの大学生の夢の生活はほとんど、もしくは、全く変わっておらず、夢の内容は安定していることを示している。

オランダとスイスのサンプルでは身体的な攻撃性がやや少ない傾向はあるものの、アメリカの大学生の結果は、カナダ、オランダ、スイス、ドイツの若い大学生の研究から報告されてきたことと似たものであった（例えばLortie-Lussier et al., 1992）。夢の内容はインドと日本（Prasad, 1982; Yamanaka et al., 1982）の大学生においても類似していた。他の文化圏における夢についてのこれらの知見は、夢は個人的な関心事に焦点を合わせる傾向があるという一般的な性質は、異文化間でも成り立つことを示すものである（Domhoff, 1996）。

6　典型的な夢

典型的な夢についての研究も実験室の外で集められた大規模サンプルを用いて行われた。カリフォルニア大学サンタクルーズ校で一二六人の大学生を対象に二週間夢日記をつけてもらい、得られた九八三の夢を分析したところ、一〇種類の典型夢のうち数回以上現れたものは実質的には皆無であった。例えば、二週間のサンプルで飛ぶ夢が現れたのはたったの五回だった。活性化—合成仮説の理論家は、飛ぶ夢は、前庭系がレム睡眠中には活性化されるので夢に現われるはずであると信じているにもかかわらず（Hobson & McCarley, 1977）全体の〇・五％でしかない。そのほかの典型夢が現れた数はもっと少なかった。お金を探す夢を見た人は二人、いなくなった人が現れた夢が二人、試験を受けている夢が二人、歯をなくした夢が一人、落ちた夢は一人だけだった（Domhoff, 1996）。北カリフォルニア大学のチャペルヒル校で行われた一九一〇の夢の報告に基づいた研究では、飛ぶ夢の比率は似たように低いものだった。一七人の参加者が二二回の飛ぶ夢を報告したが、これは報告全体の一・二％に過ぎなかった（Barrett, 1991）。

自宅で報告された夢に現れた感情は実験室で得られた結果と異なるのであろうか。実験室で起こされ、夢の中で体験していた感情を聞かれた時に比べると、自宅の夢での方がより多いと報告する傾向があり、何も知らない第三者にその報告に感情表現があるかどうか一行ごとに評定するように求めた場合にも、より感情的であると評定する傾向が認められた（例えばKahn & Hobson, 2002）。しかし、感情を含んでいる夢の報告は七〇―七五％にしか過ぎないという実験室での知見に基づくと、感情の比率についての自己評定が自宅での夢において高くなることが実際にそういうことがあるためなのか、それとも二つの要因が交絡した結果なのかということについて疑問が残るものである。

7　自宅の夢に現れる思考

(1)　自宅で報告された夢の中ではどのような思考がなされているのであろうか。

夢に現れた登場人物が考えているということを意味する、おしゃべりや笑いや笑顔、さらに、より目標志向的な意味での思考が夢の中でも存在する証拠もある。ホールとファン・デ・キャスルのサンプルの男性の一三・八％、女性の二一％の夢で「熟考する」、「決定する」、「思案する」、「考える」などの言葉によって示されるような思考の要素の一つが含まれた（Hall & Van de Castle, 1966）。もし、思い出す、忘れる、認識する、望む、悪いと感じるなどの「過渡的な精神活動」も含まれるとするならこの数字はもっと高くなる。笑うことや泣くことといった表出的な行動について語ることと、目標志向的な思考が結びついて語られるときには、男性の夢の六七・二％、女性の夢の七四・三％でこれら三つの要素のうちの少なくとも一つが含まれる。

夢見る人が自分で自らの夢について書き残したものを一行ずつ振り返った時には、夢において適切な思考が現れていることがわかる（Kahn & Hobson, 2005a, 2005b）。これらの研究は、夢見る人は他の登場人物に対して彼らがどう感じているか、登場人物が彼についてどう感じているかに気づいていることを示している。そして、このことは他人が思考と感情を持っているということを理解する能力（心の理論）があるということを示唆する。これらは、覚醒時の思考と同様に思考的であり明晰であろうことを示していると考えられる。

（2）自宅で報告された夢には非日常的な内容が現れるのだろうか。

非日常的もしくは、明らかにありえない出来事が夢に現れる割合は、実験室での夢でも自宅の夢でも一〇％以下でしかない（Dorus et al., 1971; Hall, 1966; Snyder, 1970）。しかし、ここに突然シーンが変わったり、できごとがありえない順序で起こったり、はっきりしなかったり、小さく歪むといった少し普通でない内容や「特徴」が加わったケースを加えると、自宅の夢ではその数字は四〇―六〇％に跳ね上がる（例えば Revonsuo & Salmivalli, 1995）。

唐突なシーンの変化は奇怪な夢に最も頻繁に現れる特徴であり、二〇〇の夢のうち三四％で現れたという報告もある（Rittenhouse et al., 1994）が、このような不連続性が夢の中で頻繁に現れるかどうかについて一致した見解はない。フォルクスとシュミットはレム期の夢の報告を夢の中で新しい活動が現れたということによって定義される「時間的なユニット」、すなわち「学校を出る／門を開ける／子どもたちがさようならという／道のほうに歩いていく」といった要素に分割した（Foulkes &

Schmidt, 1983)。分析の結果、彼らは場面であっても登場人物であっても、唐突な変化があったのは八分の一程度に過ぎなかったことを見出した。

夢の中でのみ現実にはありえないことが起こるわけではなく、そのようなことは誰だって経験するような童話やビデオなどの多くの物語の中でも起こることも間違いない。夢の中で見られる非日常的な出来事は、目覚めている時の思考や空想と比較して質的に異なるものであるということは実は明らかにはなっていない。すなわち、例えば、登場人物が変形し、混じり合うことは、想像上の産物においても普通にあることである。それはまた、動物がしゃべったり突然環境が変化したりすることにも当てはまる。

普通に目覚めて考えている時でも、フロイト派や活性化―合成仮説派が夢でしか見ないとするような特徴をより多く備えていることが知られている。例えば、暗室で座っているときに起こってくる覚醒時の思考の流れと、同じ被験者が報告したレム期からの報告を比較した研究の結果、レム期の報告より覚醒時の報告のほうがシーンの突然の変化は多いことが見出された（Reinsel et al., 1992）。ポケットベルを使って大規模な人数のサンプルから毎日思考についてデータを集めた研究の結果は、すべての思考のうちの三分の一が参加者によって「自然発生的である」と判断されたが、これはそれらが彼らの心に突然入りこんできたということを意味するものだった（例えばKlinger & Cox, 1987）。さらに、これらの研究で分析された思考の二一％は、物理的には不可能な側面を有しており、思考の多くは不連続であると判断された。多くの思考がどの程度熟考されたものか、あるいは自然発生的だったと言及したかということについてはかなりの個人差がある。対象者の三分の二では、彼らの思考の大半は熟考されており、意図的であったのだが、残りの三分の一の人たちは思考の大半が自然発生的だった。これゆえ、夢の奇怪さについて検討するのに、ポケットベルのようなものでランダムにサンプルを集める際には、その人の覚醒時の思考のパタンを基準にする必要がある（Bednar, 2000）。

夢見と覚醒時の思考の間で最もありそうな違いは、夢でおこった出来事がどの程度非日常的であるか気づいている程度に関することである。活性化—合成仮説理論家のカーンとホブソンは、「多かれ少なかれ正常な認知」があると述べ、夢見時の思考は覚醒時に起こっている事と似ている、と認めざるを得なくなっている（Kahn & Hobson, 2005a）。しかし、彼らは起こった出来事については、覚醒時の生活ではありそうもないことであると判断したと言及した点を強調している。彼らはこのことは夢において「メタ認知」が欠落している証拠であると信じている。すなわち、その人はベッドに入っていて「幻覚を見ている」という理解が欠けているということを意味すると考えているのである。メタ認知が欠けていることが夢見の状態において精神病理学的な特徴を示す証拠になるのかどうかは、将来の夢の研究者によって探られるべき疑問の一つなのである。

8　まとめ

全体としてみると、実験室での研究と自宅での研究は、夢の内容の特徴が高度に感情的で奇怪で妄想あるいは統合失調症のような内容を持つという証拠はない事を示している。フロイト（Freud, 1900）が夢の「顕在的な」内容は混乱した状態にありドリームワークによっては理解できないと主張したこと、ホブソン（Hobson, 2002）が、夢は「認知のゴミ箱」であると主張したこととは反対に、ほとんどの夢は覚醒時の生活の理にかなったシミュレーションとなっているのである。歪んだ状況や対象物が現れたり、非日常的な登場人物が現れたり、説明のつかない活動があったり、奇妙なイメージや変形、そして突然のシーンの展開が現れることはごく稀なのである。

夢は、夢主が持っている概念と関心事を覚醒時の思考と一貫性を保ちながら上演されたものである。一貫性と連続性から多少逸脱することで夢らしいある種のニュアンスが付け加えられるのではないだろうか。

フォルクスとキャバレロは、我々がレム期の夢をあまり覚えていないということは、それらが、特徴的「ではなかった」ので、我々は「たまたま」正確には思い出せなかったのではないかということであると指摘する（Foulkes & Cavallero, 1993）。例えば、人間の記憶の研究は、もし、夢が特別に鮮明であるか、情動的であるか、奇怪であれば、後で思い出せる可能性が最も高いことを示唆している。我々のレム期の夢は鮮明で、非常に情動的で、そしてたいへん奇妙であろうと想像されるのは、正確には安定して「自発的に」思い出せる唯一の種類のレム期の夢がこのような種類のものであるために過ぎないからであろうと明快に説明する。

この膨大な夢の現象に関するデータを見る限り、いわゆる夢らしい夢はそれほど多く現れるわけではないということが分かる。これは精神分析でもレム睡眠に限って夢が現れると考える研究者でも同じように立っている前提そのものがすでに崩れているということを示唆するものであろう。私が見るところ、精神分析の人たちも脳波を根拠とする人たちも夢という現象全体を見渡そうという努力をせず、自分の理論に都合のよい部分だけを取り上げてきたように見える。「木を見て森を見ない」二群の違った立場の人たちが議論を戦わせてきたように見えるのである。科学とは本来、森を見ることによって発展していくものであろう。森を見る視点を持つ研究こそが最も高い説得力を持つのである。フォルクスとキャバレロは夢見の認知心理学を進めるにあたって次のように述べている（Foulkes & Cavallero, 1993）。

我々のレム（そしてノンレム）期の夢は、大多数の人が考えているよりもはるかに実りが多く、不思議でも狂気でもない、ということは我々をより広い視点に引き戻す。精神分析や活性化―合成仮説を信奉する人たちの偏見は、自分の見た全ての夢のうちでほんのわずかの代表的でないサンプルから作られたものである。これらの偏見は夢見から心理学を、そして、心理学から夢見を長い間遠ざける障害となってきた。なぜなら、彼らが、夢見はこのようなものなのであろうと考えていることと、代表的な覚醒時の心的現象の間にある違いばかりを強調してきたからである。睡眠実験室での研究の組織的なデータのおかげで、夢見への偏見は全く間違いである事を我々は今日知ったのである。

Q　大人っぽい夢が見られるようになるのは中学生くらいからというお話がありましたが、それはやっぱり子どもと大人では想像のしかたが違うからということがあるのでしょうか？　そう考えると少し発達の進んだ子ならばもっと早くから大人っぽい夢を見ることもあるのでしょうか？

A　大変鋭い指摘です。フォルクスたちの研究の結論はまさにそこです。彼らの二〇年近い研究の結論は、夢は子どもの認知能力を反映するという点に尽きたということです。そして、夢の内容を作り出す能力は覚醒時のイメージ能力を反映している、すなわち夢≒覚醒時のイメージと言えそうです。夢は覚醒時のイメージと似たようなことが睡眠という感覚遮断状態で起こる現象であるということです。

Q　夢で「自分」が関与していることが多いのですが、それはまだ「子どもの夢」なのでしょうか？

A　それは全く違います。自分が出てくるのはごく普通の大人の夢です。

第五章　夢を見ている時に名前を呼ぶと？
――外部から与えた刺激が夢に与える影響

1　睡眠中に与えられた刺激の効果

睡眠中に外部から与えられた感覚刺激は夢に取り込まれるのだろうか。取り込まれた場合、どのように夢に反映されるのだろうか。取り込みができたり、それによって夢を変容させることができれば、認知的な観点から実験的に夢の生成メカニズムを明らかにすることが可能になる。これは本書の主題である「夢」の認知心理学的研究の重要な分野の一つに位置付けることができる。レム睡眠、ノンレム睡眠中に感覚的刺激、言語的刺激を与えたときに夢がどうなったのかを調べた研究結果に関してアーキンとアントロバスが行ったレビュー（Arkin & Antrobus, 1991）が大変有名であるので、ここではその内容を紹介しよう。

（1）レム睡眠中に導入された感覚的刺激の効果――大人を対象とした実験

外的な刺激が睡眠時の精神活動に与える影響を、脳波を測定しながら最初に研究したのはデメントとウォルパートであった。彼らは一二人の被験者に対して、レム睡眠が起こっているまさにその時に、目覚めることがないようにしながら一〇〇〇ヘルツの音を鳴らし、光の点滅を見せ、皮膚へ水をスプレーした。その直後に被験者を大きなベルの音で起こし、覚醒前の刺激が今の夢にとりこまれたかどうか、直接的に取り込まれたとは感じられないが適切にわかりやすい形で夢の内容が変形されたかどうか、を聞いたのであった（Dement & Wolpert, 1958）。

水をスプレーした結果、誰かに水を浴びせられた夢を見たという例と、突然雨が降ってきたとか屋根が雨漏りしたといった両方の例が見られた。一〇〇〇ヘルツの音刺激を提示した時には、ある被験者は夢の中で突然わめき声が聞こえてきて、夢の中で地震が起きたか、家の外に飛行機が落ちたかと考え怖かったと報告した。また、光の点滅の後には、突然の火、光の点滅、流れ星など、そして、実験者が被験者の目に光を当てたという夢を見たという直接的な夢への取り込みすらあった。しかしながら、覚醒のベルが鳴る前に起こった最も頻繁に起こる取り込みは、皮肉にも被験者が起きる直前に電話が鳴るとか玄関の呼び鈴が鳴ったという、おそらく覚醒のためのベルを取り込んだ内容を伴う夢であった。九八のテストの結果、被験者を起こさずにさまざまな実験刺激をレム睡眠中に適用することが可能であり、水のスプレーは三三例中一四例（四二％）、光の点滅は三〇例中七例（二三％）、音の刺激では三五例中三例（九％）で直接夢に取り込まれたのであった。この実験はレム期に被験者を目覚めさせることなく外的な刺激を知覚させることが可能であることを初めて示した。そして、夢で生じる知覚は覚醒時の事象の知覚と似てはいるが、睡眠者のその時の精神状態の文脈によってある程度変わってしまうことがあることを示したのであった。

その後、ボルドリッジは夢に熱的な刺激や筋運動的な刺激が与える影響を検討し、二五％で取り込みが起こったと報告した（Baldridge, 1966）。皮膚への冷たい刺激によって冷蔵庫から食べ物を出してくるという夢が、温かい刺激に対しては暖かい日の夢が現れたという。筋運動的な刺激（病院のベッドの上半分を上げたり下げたりする）では、動かない条件での目覚めに比べると明らかに違った夢が現れた。動きの後の精神状態の報告によれば、特定の運動活動というよりは、落ちる、飛ぶ、バイクに乗るなど、夢見る人の活動の一部分が増大していることを示していることが多かったそうである。

(2) レム睡眠中に導入された感覚的刺激の効果 二——子どもを対象とした実験

脳の発達のレベルによって睡眠中に与えられる外的な刺激の効果には違いがあるのだろうか。子どもの夢に与える外的な刺激の影響は大人と比べると大きいのだろうか、それとも小さいのだろうか。

フォルクスらは外的な刺激が夢に取り込まれるかどうかを、四・五歳と五・五歳の間の二名の子どもと、四歳から四・五歳の四人の子どもを対象にした実験で確かめた（Foulkes et al., 1969）。彼らは、レム睡眠中に水を落とす、空気を吹きかける、綿を吹きかける、エメリーボード（マニキュア用の爪やすり）を皮膚に全体的に押し付けることを被験者に軽く行った。その結果、一人の被験者（女児）のみが四条件のうち三条件で夢に刺激を取り込んだ。綿を吹き付けた場合、柔らかいおもちゃのライオンで姉妹と一緒に遊んでいるという夢を、空気を吹き付けた場合、湖でボートに乗っているとき彼女の顔に風が吹いてきたという夢を、水を垂らした場合、きょうだいと一緒にホースで水かけ遊びをしている夢を見たと報告したのであった。この結果は全体として刺激の取り込みは子どもでも可能であることを示した。さらに、フォルクスとシェパードは九歳から一〇歳の一六人、三歳から四歳の一四人を対象として実験を行った（Foulkes & Shepherd, 1972）。刺激は目覚めの五秒から一五秒前に、顔へ綿を吹き付ける、手足を動かす、皮膚へ水をスプレーすることで行われた。五六の使用可能な精神活動の報告の結果、取り込まれた比率は綿を吹き付けるは〇％、手足を動かすは約六％、水をかけるは約一二％、であった。これらの結果は大人の実験結果（Dement & Wolpert, 1958）と一致するものであった。

（3）レム睡眠中に導入された言語的な刺激の効果

睡眠中に言語的な刺激を与えると夢に取り込まれるのだろうか？　バーガーは四つのファーストネームをテープに録音したもののどれかを睡眠中に聞かせ、それが夢に与える影響を調べた（Berger, 1963）。二つの名前はその被験者にとって強い感情的反応を引き起こす重要な名前であり、二つは感情的には中立なものであった。その結果、感情的な名前を聞かせても中立的な名前を聞かせてもほぼ同じ割合でレム期の夢に取り込まれた。四八（五四％）の夢は全体として刺激の名前と「確実に関連している」と評価された。名前と夢の内容の関連性については、感情的もしくは中立的な刺激、もしくは被験者の性別、もしくは被験者間で差異はなかった。刺激の名前は、それに関連する一つの単語としてあらわれたが、名前そのものやその名前の人ではなく、音韻的に類似した母音や子音からなる一連の単語群として現れる頻度が高かった。

カスタルドとホルツマンは先に被験者自身がばらばらな単語を話し録音したものをレム期が始まって五分後に聞かせ、彼らが覚醒した直後に精神活動の内容を尋ねた（Castaldo & Holzman, 1967, 1969）。さらに性別と年齢、イントネーションがそろえられた別人が同じ単語を話した録音を聞かせた結果と比較したところ、被験者自身の声を聞かせた時に集められた報告では、被験者がより活動的で、自己主張的で独立的であるような夢の内容になったが、他人の声の条件では、受動的で非自己主張的になった。さらに、感情的には中立な言語的刺激であっても夢に取り込まれることも示された。最後に、眠っている被験者は、彼ら自身の声と他人の声を目覚めている時よりよく識別することができたという特筆すべき結果も報告している。八九％の被験者が刺激を区別して夢に取り込んだのに対して、覚醒時に彼らの声と他人の声の録音を弁別して認識できるかどうかテストした場合には、他人の声を対象とした時に三八％しかできなかったという。

（4）ノンレム睡眠中に導入された言語的刺激の効果

一九七〇年以降ノンレム期についてもいくつかの研究が見られるようになった。ラサガとラサガの研究では八人の若い成人女性の被験者に対してテープに録音された単語、フレーズ、数字をすべての睡眠段階で提示し、これらの刺激の直後の記憶の効率をテストした結果、レム期だけでなく睡眠の二、三、四段階でも多くの取り込みがあることが報告された（Lasaga & Lasaga, 1973）。そのような状況下で、刺激のすべてが正確に知覚され想起された事象に加えて、刺激の一部の取り込み（私のボーイフレンドが単に「フレンド」というように想起されたもの）、他の単語や複数の他の単語への置き換え、元の刺激と同じ長さや音が似ているもの（"your mother" が "you're marvelous" となる）、もしくは完全にひずんでしまったケースなども観察できた。

レヒトシャッフェンとフォルクスのユニークな実験にも言及する必要があろう。レム睡眠とノンレム睡眠期に、一晩中人工的に目を開けっ放しにして眠ってもらい（！）覚醒する前に視覚刺激を提示し、覚醒後に精神活動の報告が求められた。合計で七人が実験に参加し、彼らの瞼はすべての実験が終わるまでテープでとめて、目を開けっ放しにされた。視覚刺激は、本、黒いX、動くハンカチ、コーヒーポット、そして「邪魔しない」というサインであった。その結果、睡眠段階に関わらずどの刺激も取り込まれた証拠はなかった。これは先の章で述べたレム睡眠時には視覚刺激に関しては強い感覚遮断が起こっていることを確認するものである（Rechtschaffen & Foulkes, 1965）。

外的な刺激の結果として、ある種の認知的な反応がレム期にもノンレム期にも現れることは間違いなさそうである。加えて、それが起こった時には、それらの反応は、刺激の内容をある程度変容させる。それは、進行中の精神活動に刺激を「なじませる」ように見える。しかし、そのような刺激の夢への取り込みの妥当性については細心の注意を払わなければならない。覚醒時にでも刺激は往々にして間違って知覚されたり、間違って解釈されたりすることがあるからである。そして、そのような刺激は我々の覚醒時の意識の流れに「取り込まれた」とは言わないからである。

2　眠る前に受けた刺激が後に続く睡眠時の精神活動へ与える影響

眠る前に、空腹やのどの渇き、他人と顔を合わさない、強い感情を引き起こすフィルムを見せるなどの状況があると、それは夢に反映されるのだろうか。フロイトはすべての夢において前日の経験、すなわち「日常の残渣」とのつながりを見つけだすことが可能であるという信念を持っていたが、本当にそうなのだろうか。これらの研究は夢の内容における「日常の残渣的素材」の役割を統制された条件下で検討する内容を含むものであるといえよう。

(1)　夢の内容に生物学的な動因の葛藤が与える影響

眠る前に空腹やのどの渇きなどの生物学的な動因の葛藤があるとそれは夢に現れるのだろうか。デメントとウォルパートは三人の被験者を対象に、実験室で二四時間前からすべての液体の摂取を遮断した状態で眠ってもらい、現れた夢について調べた（Dement & Walpert, 1958）。すべての被験者は眠る前には大変のどが渇いていた。被験者ごとにレム期の精神活動の報告を五晩にわたって集めたので、全体では一五の報告が集まった。被験者の夢には、のどが渇いたり、水分を飲むといった直接的な内容が現れることはなかった。しかし、五つの夢では間接的には参照することが可能ではあった。その例として次のようなものがあった。

テレビを見ているとき、コマーシャルになった。二人の子どもに彼らが何を飲みたいかと聞いたところ、一人が「コカコーラ、オレンジ、ペプシ、何でもいいよ」と怒鳴り始めた。

残りの四つの夢も、同じように渇きに関連した素材で表現する方法をとっていた。彼らの取り込みの判断基準はかなり厳しかったので、渇きを反映した素材を伴う夢を結果として排除してしまった可能性がある。その後、ボルドリッジは二四時間の食物遮断の後の被験者には「強迫的な食物への言及」を伴う夢が生起したと述べている（Baldridge, 1966）。同様の実験的な条件下にある他の被験者では、怒りの内容をもった夢が観察された。ボッカートは、渇きの効果を調べる実験を行い、夢における言語刺激との関連性について検討した（Bokert, 1968）。昼間に夜勤の一八人の看護婦に眠ってもらい、次の三つの条件でレム睡眠時の夢の報告を求めた。

1　日中に食物と飲料を摂らないでいて睡眠直前に塩辛い食事をとり、渇きを強める（渇きだけの条件）

2　1と同じ手順が繰り返されるが、レム睡眠からの目覚めの直前に、被験者が目ざめない程度の低い音量で「冷たいおいしい水」とテープに録音した声を聞かせることが追加される（渇きと言語刺激条件）。

3　被験者は食物も飲料の遮断もなく、眠る前に塩辛くない食事をとってもらうコントロール条件

実験の結果、渇きだけの条件においては、渇きに関連する単語がコントロール条件より多く現れた。面白いことに、肯定的な効果は、寝入りばなに近いレム期よりも起きがけに近いレム期のほうが多かった。これは時間とともに水分への身体的な欲求が増大していく過程と一致したのであった。

(2)　感情を喚起するフィルムを見たことが与える影響

睡眠時に単純に感覚を刺激することは、複雑な言語的刺激と比較してより低次の認知的活動の機能を要求するので、のどの渇きのような欠乏状態を実験的に作り出すことは、主題にそって感情を喚起する精緻なフィルムよりも、心に関わるより直接的で複雑でない変数を取り扱うことになる。では複雑な認知を引き起こす映像や言語による刺激は、夢の内容への影響を生じさせることがあるのだろうか？

フィルムによって睡眠前に視覚的に刺激した研究を見てみよう。これらの研究では、刺激の少ない中立的なフィルムを見せた後と、不安や攻撃性や性的な興奮といった感情を喚起する刺激を提示した後に喚起された夢の報告を比較し、心理学的な側面に違いが生じるのか調べた。フォルクスとレヒトシャッフェンは二四人の大人を対象に、実験条件の夜、眠る前に攻撃的なフィルム、もしくは攻撃的ではないフィルムを提示し、睡眠中のレム期の夢を調べた（Foulkes & Rechtschaffen, 1964）。どのフィルムも夢に取り込まれることは稀であった（一七九の報告のうち五％に過ぎなかったのだ）。攻撃的なフィルムを見せた後のレム睡眠時の夢は長くイメージが豊かなものとなった。面白いことに、暴力的で攻撃的もしくは不快な夢が生起されることはなく、エキサイティングで面白い夢が引き起こされたというのだ。見せたフィルムの内容に関わらず、このような睡眠前の刺激が強ければ夢の感情体験が強くなるという傾向は、特に起きがけのレムの報告でのみ見られ、ノンレム睡眠や寝入りばなに近いレム期の覚醒では見られなかった。

フォルクスらは睡眠前にフィルムを見せたことが子どもに及ぼす影響について検討し、大人とはやや異なった結果を報告した（Foulkes et al., 1967）。三二人の男の子が被験者となった。一群、一六人の平均が七・五歳、もう一群一六人の平均が一一・二五歳であった。睡眠に先立って攻撃的な内容が多いフィルムと面白い内容（中立）のフィルムのどちらかを提示した。フィルムのひとつは暴力的なウエスタンもので、もう一つは野球に関するものであった。その結果、一七九のレム睡眠時の報告のうち一四（八％）には睡眠前の刺激フィルムが取り込まれた。取り込まれた内容には攻撃的フィルムと中立的なフィルムの間で差は見られなかった。そして、不快な内容は攻撃的なフィルムを見た後のほうが少なかったという結果が得られたのであった。

睡眠前のフィルムからの素材が子どもの夢に取り込まれる確率は大人で観察された値である五％に近いものであったが（Foulkes & Rechtschaffen, 1964）興味深いことに、中立的なフィルムをみた後のほうが「悪い」（被験者自身の判定による）夢がより高い頻度で現れたのである。子どもは夢を合成するにあたって単純に直近の睡眠前の刺激を直接的に丸ごと取り込んで処理するであろうと考えられていたのであるが、ことはそう単純ではなかったのである。大人の結果とは正反対に、子どもでは攻撃的なフィルムの後に見た夢の鮮明性や不快感が減少するというのはどういうことなのだろうか。この差異を説明するためにフォルクスらは、大人は攻撃的なフィルムより非攻撃的なフィルム（ロマンチックなコメディ）のほうがより感情的な内容を感じとったのに対して、子どもたちは敵意の描写に注意が向いたのではないかと論じている（Foulkes et al., 1967）。この立場によれば、内容の特徴には関係なく睡眠前のフィルムへ強い関心を持つと夢は不鮮明になりそうだということになる。言い換えれば、子どもにおいてより関心を持たれる暴力的なフィルムの後の夢は強くも不快でもないということは、暴力的なドラマを見ることにより攻撃的な傾向が一時的に消されたため、それに続く夢の中には現れなくなったという見解を支持するものかもしれない。

ウィトキンらは、夜働き昼間眠っている二八人の男性の被験者を対象に眠る前にいくつかのフィルムを見せ、それがレム期の夢に与える影響を調べた（Witkin, 1969; Witkin & Lewis, 1967）。見せたフィルムは、人間の誕生、割礼の一種である尿道切開、中立的なフィルムである。さらに、母猿が死んだ自分の子どもを食べているフィルムを見せる条件が加えられた。フィルムを見たあと、被験者には寝入るまで自分が空想したことを言語化するように求められた。夜レム期になると精神活動を報告するために起こされた。さらに、次の日の朝、各被験者は各精神活動とすべての実験室での経験についてのより詳しい面接とより詳しい臨床的な査定を受けた。大変暫定的とみなさなければならないが、と前置きしたうえで、彼らは実験結果を次のようにまとめている。

1 不安を喚起するフィルムは不安の評定を増加させる。
2 睡眠前の刺激素材は古典的なフロイト流の夢分析と一致するような形で変形されて夢に現れることがしばしばである。
3 中立的なフィルムに伴う夢は性的な象徴が明確ではない。
4 人間関係を含む実験室の状況は夢に現れる。
5 睡眠前の刺激について個人に特徴的な処理方法がある。
6 先に見せられたフィルムの内容はレム期にさまざまな装いで再現される。
7 強い感情を喚起するフィルムを見た後には「忘れられた夢」の頻度が高まる。
8 ストレスの高いフィルムの後の夢は子どものころの記憶を導くような特徴を含んでいる（時には被験者の最初期の記憶であることもある）。

彼らは、実験室で睡眠前に刺激を与えるとそれは「認知的な構造」の初期の記憶を含むネットワークを通して循環し、次の朝の連想にまで影響され続けるような複雑な変換過程をたどって夢を形成している可能性があると結論している。

その後、睡眠前に強い不安を喚起させると睡眠時の精神活動や電気生理的な変数にどんな影響が及ぶのかを調べた研究もなされた。カラカンらは一六人の男子学生を六晩実験室で過ごさせた（Karacan et al., 1966）。被験者には四晩のうち二晩には感情的にストレスが高いフィルムを、二晩には中立的なフィルムを一晩に一つずつ見せた。脳波（EEG）、眼球電位（EOG）、眼筋電位（EMG）の記録に加えてこの研究では、勃起をモニターしたという点で大変特徴的であった。その結果、フィルムを見せた後の夢の内容には差異はなかった。しかし、高い不安の内容を含む夢では、睡眠前のフィルムの性質とは関係なく、勃起は持続しないか、欠ける傾向が観察されたのであった。グッドイナフらは覚醒時にストレスに対する反応がはっきりわかるような人は睡眠前のストレスにより影響を受けやすいのではないかと推測した（Goodenough et al., 1975）。二八人の夜勤の男性が昼間寝てもらう形で被験者となった。実験のセッションで二つのストレスフルなフィルム（出産とペニスの割礼）と二つの中立的な教育的観光旅行に関するもの（ロンドンとアメリカ西海岸）が各被験者に提示された。レム期に起こした報告から三六六のデータが得られた（二六四の夢の報告があり、想起率は七二％であった）。ストレスの高いフィルムを見せられると、眠る前に不快で不安な気分の反応を引き起こされ、入眠が遅れた。ストレスの高いフィルムを見ることで、覚醒時に不規則な呼吸パタンを示した被験者においては、夢の中でも不安が高まり、レム期の呼吸系の反応はより不規則性を増した。覚醒時の不安に対する生理学的な反応とその後のレム期の夢で引き起こされた生理的反応は一致するという仮説が支持されたと考えられる。この実験結果は日中のストレスは感情的な夢を引き起こすという日常の経験をある程度裏付けたといえよう。

まったく異なった動機状態を喚起することに関して、カートライトによって行われた睡眠前の性的な刺激の効果についての研究がある（Cartwright et al., 1969）。実験者は一〇人の若い学生を対象に睡眠前の刺激のない基準となる夜、それに続いて眠る前にポルノフィルムを二晩続けて見せた。その結果、睡眠周期に変化が起こっていないことが確認されたが、性的なフィルムを見た後は夢の内容は思い出しにくくなった。一つの夢あたりに現れる登場人物の数は減少し、二人の夢が増大したが、フィルムの内容を象徴する内容の割合は高くなった。そして、実験室の状況からの直接的な取り込みの方が、見せたフィルムからよりも多かったのである。

睡眠中における睡眠前の知覚的な素材の状況についての手掛かりについて、デコーニンクとコウラックの興味深い研究がある（De Koninck & Koulack, 1975）。彼らはストレス統制力が高い被験者は、眠る前にストレスの高いフィルムを見ると、不安が高く、フィルムに関連した内容の夢をみるであろうが、次の朝にフィルムを見せたときにはストレス統制力によって不安は下がるだろうという仮説を立てた。彼らは自傷行為のフィルムを夜眠る前に被験者に提示し、次の朝にもまた見せる実験を行った。さらに、フィルムの要素の取り込みと夢の内容における不安の割合を操作する目的で、その人が自傷行為に罪悪感を感じ、反省していることを語っている音声をレム睡眠中に聞かせた。その結果は次の通りであった。

1　フィルムがストレスを引き起こした。不安とうつが有意に増加し、動揺と社会的な愛着は減少した。

2　レム睡眠中に音声刺激をした場合、フィルムの要素への取り込みの量は有意に増加することが示された。フィルムだけの場合は目立った差異は生じなかった（音声トラックの刺激がない場合）この取り込みの量は夜の後半のレム期で大きくなった。しかし、全体を通して直接的な取り込みがあったのはたった一つしかなかった。フィルムを見ていない時には、音声トラックの刺激に起因すると思われる効果はなかった。音声トラックの刺激を伴うフィルムでもフィルムだけでも夢の中での不安を生じさせることはなかった。そして、この結果は感情を喚起するフィルムは夢の内容に与える影響はあまりないか限られているという過去の研究結果と似たものであった。

3　予想に反して、フィルムの要素を夢に取り込むことが多い傾向を示した被験者は、朝にフィルムを見せたときにより感情を表した。フィルムの取り込みには実験的なストレスの統制の影響は弱いといえる。

結果として、彼らは二つの相反する仮説を見出すことになった。両方とも夢は適応的な機能に役立つということを主張できるものであった。一つは、我々はストレスフルな出来事を統御できるようになるために夢見るということ。もう一つは、心理学的にそれを補償するために現実のストレスとは反対方向の性質をもつ出来事を夢見るということである。

3　夢の内容に自発的に行ったことが与える影響

先の二節で触れた睡眠前の刺激については、被験者の役割は多かれ少なかれ受動的であった。すなわち、被験者は単に、動機の葛藤に耐え、実験者によって知覚刺激条件を強いられ、睡眠と夢を報告に結び付けるように服従させられてきた。次の研究では被験者は能動的に睡眠前にある種の課題の遂行を求められれば夢はどうなるのかということを調べたものである。

オールらは七人の高校生を対象に、実験室で眠る前に自分で決めた時間に起きるように求めた(Orr et al., 1968)。ターゲットとなる時間は入眠から二五〇分から三五〇分後であった。七人のうち四人はターゲット時間の一六分以内に目覚めることに成功した。これらの「当たり」の時間で起床した時には、六つのレム期の夢を思い出すことが可能であった。一つは特定の時間を指し示すことを含むものであり(しかし、これはターゲット時間ではなかった)、二つは会う約束の時間を含むものであった。そして残り三つは、期待と不安を示す内容を含むものであった。このような内容はコントロール条件の夜や、成功しなかった夜でも見られなかった。実験条件の夜では、成功した被験者は成功しなかった被験者とコントロール条件の夜と比べて全体的な睡眠時間が短く夢を多く想起したのであった。

ベークランドは被験者が睡眠前にとった活動が夢に反映されるかを調べた（例えば Baekeland et al., 1968）。彼らが選んだ活動は二〇分間の自由連想であった。被験者群は認知スタイルの指標である場依存―場独立の程度が高い人と低い人の二つに分けられた。自由連想期に示された睡眠前の精神活動はレム睡眠時の夢の内容と関連することが示された。加えて、場依存の人たちの夢の内容は豊かであり、睡眠前の自由連想の項目を夢の中で変換した数は最も多く、夜を通してそのような変換を生み出す傾向が最も高かった。対照的に、場独立の人たちの夢は最初のレム以外では自由連想と関わることは少ない傾向にあった。睡眠前に課題を行わなかったコントロール条件の被験者と比較したところ、自由連想が要求された被験者は、実験状況、不快さの程度、自己関与度に関連してより多く夢を想起する傾向が見られた。この結果は睡眠前の精神活動とレムの報告の間に部分的にではあるが因果的なつながりがあるという考え方と一致するものであったと考えられる。

睡眠前の条件がレム期とノンレム期の両方の精神活動に与える効果について検討したハウリの研究では、一五人の大人の男性を被験者とし、眠る前に身体的な運動、リラックス、もしくは精神的な課題を六時間行ってもらった（Hauri, 1970）。そして、三・五時間眠った後、レムとノンレムの精神活動を報告するために起こされた。その結果、睡眠前に被験者が関与した活動が何であったとしてもレム期における精神活動には、その内容に関連することは現れないという結果が得られた。レム睡眠時の精神活動では、睡眠前の運動の後には身体的な活動は少なく、心的な課題の後には思考や課題解決は少なかったのである。運動活動の減少は運動の後のノンレム睡眠における精神活動でも同じ傾向がみられた。しかし、睡眠前の精神的な課題の後のノンレム期の精神活動については緊張が高まり、睡眠経験の流れに影響を及ぼす傾向が見られた。全体として、一六四の精神活動の報告のうち二九（一七・七％）のみが実験条件のある種の側面を取り込んだことが明確であった。そして、一つの例外を除くと、睡眠前の実験的活動が「公然と睡眠時の精神活動に入り込んだ」ことはなかった。前日の心理的に重要な出来事に関わる短い出来事はあったものの、長く続く出来事は睡眠時の精神活動には現れなかった。

これらの研究をまとめると、睡眠前の状況でどんな行動が優勢であったとしても、夢の内容はそれを補償するものであるということである。例えば、ウッドは被験者が社会的に孤立して昼間を過ごすと、彼らの夢では、グループ活動や、おしゃべりや、「社会的行動」などの社会的に活発な活動の量が増加する内容の夢が増えることを見出している（Wood, 1962）。同様にハウリはレム期の夢では運動の後には身体活動は減り、勉強の後には思考や問題解決の内容が減ることを見出している（Hauri, 1970）。この関連性はレム期の夢でのみ見られるものであり、ノンレム期の精神活動は、睡眠に先立って行われた行動を睡眠時のイメージの中で継続する傾向が見られるということは特に関心をひくものである。

4　夢の内容に自然に受けた高いストレスが与える影響

自然な環境で受けた高いストレスが睡眠前の刺激となったユニークな実験がある。「感受性」集団精神療法を受けた人たちの夢と大手術の前後の夢の研究である（Berger et al., 1971）。集団精神療法に関する研究では、被験者は自分と自分の抱える問題がグループディスカッションの主題になるというストレスの高い心理療法のセッションに参加した。ストレスフルなグループセッションの間に喚起された素材は夢に現れたが、その内容には個人差が大きかった。被験者の夢の内容はグループセッションで議論された素材と関連した。取り込みと表象のされかたのプロセスは、間接的で、暗示的、象徴的で派生的となる傾向が見られた。夢での出来事は覚醒時の出来事とは間接的には似ているものの、昔体験したことのある、似たようなできごとと混じり合ってしまうことがしばしばであった。夢見る人と他者がより適切で成功した役割をとる快い関係やより望ましい夢を見る傾向が少なくなるか、反対の夢を見る傾向がみられたのだった。

外科手術前後の夢の研究には大手術を控えている五人のボランティアの患者が参加した。夢内容の分析の結果、手術のストレスは直接的に現れる場合と、象徴的に現れる場合があった。象徴的な例としては、箱から物を取り出すとか機械を直すといったことに言及したものがあった。取り込みの程度に関して最も重要な要因は、手術の前に起こった日々の出来事に関することよりは、手術前の感情的な覚醒水準のレベルが関連したことであった。すなわち、夢は受け止めきれていない感情を引き起こす情報を処理する過程を表現しているように見えたのである。

手術に関連したストレスの影響は、夢における不安、断片化、奇怪さ、夢の登場人物への関与、敵意、身体の完全性と健康についての関心の増加としてすべての被験者で現われた。夢の内容には、壊れたもの、切るという行為に関すること、摘出されたもの、新しいものやことを作り出すこと、などが共通して現れた。そのような要素は、覚醒時に関心を持っていることを心理学的に変換したものであるといえよう。また、個人のコーピングのスタイルと手術の心理学的な意味が患者の夢を特徴づけた。恐れと葛藤は夢では解消もしくはコーピングの試みを象徴的するように現れた。

実際の手術のイメージを含む夢がほとんどなかったために、夢の不安が増加しても「偽装」が現れることはあまりなかった。しかし、最も怖かった夢では、被験者が夢の中で不安を経験したにも関わらず、夢の内容には手術が明確に現れず、偽装された。例えば、手術前のある夜、被験者は駐車場で仲間と一緒に車に乗っていたにもかかわらず、仲間の患者にピストルで脅された夢を見たといったものである。バーガーらはストレスに関連する刺激は記録されうるように現れ、象徴化され、置き換えられ、もしくは凝縮されたと報告し、ストレスに関連する入力は、古い記憶のネットワークと統合、もしくは同化されたと述べた（Berger et al., 1971）。彼らは、感情に関連する、もしくは個人的に関連する感情的な情報の喚起こそがひとが夢見るものであるという仮説を裏付けているのだと結論した。さらに、その後の変換の過程は、夢は適応的な機能に役立つという主張と一致するものと考えられる。

変換と記憶との統合によって心理学的に不健全な刺激は、夢見る人にとって親しみやすい形に変換され、脅威とうまくやっていく心理学的な源泉として役立つようになると考えられたのである。

5　夢の内容に催眠と後催眠暗示が与える影響

次にあげる研究は、睡眠前に催眠による後催眠暗示をかけた内容が夢に取り込まれるのかを検討したものである。後催眠暗示とは催眠が解けた後に特定の刺激に対して反応するようにかける暗示のことである。例えば、催眠が解けてから、私が手をたたくとあなたは自分のかかとを触るでしょう、といったものである。

ストーヤは、一六人の催眠感受性が高い被験者に対して、六晩もしくはそれ以上、実験室で睡眠前に催眠暗示をかけた（Stoyva, 1961）。そして、レム睡眠、二、三、四の睡眠段階で精神活動の報告を求めた。催眠暗示がなかった群に比べて（二五%）、催眠暗示を受けた群のほうが（四四%）夢見の頻度は高くなった。この効果はすべての睡眠段階で現れた。彼は後催眠暗示を伴うすべての催眠トランスは睡眠前暗示の取り込みの必要条件とはならなかったが、そのような状況の可能性を増大させたと結論した。タートらによって二つの研究が続いて行われた（Tart, 1964; Tart & Dick, 1970）。最初の研究では、一〇人の催眠感受性が高い被験者に対して、彼らがその中で中心的な登場人物になるようにイメージし、ドラマチックで不安が高く、脅迫的な展開の夢を見るように、と後催眠暗示がかけられた。実験の結果、レム期の精神活動について三八の報告が集まった。五〇％の被験者は、教示に反応し、睡眠時の経験の内容について影響された要素がいくつか散見されるものから「ほとんど全面的に制御」され、広範囲に影響が及んだとみられる様子が明らかな夢を見たのであった。しかし、自発的であっても特定の暗示に反応したものであったとしても、催眠で生起した夢と睡眠を等価であるとみなすことは生理心理学的、心理学的にも妥当ではないと結論された。

タートとディックの行った研究では一三人の催眠感受性の高い被験者に対して眠りに入る前に聞かされたお話が詳細に夢に現れてくるという後催眠暗示がかけられた（Tart & Dick, 1970）。合計で七八の夢の報告が得られ、夢にお話の要素が実際に現れた数は二・五から四つであった。さらに、お話の特定に側面に対する効果は一三人の被験者のうち一一人の夢に現れた。すべての夢において六四・五％が刺激となるお話に明確に関連する主題の内容を有しており、一二・五％はほとんど関係がなく、二一％は明らかに無関係であった。一三人中八人の被験者で、少なくとも一つは、お話が夢の内容の主たる要素として現れた。

バーバーらは七七人の被験者を用いて、半分は睡眠前の催眠暗示を行い、残りには誘導しなかった（Barber et al., 1973）。すべての被験者には、ケネディ大統領の暗殺、について夢見るように、権威的暗示、受容的暗示、権威的でも受容的でもない条件で暗示が与えられた。実験室において各レム期とノンレム期に一回、起こして精神活動の報告を求めたところ、催眠が行われたかどうかに関わらず二五％の被験者の夢の内容が睡眠前の暗示により変化したが、暗示を受けていないコントロール条件の被験者の結果より催眠暗示を受けた群のほうがより大きく影響を受けた。さらに、暗示のスタイルによっても違いが生じた。すなわち、睡眠前に、権威的に与えられたときに催眠をかけられた被験者の夢の内容に、受容的に与えられた時には非暗示的な条件の被験者の夢の内容に、最も大きな効果を与えたのであった。暗示された素材の取り込みは催眠感受性とは関連していなかった。

6　まとめ

レム睡眠期の夢の最中に感覚刺激を与えると視覚刺激以外は取り込まれることが明らかになったが、取り込まれ方は単純ではないようである。眠る前に受けた刺激に関しては夢に現れるのではないかと一般には思われているかもしれないが実験の結果はむしろ逆になる傾向が多く確認されている。フロイトは夢の内容は昼間の経験で抑圧した「日常の残渣」が現れるとしたが、どうやらこの説はあまり説得力を持たないようである。しかし、強いストレスの場合には当てはまるケースもあるようであるが、あまり強すぎると「抑圧」されてしまうらしい。さらに睡眠前に催眠が与える効果に関しては催眠感受性が高い人に関しては効果があることが示されている。

これらの研究を見るとわれわれが夢について持っている知識は必ずしも事実を反映しているとは限らないことがわかる。このような地道な実験を積み重ねていくことこそが重要なことであると感じさせてくれるのである。

Q　夢というものは寝る直前まで考えていることが出てくるとよく言われるのですが本当ですか？

A　このレビューを見る限り必ずしもそうではないらしいですね。

Q　夢を作ることはできるのでしょうか。ある人が眠りに就く前に映像を流し続ければそれが印象に残り、夢に現れてくるのでないかと思うのですが。

A　このレビューで示したようにそこは単純ではないことがわかります。

Q　コンタクトレンズをつけたまま寝たときに、目が痛かったのか、眼球を取り出して洗っている夢を見たことがあります。

A　興味深い報告でした。ありがとう。

第六章　目が見えない人は夢を見るのだろうか？
――視覚・聴覚障害者の体験する夢に関する議論

1　先天盲の人たちはどんな夢を体験するのであろうか？

夢は一般的には「見る」ものといわれる。では、生まれついて視覚体験を持たない先天盲の人たちが視覚的なイメージを伴った夢を「見る」ことはあるのだろうか？　この問題について最近通説とは異なる主張が現れ、ちょっとした議論を巻き起こした。この議論をよく見てみると、夢とは何なのか、さらにはイメージ体験とはどういったことなのかという本書で扱う夢見の認知的側面に関する本質的な問いを含んでいる点で、極めて重要であると考えられる。そこで、ここでは比較的最近報告された「先天盲の人たちは夢の中では視覚的な体験があるのではないか」という実証的研究を紹介し、それに対して提起された二つの反論を取り上げ、夢を「見る」ということの意味することについて考えてみようと思う。

2　先天盲の人たちは実は夢を「見ている」可能性があるという主張

(1)　先天盲の人たちの夢見に関する研究

科学的な心理学が勃興する前には、視覚能力のある人にとっては夢見の経験には視覚的な活動が伴うことが普通なので、盲人たちは夢を体験しないと広く考えられていた。しかし、レム睡眠が発見される前にすでに盲人の夢について研究を行ったブランクは、視覚の能力を獲得するとされる時期（臨界期）よりも前に視覚を失った人の夢は視覚体験がないことを除けば、晴眼者（目の見える人）の夢と本質的には差異はなく、聴覚、触覚、筋運動感覚、味覚、嗅覚、そして温度感覚などの順で体験頻度が減るような内容を持っていることを示唆していた（Blank, 1958）。ただし、視覚障害が五歳から七歳の間の時期に起こった場合、大人になっても視覚イメージが夢に現れるという例外が稀にあるとも述べ、そのような人の場合でも、視覚的イメージの量は時がたつにつれて減ってゆき視覚的な夢も同じように稀になることを見出した。その後行われた心理学的な実証的研究によってもこの知見は確認されたことに加えて、生まれついて視覚体験がない先天盲の人たちも夢を体験し、その内容は鮮明で自分が関与するものであり（例えば Kerr, 2000）、景色や光景はないが音や触覚や感情体験を含む夢を体験することを報告している（例えばHurovitz et al., 1999）。カーらは、認知的な観点から盲人の夢を実証的に調べた（Kerr et al., 1982）。彼らは四人の晴眼者、四人の先天盲、四人の後天盲の人たちに一週間に一回、八週間に渡って実験室で睡眠してもらい、夢の収集を行った。被験者には何種類かの認知能力のテストも同時に行われた。これらのテストの中では、イメージの鮮明性のスケールだけが健常者と先天盲の間で違いがあった。全ての先天盲の被験者が聴覚的イメージについて健常者よりもより鮮明であると評定したのであった。

夢については、視覚的イメージが出現しない点を除くと、先天盲の夢は形式的には健常者とよく似ていたのである。そして、後天盲の夢に至っては晴眼者と区別すらできなかった。彼らは、視覚化することは夢の生成にとって特別な役割を持っているわけではないと結論した。盲人の夢は晴眼者と同じくらい複雑であったので、夢見を引き起こすメカニズムは、視覚だけを優遇するようなシステムに依存しているわけではないと主張したのである。夢の首尾一貫性は感覚モダリティ（感覚の種類）に対応する表象を生み出す以前の夢の生成段階に関わっているらしい。視覚障害になる前に見たことのある人を夢の中で「見る」ことができたという後天盲の夢経験は、夢は私たちが「見ている」ようにではなく、いま持っている知覚的知識を超越し、私たちが思い浮かべるような生活として表象されることを示唆しているのである。夢見は知覚的な過程によって再生産されるものではなく、むしろ認知的な構成的過程であると結論されたのであった。

さらに、二つの実験室研究（Amadeo & Gomez, 1966; Berger et al., 1962）でも、先天盲と幼児期に

視力を失った人の夢には視覚的イメージは現れないが、青年期、もしくは成人期初期に失った人は覚醒時と同様に夢においても視覚的イメージが保持されることを示している。これらの統制された実験は数多くの初期の自己報告法による研究をまとめた報告（Kirtley, 1975）とも一致した。五歳以前に視力を失った人は、大人になっても夢の中に視覚的イメージが現れないが、七歳以降に視力を失った人は夢見の中で視覚的イメージが現れるということであった。このように、先天盲、もしくは五―七歳以前に視覚を失った人たちは視覚的内容のない夢を体験するということが、今では一般的に受け入れられている（Kerr, 2000）。

フォルクスによれば、夢見に必要な心的イメージ能力は四―七歳の間に発達するということを示したこれらの研究は、視覚障害の問題を超えて重要であるという（Foulkes, 1999）。つまり、就学前の子どもは実験室で睡眠中に起こしても夢を報告することがほとんどないが、稀に思い出されたケースでは平板で動きがないものであったという知見（Foulkes, 1982）とも一致するものだからである。このため、盲の人の夢についての知見は夢見についての認知理論を支持する証拠の一つとなっている。

（2）先天盲の人たちは本当に夢を「見ない」のか

しかしながら、ベルトロらはこれらの知見に関して疑問を呈し、実証的な研究を試みたのであった（Bértolo et al., 2003）。彼らの疑問は以下の三点にあった。

第一に、先天盲の人たちの持っているイメージの概念について疑問を投げかけた。視覚的なイメージに関する多くの研究の結果、先天盲の人たちは晴眼者と比較してもその成績にはほとんど差がないことが明らかにされている（例えば Arditi et al., 1988）。この結果には、空間的な知識と計量的な内容は先天盲の人たちにおいても保持されている（Haber et al., 1993）ことが関わっているようにみえる。先天盲の人たちを対象として行われた心理学的な研究は、彼らが視空間的なイメージを生成する能力があることを示しているのである（Vecchi, 1998）。第二に、夢の内容分析には多くの批判があるがそれは主としてその主観性にある。このような批判に対して、夢の内容分析で広く用いられている高度に再現可能な指標も提案されてきたが（Hall & Van de Castle, 1966）、先に挙げたどの研究もこの分類システムを使ってはいなかった。第三に先天盲の人たちの夢に視覚的な内容が現れるかどうかを調べることの難しさに、客観的な生理指標が欠けている点がある。視覚的な探索に関連すると言われている急速眼球運動（REM）の記録を用いることが考えられるが、夢の内容と関連するという知見と関係はないという見解があり、一定しないので採用には疑問が残る。一方で、脳波と視覚的な活動の間には相関があることが知られている。一般的に視覚的イメージが生起していると α 波が少なくなるといわれている（例えば Barrett & Ehrlichman, 1982）。このため視覚的なイメージが現れれば α 波はブロックされることが予測できる。

彼らはこのような点を考慮したうえで、先天盲人一〇人、対照群として晴眼者九人を対象者として睡眠実験を行った。実験は被験者の自宅で行われ、一人ずつ二晩連続して被験者の睡眠状態をモニターするために、後頭葉と頭蓋の中心からの脳波を記録した。生理指標に関しては、彼らの夢の視覚的内

図6-1　盲人による夢のシーンの描画（Bértolo et al., 2003）

容の指標として、脳波におけるα波成分（八―一二ヘルツ）を分析した。

実験を行った結果、覚醒がうまくいった数は一二六で、夢が想起された数は四三（約三四％）であった。盲人群は二七％で晴眼者群は四二％と晴眼者のほうが多かった。報告された夢の内容は、盲人群では触覚、聴覚、筋運動感覚がより鮮明であったが、驚くべきことに視覚的内容も報告したのであった。さらに、夢のシーンについての描画は盲人群でも可能であった。健常者が目をつぶって描画したものと盲人群の描画の内容について定量化し両者の差異を分析したところ、描かれた絵の複雑さについて群間差はなかった。ただし、人間の描画については盲人のほうが耳をよく書く傾向のみ有意に多かった。

実際に盲人が描いた夢についての描画の一例を図6―1に示す。

どちらの群でも視覚的活性度の指数とα波のパワーの間には関連性がみられた。この実験の結果は次のことを示唆すると彼らは主張した。

1　先天盲は彼らの夢の視覚的内容について述べることができるだけでなく、そのような内容を絵にして書くことができる。しかもその絵の水準は健常者とほとんど同じである。

2　視覚的な夢の内容とα帯域のパワーの間にどちらの群でも関連性が見られた。これは覚醒時の視覚的イメージの研究で確認されていることと一致する。

1の結果から、視覚を全く経験したことがない盲人であっても夢の中では視覚化することが可能であることが内容分析から示唆されたことになる。そして、2の結果から実際の脳の活動部位が視覚的イメージを形成している晴眼者の夢見と盲人の夢見で違いが見出されなかったことから、その背後にある脳のメカニズムが一致する可能性が示唆され、内容分析の結果が裏付けられたと考えたのであった。つまり、彼らは視覚体験を全く持たない先天盲の人たちであっても夢の中ではある種の視覚的体験（「見ること」）をしているのではないかと主張したのであった。

3　本当に先天盲の人たちは夢を「見ているのか」

ベルトロらの論文（Bértolo et al., 2003）が公刊された後に、この結果について異議を唱える論文が二本公刊された。先の議論を踏まえたうえでこの二つの論文の主張を見てみることで夢見とは何なのかという理解を深めることができると思われる。最初に認知心理学的夢研究からの強力な反論を取り上げ、次に脳科学からの緻密な議論と反論を取り上げることにしよう。

(1) 認知心理学的夢研究からの反論

まず最初の反論は盲人のイメージや夢見について集中的に研究を積み上げたことで有名なカーと、ホールの弟子で夢見の認知理論を主張するドムホフの認知心理学的観点からの反論である。彼らの反論は内容分析と概念に関する点に焦点があてられる（Kerr & Domhoff, 2004）。

ベルトロらは彼らの夢のイメージの研究の背景として盲人の覚醒時のイメージ能力に関する数多くの研究を引用した（Bértolo et al., 2003）。彼らが引用した覚醒時のイメージに関する研究で示された先天盲の人たちの様々なイメージ課題についての成果は晴眼者の示す結果とよく似ているが、それらは全く同じではない。例えば、晴眼者と盲人は、空間の中で位置や方向が変化する形態や対象をイメージすることを求める様々な課題を遂行することと、記憶を補助するためにイメージを使用することが可能であることが示されてきた。しかし、盲人と晴眼者の覚醒時のイメージについての研究が示唆したことは、先天盲の人たちのイメージは、晴眼者で報告されたイメージの特徴と多くの点で機能的に等価であるという特徴を持つことに過ぎない。しかし、完全な先天盲の人のイメージには、色や明るさといった視覚的に特異的な特徴は欠けていることは明確であり、様々なイメージ課題において晴眼者の結果とは異なったものになることは間違いない。イメージ心理学の研究者は視覚的に見られた景色もしくは対象物と似たような内容を持つイメージもしくは経験（目で見た）を表現するのに、「視覚的イメージ」と「視覚的内容」を用いてきた。それに対して視覚システムに特有に依存することはない空間的で計量的な内容を保持するイメージを記述するのには「空間的イメージ」、「アナログ表象」、「視空間的イメージ」といった言葉を区別して用いてきたのである。しかし、ベルトロらが「視覚的イメージ」という用語を使ったときには、彼らは二つの記述的カテゴリーのあいだの区別をあやふやにしていることが多いように見受けられた。その結果三つの誤った推論がなされたと思われる。

第一に彼らは盲の夢主は晴眼者が目をつぶって描画したときにできるのと同じぐらい情景と像を描くことができたと報告している。これらの証拠に基づいて、彼らは、盲人は夢の中で視覚的イメージを経験しているはずだと結論した。しかし、この主張は盲の人たちがどのようにして覚醒時の経験から画像的な描画を創り出し、解釈するのかということについての多くの研究に基づく結果とは相反するものであった。盲の人たちに描画を求める場合には、一般的に彼らの指でなぞる浮き出し線による線画を用いる。例えば、ケネディは盲の人たちは二次元の図を書くことができるばかりか、彼らの描画は奥行き、動き、遠近感、視点、表面、輪郭、角などの特徴を晴眼者と同じように書くことができるということを実証する研究を行っている（Kennedy, 1993, 1997）。しかし、だからといって彼は、その知見を盲の人たちが視覚的なイメージを持っている証拠とは解釈していない。むしろ、彼は盲人による描画の正確さは視知覚と触知覚のシステムを通して得られた情報の重なりの部分で成り立っていると考えている。ケネディによれば、たとえ視覚と触覚が異なった知覚システムであるとしても、一つは光に反応しもう一つは圧力に反応するが、それらは情報の共通した要素を符号化し統合する脳の部位で処理されるという。そして彼は多くの感覚の種類に応答的な脳の部位は、視覚だけでなく、より正確には「複数感覚」もしくは「一つの感覚」と呼ばれるものであろうことを示唆する。彼の実証的な結果とその解釈は先のパラグラフで述べられたイメージに関する研究と一致するのである。つまり、絵が描けたからといって視覚的なイメージがある証拠にはならないということである。

第二に、ベルトロらはホールとファン・デ・キャスルの符号化システムの視覚活動のカテゴリー(Hall & Van de Castle., 1966) を用いた内容分析の結果を報告した (Bértolo et al., 2003)。これは、夢の報告における要素をカテゴリー化する最も広く包括的なシステムであると彼らは主張する。しかし、ホールとファン・デ・キャスルは視覚的な用語の比喩的で慣用的な使用を認めているわけではない。盲の人たちはときに彼らの夢見の経験を述べるのに視覚的な言語を用いることがあることは間違いない。しかし、彼らはまた明らかに「ものを見る」ことを含まないような覚醒時の経験を述べる際にも視覚的な言語を用いるのである。盲人は「テレビを見る」、「あるものに目をつける」、「あなたが言っていることを見る」、「ときどきちらっと見る」、「景色を可視化する」と話すが、これらの視覚的な用語は視覚的な内容を含んではいない。これらの口語的表現は盲の人たちが自分の経験を伝えるのに、単純に最も便利なフレーズである。また、目の見えない人は、ほかの感覚的な経験のカテゴリーにぴったりとは当てはまらないようなイメージ体験を述べるのに「視覚的」という言葉を使うことがあることには注意すべきである（Kerr & Johnson, 1991）。例えば、夜の空の中に小さな光点として星が現れるということを知っている盲の人は、「見えていなくても」夜の光景のイメージに星を含めるであろう。盲の人の星に関する概念は記述からのみ得られたものであるのだが、彼らはそれを視覚的現象と理解し、それに沿ったラベルをつける。同様に、夢のイメージを記述する盲人は、夢の環境の特定の側面にふれたり動きまわったりすることなく、夢の環境の詳細について気づいていることを説明するのに「視覚化する」ような単語を好んで使うのである。

ヒューロビッツらは、先天的に光を知覚する能力は全くない六人を含む一五人の大人の盲人から得られた三七二の夢の報告についてホールとファン・デ・キャッスルのシステムを全般的に用いたが、符号化における視覚の基準は用いなかった。なぜなら、このシステムにおいては、実際の視覚活動の出現率として、比喩的な視覚的用語の得点化を意図的に排除することができていなかったからである。彼らはこのため、光を知覚することができない五人の先天盲の人たちにおいては視覚的なイメージを示す証拠を見出すことはできなかったのである（Hurovitz et al., 1999）。彼らは視覚的な用語の比喩的な使用を排除することがうまくできないと研究結果がどのように偏ってしまうのかという例を示したのであった。同様の例はカーらでも見られる。つまり、先天盲の人たちが「見える」という言葉を使って記述したからといって晴眼者がいうような視覚的体験を表しているわけではないという指摘である（Kerr et al., 1982）。同じ言葉を使っていてもそれが指し示す内容が同じである保証はないのである。

第三にベルトロらは、晴眼者でも盲人でも「視覚的な」内容が夢に現れたときに、α波の活動が視覚野で減衰するという相関的な証拠があるということを、この主張を支持する実証的根拠として挙げている（Bértolo et al., 2003）。しかし、ケネディが指摘し（Kennedy, 1993, 1997）、またベルトロら自身も述べているように、視覚野における活動は必ずしも視覚的活動に限定されるわけではない。この現象は、聴覚、触覚、体性感覚、もしくは、実際のところ特定の感覚モダリティに関わらない一般的なイメージ処理とも関連する可能性がある。ベルトロらの研究における盲の夢主によって用いられた視覚的な用語が使用された文脈について、われわれは知る由もないので、なぜ視覚的な単語がα波の活動の減衰と密接に結びつくのかということについて推論することは難しいのである。もし、われわれが「視覚野」という用語を控えて、そのかわりにケネディの用語を採用するなら、この相関は盲の人たちが複数感覚もしくは統合的感覚を特徴とする体験を記述するのに、視覚的な用語を用いることが最もぴったりとしていたということだった可能性もあるのである。

ベルトロらの考察のセクションで、彼らはこれらのイメージを「図的な表象が可能な概念」（Bértolo et al., 2003, p.282）として特徴づけるような「視覚的イメージ」として、盲の人の夢のイメージを表現した。ベルトロらは盲人たちによって経験される覚醒時と夢見におけるイメージを概念化するにあたってこの点には合意している。しかし、先天盲の人たちは覚醒時もしくは夢見の間に視覚的な特徴をもったイメージ（自分の目を通して何かを見ているような）を経験する証拠にはならないと結論できる。脳の領域を通して統合された視覚的イメージは伝統的には「視覚的なもの」としてラベルが付けられるものであり、視覚的イメージはこれとは別のものである。これらの用語の基礎となるような感覚的な経験のない盲人の語彙においては、視覚的な用語について潜在的な混同があるので、このことは意味的な区別に関することではあるが重要なことなのである。

このような潜在的な混同は、生まれついて視覚に障害はあるが明るさや色のような視覚的な特徴だけは見ることのできる能力を持っており、視覚的経験と夢見における視覚的経験をマッチングできる人の夢の報告では現れることはない。これらの人たちは、一般的に彼らの夢における視覚的なイメージは、覚醒時の生活で現れたように夢の中でも現れると報告している。彼らは、他の感覚システムからの情報を統合することを通して夢における環境の詳細を知ることはできるものの、覚醒しているときに見える以上に明確、もしくは詳細に夢の中でものを見ることはできない。結局視覚的なイメージに独特なことは視覚的な経験をすることにのみ関わっていると考えるべきなのである。

(2) もう一つの反論

ダ・シルバはベルトロらの主張に対して極めて明快な議論を行っている (da Silva, 2003)。次に彼の反論を取り上げることにする。

先天盲の人たちが視覚的な内容を持つ夢を見るのかどうかについては長年にわたって論争の対象となっており、未だに決着はついていない (Kerr et al., 1982; Hurowitz et al., 1999; Holzinger, 2000)。この議論における根本的な問題点は、ほとんどの研究が本人の主観的な報告に限られている点にある。

視覚的な内容を伴った夢は視覚的なイメージの表出であるといえる。このため、もし視覚的内容を伴う夢が先天盲の人たちでも見出すことができれば、このことは視覚的経験を剥奪されていた人であっても視覚的にイメージをすることが可能であるということを意味することになる。さらに、視覚的イメージは視知覚に特有に準拠するものではなく、非視覚的な入力によって視覚野が活性化させられた時にも現れうるということになる。

ベルトロらの研究について彼は次のような三つの問題点を挙げている。

1　**方法論的問題**　睡眠の生理学という文脈において脳波の α 帯域（八―一二ヘルツ）の周波数成分が減衰するということの機能的な重要性とは何なのか？

2　**神経生理学的問題**　先天盲の人たちの視覚野の活性化はどのようにして脳の機能的構造の用語で説明できるのか？

3　**認知的問題**　視覚的な経験がない被験者において視覚的なイメージはどのように立ち現れるのか？

第一に脳波における α 波の活動は視覚野の活動性の明瞭な指標となるのかという疑問である。八―一二ヘルツの周波数範囲に区別が可能な異なった二つの周期的活動があるということを知っておかなければならない。それは主として視覚野における α 波と感覚運動野におけるミューリズム（μ rhythm）である（Manshanden, et al., 2002）。ミューリズムは手足の運動をイメージした時にも現れることが知られており、最近ではこの脳波を用いて手足の運動に障害がある人たちが運動をイメージすることで操作が可能な機器を開発する目的で利用されるようになってきている（例えば、加納ら、二〇〇六）。レム睡眠の間、さらに異なった機能的役割を持った二種類のα活動があることも知られている（Cantero et al., 2000）。すなわち、急速眼球運動が現れる後頭葉領域で変調されるα波活動と微小覚醒に対応する急速眼球運動とは独立したレムαバーストである。前者のα波の活動は急速眼球運動が現れたときには後頭葉では抑制され、そしてこれは視覚的な夢内容の電気生理学的な対件となっているようである（Cantero et al., 2002）。ベルトロら（Bértolo et al., 2003）が用いたα波のパラメータは前者の側面らしいのだが、彼らは二つの側面を分離してはいないのである。さらに、大脳皮質の中心における活動性であるミューリズムもこの研究で測定された周波数帯域（八―一二ヘルツ）に関わっているのである。ダントリーらは、感覚運動的な刺激に対する睡眠中の被験者のよく知られた反応性を使って頭蓋上と硬膜下から記録した脳波においてレム睡眠中にミューリズムが現れることを示した（Duntley et al., 2001）。このことはベルトロらの結果の解釈に関連がある。なぜなら、脳の中心のミューリズムは運動、特に手の運動、によって変調されてしまうのである。ベルトロらも指摘しているように、実際、触覚と運動感覚の要素を含むある種の状態の夢では、ミューリズムによる変調が起こりうるのである（Bértolo et al., 2003）。これらは、特にこの研究にも含まれる中心部から得られる脳波の記録に反映されるのである。このことは、八―一二ヘルツの間の周波数範囲にある脳波の強さの変化は視覚領域の皮質の活性化、すなわち視覚的イメージの唯一の指標とはなるわけではないので、ベルトロらの解釈における変数は混合したものであったといえる。

背後にある機能的な構造を求めて

第二に、夢見に伴ってみられるα波は先天盲の人たちの視覚野の活性化を示すと考えるなら、神経生理学的問題が浮かび上がってくる。先天盲の被験者の視覚野の活性化は脳の機能的な構造という意味ではどのように説明が可能なのであろうか？　ベルトロらの論文ではこの話題についての何ら触れられていないので、脳機能イメージングを用いた研究を調べてみる必要がある。ビューヘルらは、PETを用い、先天盲の被験者は、ブライユ点字を読んでいるときには、一次視覚野は活性化していなかったにもかかわらず、より高次の視覚野と頭頂連合野で課題に特異的な活性化を示すことを示した(Büchel et al., 1998)。このことは、これらの被験者においては触覚的な刺激によって一次視覚野より高次の視覚領域の感覚交叉的な活性化が起こることを示唆するものである。

サルにおいて初期に視覚体験を剥奪すると、後頭葉、一次視覚野より高次の視覚野、そして頭頂連合野の再体制化が引き起こされたが、このことは一次視覚野よりも高次の視覚野で一層顕著であった(Rauschecker, 1995)。ビューヘルらによる報告とも一致する、これらの実験の結果は先天盲の対象者において発達の初期に視覚的体験が剥奪されていると、一次視覚野ではなく、一次視覚野より高次の視覚野での感覚交叉的な再体制化を引き起こしやすくなるということを示唆するものである。他のPETを使った研究では（De Volder et al, 2001）人生のごく初期に盲となった人は、聴覚を引き金にして視覚イメージ（対象の形のイメージ）を形成するような課題を求められた場合、後頭側頭と視覚連合野が活性化の焦点となることを示している。これら二つのＰＥＴを使った研究の結果は、これらの人においては発達的に交叉感覚的再体制化が現れ、その結果として視覚が欠けた知覚的な表象が形成される可能性を示唆するのである。

ベルトロらによって報告された視覚的な夢見の間の脳波の観察の結果とこれらのＰＥＴによる知見を考え合わせると、盲の被験者が視覚的イメージを形成しているときに最も強い活性化を示す皮質の領域は（De Volder et al, 2001）、晴眼者で見出された（Manshanden et al., 2002）視覚的なαリズムの主たる源である領域と密接に一致するということは言えそうである。

視覚的な経験が全くない被験者で視覚的なイメージはどのようにして立ち現れるのか

第三に認知神経科学的に根本的な疑問がある。彼らは先天盲の人たちの脳で視覚的表象がどのように発達するらしいのかみてきた。晴眼者の視覚的イメージと視知覚は共通の神経的基盤を持っていると考えることができる（例えばKosslyn et al., 1997）。しかし、先天盲の人たちの後頭側頭皮質の活性化は、例えば触覚のような他の感覚モダリティによっても起こりうるのである。ＰＥＴを用いた研究は、一次視覚野は先のような状態では活性化しないようだが、むしろ一次視覚野より高次の視覚野は活性化するらしいことを示唆した。実際、一次視覚野の活性化はあるタイプの視覚的イメージを生起させるには必ずしも必要であるとは限らないのである（Kosslyn et al., 1997）。それらは盲の被験者の夢の視覚的内容と対応し、図的に表象されることができる虚像のイメージからなるらしい。視覚以外の感覚モダリティ（触覚と聴覚）は人生の初期において視覚的な刺激がない状態での後頭側頭視覚システムの機能の発達に影響を与える可能性がある。この点において、特定の感覚的知覚を特定することは、特定の皮質領域内容をあらかじめ決定する内容として考えることができる。先天盲の人たちにおいては視知覚を媒介するようにあらかじめ決められている皮質の領域と非視覚的なシステムの間の相互作用が非視覚的な入力の交叉感覚的な拡充によって作られている可能性がある。

ベルトロらの研究から、デ・ヴォルダーらによって見出されたように聴覚と触覚の入力をもとに先天盲の人たちの脳ではバーチャルなイメージを作り出され（De Volder et al, 2001)、彼らの夢の中で見出すことができたのではないかと思われるのである。

(3)　再度問う、先天盲は夢を「見る」のだろうか？

ベルトロらの主張は先天盲の人たちが夢の絵を書くことができるという具体例もあってインパクトの強いものであった。しかし、カーとドムホフが指摘するように、先天盲の人たちの言語報告を解釈するに当たっては晴眼者の「視点」で検討することには方法論的問題があることが明確となった(Kerr & Domhoff, 2004)。さらに、カーとドムホフ、ダ・シルバの両者が指摘していることであるが、そもそも視覚的イメージとは何なのかという根本的な問題に立ち返ることが必要になる議論でもある(Kerr & Domhoff, 2004; da Silva, 2003)。

ここでベルトロらの立場を擁護する主張は少ないのだが、ここではあえてそれを支持する立場に立ってみる。覚醒時のイメージに関する論争では、視覚的なイメージとは視知覚に似たようなものなのか、そうではない抽象的な命題のようなものであるという論争が有名である。今回の議論ではこの点については全く触れられていないが、ベルトロらの主張する盲人の視覚的イメージが指し示すものは、覚醒時のイメージの論争では命題派の主張に近い部分を示しているようにも思われる。

さらにダ・シルバの主張する立場（da Silva, 2003）に立てば、脳の機能局在に関する根本的な疑問も浮かび上がる。すなわち、視覚処理の脳内メカニズムでは網膜で神経を伝達する信号に変換された光の刺激がＶ1領域に投射され、それが視覚野のＶ2、Ｖ3、Ｖ4領域で処理されていくことがよく知られているが、先天盲の人たちではＶ2以降の視覚野が行っている処理は晴眼者とは異なったものになっていることが示唆されている。さらに聴覚や触覚などの知覚的処理とＶ2以降の視覚野の処理の統合に関しても、先天盲の人と晴眼者では異なる可能性がある。となると、同じ視覚野と呼ばれる場所であったとしても先天盲の人と晴眼者では行っている働きが異なる可能性があるということになる。これをさらに進めると、大脳皮質の機能局在についてかなり解明されてきているが、それらのメカニズムには個人差があり、ある人のある場所で見出された機能であっても別の人の同じ場所が同じ機能を持つとは限らないということも考えられる。もちろん、解剖学的な区分は明確なので、その機能の個人差が生じる範囲にはおのずから限界はあろう。しかし先天盲の人たちと晴眼者の間ほどではないものの、晴眼者の視覚イメージや夢見で現れるイメージに関しても同じような個人差がある可能性も捨てきれない。

夢見における感覚体験を総合的に検討してみることが、覚醒時のイメージについて統合的に理解することへの道を開くものかもしれない。さらに今回の議論の範囲外であるが、おそらくそこに関わる基盤として感情があろう。

（4）盲人の夢とレム睡眠

盲人には急速眼球運動を伴うレム睡眠はあるのだろうか。レム睡眠は急速な眼球運動を特徴としているが、それが夢見における視覚的なイメージの生成と関わるのか関わらないかということは、レム睡眠と夢見の関係性に関して本質的に関わる問題である。もし、先天盲の人たちで急速眼球運動が見られなければ夢見における視覚的イメージは眼球運動と関連する可能性を示唆することになるが、逆に先天盲の人たちにも同様の眼球運動が見られるのなら、夢見における視覚的イメージの生成は無関連ということになり、ひいては夢見とレム睡眠の関連性に関しても疑問を投げかけることになる。

バーガーらの研究では八人中五人でレム睡眠が検出できなかった（Berger et al., 1962）。彼らのレム期のほかの側面はすべて「正常」であった。どちらの研究においてもレムの欠落と視覚的イメージの欠落は一致し、レムは視覚的な夢の出来事について本質的で緊密に関連するという仮説を支持するものであった。反対にアマデオとゴメスは先天性盲人八人中七人に健常者と比較すると頻度も振幅も低いながらも、レムがあったと報告した（Amadeo & Gomez, 1966）。盲群をレム期に起こすと精緻な非視覚的な夢の報告が得られた。彼らはレムと視覚的な夢は一対一で関連しているわけではなくレムは単にレムに伴って神経系の活動が増大した結果として現れるに過ぎないと結論した。後者の見解を補強するために彼等は目覚めて休んでいるときと比較して、実験的に注意を高める機会をつくることによってレムを二倍にできた三人の盲人の被験者について述べている。

このような議論の隔たりは、グロスらが、五人の睡眠中の盲人のまぶたを視察によって調べ、そして同時にセラミック製のストレンゲージを用いて眼球の運動を調べることによって、レムが欠けていたと思われたこれらの盲人の被験者は、通常のＥＯＧの記録によって明らかにされたよりもずっと激しいレム活動をしている事を見だしたことで明確に解決された（Gross et al., 1965）。

これらの結果から、先天盲の人たちにもどうやら急速眼球運動は生じるらしいことが明らかとなってきた。これはむしろ夢見における視覚イメージの生成に急速眼球運動は必ずしも必要でないという立場を支持するものと考えられている。

4　聴覚障害者の夢

視覚障害者の夢に関しては先に挙げた研究のほかにもかなり多くの研究があるが、視覚以外の感覚の障害を持つ人の夢見については数は少ない。ここでは聴覚障害者の夢見についての研究を紹介する。

メンデルソンらは大人の聾者の夢の想起について報告した（Mendelson et al., 1960）。被験者は三群からなった。先天性の聾、五歳以前に聾となった人、五歳以降に聾になった人の三群である。先天性の聾と五歳以前に聾となった群では夢の生起頻度、色彩的内容、想起の鮮明さ、三次元的な質がより高く報告された。対照的に、五歳以降で聾になった群ではこれらのカテゴリーが低かった。全ての聾の被験者について、コミュニケートする歌に含まれるような運動以外の、夢の中での運動の知覚は低く報告された。身ぶりに使われる言語は夢の中でも普段彼等が使っている手段であったことは興味の対象となった。しかし、強い不安を伴う夢の中では、先天性の聾者の場合、原始的な身ぶりが際だって優勢であった（標準的な身ぶりの言語を学習する以前の幼児期には、親指を使った身ぶりでコミュニケーションする）。この種の身ぶりは強い情動的な特徴を伝達することが普通である。聾者の夢において鮮明性や色彩表象が増えるほど代償機能として役立つと示唆された。ただし、この研究には障害がないコントロール群が欠けている点で問題があった。しかし、最近二五人の聾者の対象者と三〇人の健聴者の夢を比較検討したジリランドとストーンは、夢の内容に関する質問紙調査の結果、夢で体験する色彩の頻度や鮮やかさについてメンデルソンらが指摘したような差異を健聴者との間に見出すことはできなかった（Gilliland & Stone, 2007）。聴覚障害者の夢における色彩感覚の体験についてはさらに詳しく検討する必要があると思われる。

聾者の夢についての唯一の実験室での研究はストーヤのものである。この研究は聾の被験者では腕の筋電位反応（ＥＭＧ）と指の筋肉とそれに続く夢想起との間に密接な関係があるという初期の古典的な報告に誘われたものであった（例えばMax, 1935）。身ぶりの言語を用いる聾者については指のＥ

MG活動は高い夢想起頻度と関連すると結論された。反対に、三三の同様の観察期間の間に一一人の健聴者ではそのような関係は見られなかった（Stoyva, 1965）。

ストーヤはこの研究を脳波の測定を用いて追試した。彼は二つの疑問に興味を持った。①聾者の指の運動に伴うEMG活動はノンレムの精神状態を示すものなのか。②聾者の指のEMGの活動の頻度、それらの夜の時間分布は特定の睡眠段階に関連して健聴者のコントロール群と差異があるのだろうかということであった。彼はレム期からの夢想起の頻度は聾者でも健聴者でも差異がないことを見いだした。ノンレム睡眠時の指のEMG活動は精神状態とは関係がなかった。聾者と健聴者の両群でノンレム睡眠とは反対にレム期には一貫して指のEMG活動の比率は加速した。予想とは反対に、指のEMG活動は健聴者でも聾者でも変わりがなかったのであった。ストーヤは彼の知見は思考の運動理論を支持しないと結んでいる。

この章では主として視覚障害者が夢を「見る」ことができるのか、という問いに関する討論を取り上げた。その結果は、そもそも「見る」とは「イメージ」とはどういうことなのか、それに関わる大脳の視覚野は、先天的に視覚障害がある場合に晴眼者と同じような働きをしているか、さらに夢の内容を報告する唯一の手段である言語報告の効用と限界とは、という夢見研究の根本を考えさせられるものであった。

コラム2　Q&A　夢見の進化心理学

Q　例えば夢ではレポートは終わったが、現実には終わっていなければ夢と現実の気持ちは持続しませんが、一方で夢でむかつくことをされると起きてからもむかつくということも聞いたことがあります。夢で感じた感情は持続するのでしょうか。

A　とてもよい指摘です。夢をなぜ見るのか、ということに関して最近進化心理学からいくつか理論が提唱されてきています。進化心理学というのはわれわれの持っている心の働きは進化のプロセスの中で獲得されたものであるが、原始の人類にとっては必要であっても、現在の人類には不必要な機能もあるが、それが消えずに残っているために一見不可解な心的な働きもあるという考え方のようです。夢自体も不可解な現象といえるのですが、進化の過程で必要な働きだったと考えるわけです。そのうちの一つにCostly signaling theoryという理論があります。

マクナマラによるとレムの特徴は、夢の内容に影響を与え、続いて気分の状態に影響し、夢の内容を思い出せたかどうかに関わらず、その人がそのあと目覚めたときに感情的に表出される。その人は、実際、特に夢の内容がネガティブで不快なときには、彼の夢によって「障害をもたらされる」。公衆の前で裸にされたり、追いかけられる、もしくは攻撃されるように、夢見る人を「障害者」状況に追い込むような高度に忘れられないネガティブな夢を見た後では、感情的な負荷は最大となるといいます（McNamara, 2004）。

夢の内容はその後の感情的な状態や行動的な表出に影響を与えるので、覚醒時にその人が発する感情的な信号は謙虚で他人にはまねのできないものとなる。すなわち、その人の発する感情的な信号はコミュニケーション的な相互作用と社会的交換にその人が関わるよう影響を与える。もし、その人が覚醒時に障害を受けた感情の調子があるにもかかわらず適切で機能的な行動を示すことができれば、すなわち、彼は適応の手掛かりとしての行動を示したことになり、彼は他のグループのメンバー、例えば配偶者もしくは他の共同体のメンバーからより好かれることになるでしょう。高コストであるレムの特徴は夢の内容に影響を与え、まねのできない感情的な信号を生み出し、同盟的な社会的相互作用もしくは求愛の表出を促進することによってその人が社会と適応できる力を高めているということになります。このため、もし、レム睡眠と夢が、まねすることが難しい高コストな感情的な信号（costly signaling）の一次的な発生の源であるならば、レム睡眠と夢見は、すべての人類のコミュニケーションと社会的な行動にとって本質的なものであると考えるのです。

なんか複雑ですが、この発想の基本は質問にあったことでは夢の感情は覚醒後も持続するということを基盤にしており、これは実際にそうであることが確認されているようです。この説は、レム睡眠の機能を人間関係や社会的な関係の強化に結び付けている点でとても面白いと思います。

もう一つ進化心理学的な夢の理論が提唱されています。レボンスオ（Revonsuo）という人の脅威のシミュレーション説と言われるもので、それによれば、原始の人たちは目覚めたときには外敵からの攻撃を受けている可能性があるので、いつそれが起こってもよいように、眠っているときにも夢の中で攻撃を受け、それに戦うことをシミュレーションしておいて、もし睡眠中に攻撃を受けても、目覚めてすぐ反撃できるようにするために夢を見るのだという説です。原始の人たちにとっては必要な機能でしたが、今の人には必要はないのですが、それが今でも残ってしまっているために夢が不思議なものになっているという説明にもなります。

第七章　好きな夢を見ることができるようになれる⁉
――明晰夢に関する実証的な研究

1　明晰夢とは

日常生活の間、私たちは目覚めているということについて考えることはない。逆にたいていの人は夢を見ているときに自分が夢を見ているという事実に気づくこともない。しかし、この一般論には例外がある。時として、夢を見ているにもかかわらず、夢を見ていることに気づくことがある。この経験は明晰夢と呼ばれている（van Eeden, 1913）。明晰さには程度がある。目覚めている時と同じように認知能力が維持されているくらい明晰な夢を見ている人もいるのである。そこでは、推論ができ、覚醒時の生活の状況を思い出すことができ、眠る前に決めていた計画に沿って、あるいは自発的に反

図 7-1　Stephan LaBerge

1947 年生まれ。1967 年に数学で学士を取るも，その後スタンフォード大学で生理心理学を専攻し 1980 年に明晰夢の研究で博士号を取る。現在は Lucidity Institute, Inc. の研究者，経営者。

応して行動することすらできるという。彼らは鮮明に現実的と思われる夢の世界を体験しながら同時に睡眠を維持できるのである。この章では明晰夢研究のパイオニアであり第一人者であるラバージの行った最新のレビュー（LaBerge, 2007）を取り上げ、明晰夢に関する研究を概観しようと思う。彼の研究はまた、「夢」の認知心理学の中核的な話題の一つとなっていることを知っていただきたい。

（1）明晰夢の定義

明晰夢とは、自分が夢を見ているということを知りながら夢見ることと定義される（Green, 1968）。この定義は広すぎると考え、明晰夢という用語を使う場合には、覚醒時の生活についてもきっちりと記憶でき、夢が制御できるという点を加える必要があると考える研究者もいる（例えば、Tholey, 1988）。しかし、明晰夢に関する実験室での研究では、被験者が実験室で寝ているという事実についての記憶が必要不可欠であるが（LaBerge, 1990）、被験者が寝ている場所が全く違うような明晰夢もあるので、単純で最小限の定義を採用すべきであるという見解もある。さらに、夢の統御と夢であるという気づきは関連しているにもかかわらず、どちらもお互いを必要とするものではないので（Kahan & LaBerge, 1994）、明晰夢を見る場合、夢全体を統御できることは必ずしも要求されるものではない。

生理学的な基盤を明らかにするような実証的な研究が現れる以前の睡眠研究者は、明晰夢とは「典型的な夢見における思考の部分ではなく、むしろ一時的な覚醒である」（Hartmann, 1975）と考え、懐疑的であった。シュヴァルツとルフェーヴルはレム睡眠時には過渡的な覚醒が頻繁にあることが普通に見られると述べ、明晰夢の報告の生理学的基礎にはこのような「微小覚醒」があると主張した（Schwartz & Lefebvre, 1973）。このメカニズムは実証されたものではなかったにもかかわらず、最近までこの説が一般的であると思われてきたのであった（例えばFoulkes, 1974）。

一九七〇年代後半、明晰夢はレム睡眠中に生起していることを示す研究が蓄積され始めた。レム期から覚醒した時に全部で三つの明晰夢を報告した二人の被験者の睡眠の記録に基づいて、オギルブらは「明晰夢はレム睡眠時に始まる可能性がありそうである」と慎重に結論した（Ogilve et al., 1978, p. 165）。この時には、報告された明晰夢が、報告を求めた直前のレム睡眠期に起こっていたという証拠はまだなかったので、慎重にならざるを得なかったのである。あいまいさを残さずに明晰夢が起こっているときの生理学的な状況を確定するためには、明晰夢が生起しているまさにその時に、実験者に正確に行動的な反応シグナルのようなものを送ることが必要とされるのである。

(2)　意志に基づく信号によって検証された明晰夢

レム睡眠中に記録された眼球運動の方向は、被験者が彼らの夢で見ていた方向と、ときどきではあるが正確に一致したという報告がある（例えば、Roffwarg et al., 1962）。このことをヒントに、ラバージは、明晰夢を見ている人が実際に意図的に行動することができるのであれば、彼らが明晰状態になったまさにその時に、それを示すように事前に決めておいた眼球運動シグナルを送ることによって証明することができると考えた。この方法を使ってラバージらは、五人の被験者のレム睡眠時に明晰夢が生起していることを検証できたと報告したのであった（LaBerge et al., 1981a）。

ラバージによって開発された明晰夢誘導法（MILD; LaBerge, 1980b）にしたがって教示された後、被験者の反応は二一一二晩に記録された。MILDとは次のような方法を取る（スティーブン・ラバージ、『明晰夢――夢見の技法』一六九―一七〇ページ）

1　早朝、自然に夢から目覚めたら、記憶するまで何度も夢を思い返してたどる。

2　次に、ベッドに横になったまま眠りへと戻りながら、「次に夢を見る時、私は、自分が夢を見ていると認識することを思い出したい」と自分に言い聞かせる。

3　リハーサルとして、夢の中に戻った時の自分自身を視覚化する。ただし今度は、実際に夢を見ていると認識している自分を想像する。

4　自分の意図がはっきりしたと感じるか、寝入ってしまうまで2と3の手順を繰り返す。

研究対象となった三四晩で、次のようなさまざまな睡眠段階において、三五の明晰夢が報告された。レム睡眠が三二回、ノンレム第二段階が二回、ノンレム第二段階からレムへの過渡期が一回であった。被験者はこれらの明晰夢のうち三〇で眼球運動による信号を発した。各記録の後、報告があった時間は知らせないで、信号に言及した報告を睡眠ポリグラフと一緒に判断者に渡した。判断者は、二四ケース（九〇％）で報告された信号と観察された信号の一致をもとにして明晰夢の時期を適切に選び出すことができ、レム睡眠と判断された時期に生起した明晰夢を特定できたのだ。後に二人の被験者が加えられ二〇の明晰夢が得られ、さらに分析を行ったところ同様の結果が得られた（LaBerge et al., 1981b）。この結果は安定した明晰夢は通常レム睡眠中に現れるという結論を支持したのであった。

オギルビーらは一四の自発的に報告された明晰夢に先立って信号が発せられた生理学的な状況は、レムであったものが一二（八六％）であり、残り二ケースの一つはレムであることが「あいまい」、もう一つは覚醒状況と思われると報告した（Ogilivie et al., 1983）。ハーンとワースレイはハル大学で、一五の連続はしない夜間、睡眠実験室で過ごし、明晰夢についての先駆けとなる共同研究を行った。ワースレイは八つの明晰夢で信号をうけとることができた。そして、これらはすべてハーンによってレム睡眠中に生起したものであることが確認された（Hearne, 1978）。

そして、その後レム睡眠と明晰夢の関係性を調べる基本的な方法は世界中の少なくとも一二の異なった研究と研究所で繰り返し確認されているのである（例えばBrylowski et al., 1989）。証拠は明快である。明晰夢は経験的にも生理学的にも現実のものである。おそらく「逆説的睡眠」に対して最も「逆説的」（パラドキシカル）な現象であるにもかかわらず、これはレム睡眠時に生起する特徴があることは否定しようがないのである。

2　明晰夢の生理学的特徴——持続性対一過性のレム

明晰夢はレム睡眠中に現れることを過去の研究は示してきた。初期の研究では、明晰夢が起こっているときには一過性の活動が低下するとみられていた（Pivik, 1986）。しかし、その後の研究によって明晰夢を見ているときには一過性の活動は増大していることが明らかとなってきた。

（1）明晰夢の導入時の生理学

ラバージらは一三人の被験者から得られた七六の信号が特定された夢（ＳＶＬＤ）からの生理学的なデータを分析した（LaBerge et al., 1986）。最初の明晰なエピソードは信号の開始から始まり、七〇ケース（九二％）で睡眠段階はレムであることが確認された。眼球を動かす明晰夢のシグナルに続いて平均で一一五秒（五—四九〇秒）のレム睡眠が続いた。明晰夢と明晰夢でない夢の生理学的データ（眼球運動、心拍数、呼吸率、頭皮電位）を比較したところ、レム期のＳＶＬＤはレム期における明晰夢ではない夢よりも生理学的な活性度が高い水準にあることが見出された。生理学的なデータはまた同じ三〇人の被験者から、ＳＶＬＤと比較が可能となるように六一の統制条件となるレム期の非明晰夢の時期にも集められた。眼球運動と頭皮電位の平均値は、レム期の非明晰夢と比較して明晰夢を伴うレム期のほうが有意に高くなったのであった（心拍数と呼吸率は変わらなかった）。

（2）レム期における明晰夢の時間的な分布

明晰夢は朝方に現れることが最も多いらしい（Green, 1968）。明晰夢がはじまるには二つのはっきりした経緯がある。通常の場合、被験者は、彼らが夢見ているという現実感を生じさせるに十分な反応を引き起こすくらい、奇怪な出来事が夢の真ったただ中で起こった時に報告するケース。それ以外では、これはあまりないが、被験者は意識の断絶はないが夢からほんの一時目覚めて、また眠り直接夢に入るというケースである（Green, 1968; Laberge, 1985）。次は覚醒から始まった後者の明晰夢の例である（LaBerge, 1980a, p. 85）。

私は朝の遅い時間に目覚めてベッドの中にいて隣にある風呂に水を張っている音を聞いていた。やがて、いつもの覚醒時のイメージのように最初薄暗くなって、海のイメージが現れた。しかし、それは急激に鮮やかとなったが、同時に、水の音は消えていった。内的なイメージの強さと外的な音はお互いに交替しているように思えた（ステレオのバランスつまみを右から左に変えたような感じ）。数秒後、私は私の母と何となく知り合いと思える女の子の間に立って海辺にいることに気付いた。私にはすでに風呂の水の音は聞こえていなかった、しかし、海の唸りだけが聞こえていた……。

この被験者は覚醒から睡眠に至る変化の中で連続して意識を持ち続けたことに注目してほしい。この事実はフォルクスが、それは「……志向性と反応性を持った自己を失うことが我々が〝睡眠〟と呼ぶ経験の一部である。もし、あなたの目覚めている自己があなたの意識を持った精神状態を安定化し反応させているとすれば、あなたは睡眠に落ちること、もしくは眠りに入ることはできない」（Foulkes, 1985, p. 42）と述べているケースに当てはまるものであろう。

この二つの先行条件で引き起こされた明晰夢は少なくとも一つの側面で生理学的に異なっているはずであるので（すなわち、一方は覚醒が先行するが他方はそうではない）、被験者が夢の状態に再度入る前に外界の状況を意識的に知覚していた過渡的な覚醒状態に言及したかどうかによってＳＶＬＤは「覚醒先行型」（ＷＩＬＤ）か「夢先行型」（ＤＩＬＤ）かに二分法的に分類できる。

ＳＶＬＤのうち五五（七二％）はＤＩＬＤと分類され、残りの二一（二八％）がＷＩＬＤに分類された。一三人の被験者すべてに対してＤＩＬＤのほうがＷＩＬＤより多く見られた。これ以後この章で扱う明晰夢の記録はすべてＤＩＬＤである。

先に触れたように、普通のレム睡眠の流れの間にも一時的な覚醒の侵入が起こることはよくある。

そして、明晰夢はこれらの瞬間的な覚醒状態で起こることもある（Schwartz & Lefebvre, 1973）。しかし、ラバージらは、このようなケースは少ないことを示したのであった（LaBerge et al., 1981a, b）。

明晰夢で必要となる高次の認知機能はそれに対応した神経の高いレベルの活性化を必要とするので、中枢神経系の活性水準の上昇は明晰夢を生起させる必要条件のように思われる。アントロバスのモデルでは、作業記憶の容量は認知の活性化に比例する（Antrobus, 1986）。これはさらに大脳皮質の活性化とも比例する。明晰夢となるためには、被験者が夢を見ていることに気づくために睡眠前の意思を活性化できるように作業記憶の水準が適切であることが必要とされる。このレベルの大脳皮質と認知の活性化は睡眠中に常に可能である必要はなく、通常は一過性のレムの時にだけあればよいことは明らかである。

3　レム睡眠中の生理心理学的な関係性

（1）生理心理学的なアプローチ

心理学者は心的イメージ、幻覚、夢見、そしてより広く意識過程全般のような現象の研究に厳密に科学的な方法論を適用しようとして大きな壁にぶつかった。人の心に起こる個人的な出来事の根拠となるものは、主観的な報告である。しかし、主観的な報告は客観的に検証することが難しく、その内省は偏りのない直接的な観察からは程遠いものである。主観的な報告の信頼性を上げる方法は二つある。一つは報告能力にたけた被験者を高度に訓練して用いること（それは夢の研究という文脈においては明晰であるということ）である。二つには生理心理学的なアプローチを用いることである。それは、生理心理学的な測定結果と主観的な報告が一点に収束した場合、主観的報告の信頼性が高まる（Stoyva & Kamiya, 1968）という事実を利用できるからである。

（2）夢研究の新しい方略

レム睡眠と、その結果としてのレム睡眠と夢見の関連性の発見によって、生理心理学的なアプローチによる夢研究の黄金時代がもたらされた。夢研究の生理心理学的なパラダイムは何年にもわたって豊富な恵みをもたらしたが（Arkin & Antroubs, 1991）、致命的な欠陥もあった。夢の内容の操作はできないので被験者が明晰夢を見ない限り、研究者は、被験者が研究者が研究したいことを夢見ているということに確証を持つことがどうやっても難しいということである。睡眠前に刺激をして夢の内容を操作するやり方があるのだが、第五章に示したように、その結果は単純ではない。我々は、求めているような夢が現われてくれるまで、期待しながらひたすら待っているしかないのである。これはあてずっぽう以外の何物でもなく、純粋に心理学的なアプローチを取るために、生理心理学的な方法を使うことはやめてしまった方がよいと言い出す研究者すら出てきたのである。例えばフォルクスは「生理心理学的な相関研究は、今、努力に対する見返りがあまりにも少ないように見えるので、夢心理学においては限られた資源の多くをそこに投入し続けることは賢明ではない」（Foulkes, 1985）と述べている。しかし、この結論は、明晰でない夢を見る人に対して生理心理学的なアプローチが実施された時に限られる。明晰夢を見る人を用いることで夢研究における生理心理学的なアプローチを復興させることができるのである。

明晰夢を見る人は、先立って決められたことを夢の中で思い出すことができ、実験者に信号を送ることができるという事実は、夢研究の新しい地平線を切り開くものである（LaBerge, 1980a）。明晰夢を見る人は、「夢の出来事が起こった時間を正確にマークすることができ、生理心理学的な相関の起源を明らかにし、仮説の検証を行うことができる」とラバージは提案した（LaBerge et al., 1981a, p. 727）。この方略は彼らのグループによって行われた一連の研究によって実際に実行されたのであった。

（3）夢はどのくらいの時間続くのか

夢はどのくらいの時間続くのか？　この問いは長年にわたる人類の謎であった。伝統的な答えは夢にはほとんど、もしくは全く時間がないというものである。それは、フランス革命の間の一連の幾分か混乱した冒険の夢を見て、最後にギロチンにかけられて首を落とし、彼の首が落ちたときはベッドのヘッドボードが彼の首に落ちてきて、そこで目が覚めたというモーリーの夢のケースに示されるようなものである（Maury, 1865）。彼は、このため、長大な夢は強い刺激によって一瞬で生じるものであろうと考えた。

ラバージらは、被験者が明晰夢を見ているときに、夢の時間を一〇秒間隔で推定させるように求めることによって（一〇〇一、一〇〇二というふうに数えていくことによって）直接夢の時間を測ることを試みた。夢の始まりと終わりをマークする眼球運動の信号と客観的な時間を比較したのである。その結果、すべてのケースで明晰夢の持続時間は実際の信号から推定される時間にきわめて近かったのだった（LaBerge, 1980a, 1985）。

（4）明晰夢での身体の状況

眼球運動のスムーズな追跡

ラバージらは、明晰夢で報告された視線の移動と睡眠ポリグラフ上に記録された眼球運動の方向の間に関係があることを示した（LaBerge, et al., 1981a, b）。夢見る人の眼球運動は夢における視線方向に動くという仮説の検証を行った研究において得られた結果は一般的に弱い相関でしかなかったが、それよりは強い関係であった。

これに関連した実験では（Laberge, et al. 1986）、二人の被験者が彼らの指先を左から右にゆっくりなぞることを四つの条件下で求めた。①覚醒・開眼、②覚醒・閉眼・イメージ喚起、③明晰夢、④明晰夢の時にイメージ（「夢の中で目を閉じて」）である。被験者は二つのイメージ条件でサッカード的な眼球運動を示した（条件②と④）、そして、夢の中でも実際になぞっているときにも眼球運動はスムーズに追跡していた（条件①と③）。さらに眼球運動の平均速度を算出した結果、覚醒時の眼球運動の測度と夢見の速度には差異がないことも確認された。夢見における意識は覚醒時の知覚的な意識とほとんど同じであり、ちょうどイメージがイメージとして区別されるように知覚から区別されるのであったのだ。

呼　吸

ラバージとデメントは明晰夢の間に自発的に呼吸をコントロールできることを示した（LaBerge & Dement, 1982a）。彼らは早く呼吸するように、もしくは息を止めるように、三人の明晰夢を見る被験者に求めた。そして、眼球運動の信号で呼吸を変えた時間をマークした。被験者は全部で九回呼吸の制御に成功し、すべてのケースで二つのパタンが実行されたことを、睡眠ポリグラフだけから判断者は正確に判断することができたのだった。

他の筋運動

ラバージらはレム睡眠中に一部の筋肉を自発的に統御できることを見出した。彼らは夢の中で左と右の掌を交互に握りしめるという行動を行った結果、右と左の前腕の筋肉のけいれんがそれにあわせて発生することを筋電図（ＥＭＧ）上で見出したのだ（LaBerge, et al., 1981a）。

ここまで見てきた研究の結果は、レム睡眠中に夢で生起した身体の動きは、実際に運動があった場合に生起されるような神経的な活動のパタンと同じような運動指令を脊柱上のレベルで生み出すという見方を支持するものである。ほとんどの随意筋は当然レム睡眠中には麻痺するが、眼球と呼吸に関する筋肉だけは例外となる。このため、これら二つのシステムにおける夢と実際の運動の強度の減少の間に明確な対応関係がみられるのである。

（5）明晰夢には右脳、左脳のどちらが関わるのか？

多くの研究者によって覚醒時の脳波におけるα波は、どのような認知的な課題を行うかによって、右脳が優位となるか左脳が優位となるかに違いがあることが報告されているが、ラバージとデメントは明晰夢の状況でこれを調べた（LaBerge & Dement, 1982b）。比較のために選ばれた二つの課題は夢の中で歌うことと夢の中で数えることであった。これらはそれぞれ被験者の大脳右半球と左半球がより強く関わる可能性が高いと考えられる活動である。脳波のα帯域の活動を調べたところ、歌っているときには左半球より右半球がより活性化したが、計数時にはこれが逆になった。これらの変化は実際に歌っているときと計数しているときに観察された傾向と似ていた。一方で、イメージの中で歌う、計数するというコントロール条件では左右の脳の活性度には違いがなかった。

ラバージとデメントは、被験者が目覚めているときには連続的なα波が生起するので、睡眠研究者は睡眠の文脈でα波の活動性が増大したことは常に覚醒もしくは相対的な皮質の活性化のサインであるが、明晰夢の場合にはこれとは反対になっていると指摘する（LaBerge & Dement, 1982b）。すなわち、レム睡眠中のα帯域の活動性は、覚醒時と同じように、皮質の活性化とは逆方向に関連したということなのである。人が暗い部屋で鮮明な夢から目覚めたとき、α帯域の増加を伴って皮質の活性化は下がるのであって（少なくとも後頭葉では）、増加することはないのである。

この見方においては、レム睡眠中の後頭葉のα帯域の強度は、その時に報告された夢の鮮明性と負の相関を示すであろうという直接的な予測がなされた。このことは高いレベルでのα帯域の活動性を伴うレム期からの覚醒は、「夢見」の報告をより多く伴うα帯域が少ないレム期からの覚醒よりも、「考えていた」という報告を生じやすいこと（Antrobus et al., 1964）を適切に説明できる知見ではないかと考えられる。

4 睡眠と認知の研究への影響

（1）「覚醒」対「眠り」――プロクラテス的二分法

フェンウィックらは、被験者は明晰夢から目覚めることなく電気ショックを知覚し、反応できることを示した（Fenwick et al., 1984）。この結果は理論的な問題を提起した。もし、覚醒の本質的な基準として外界の知覚があるとするなら（LaBerge et al., 1981a）、被験者は部分的には覚醒していたと考えられよう。反対に、外界の刺激が主観的にも生理学的にも覚醒の指標を示すことなく夢に取り込まれたなら、それは、睡眠中に起こった知覚として語ることが理にかなっているように思われる。しかし、ラバージは、ある感覚だけが機能し「目覚めて」いるのに、それ以外は「眠りに」落ちている可能性があることも示唆している（LaBerge, 1980c）。同様にアントロバスらは次のように論じている（Antrobus et al., 1965）。

眠っているのか目覚めているのかという疑問はあまり有用なことではない。我々はこの二つの単語（睡眠と覚醒）を分けているにもかかわらず、これらの単語に対応する行動は二つの別々のカテゴリーに強いて分けられるということではない……睡眠と覚醒は一方からもう一方に徐々に入れ替わっていくだけでなく、睡眠と覚醒の間を区別するさまざまな生理学的、主観的な操作の間で一致する点は限られる。ある時点で生体のすべてのシステムは等しくすべて眠っているか目覚めているかは実はよく分からないのである。

睡眠と覚醒を単純な二分法で考え続けている限りでは、時には最も不快にならざるを得ないプロクラテスのベッドに横たわっているような状況に我々は置かれることになるかもしれない。眠っている程度（すなわち、伝統的な睡眠段階）というものがあるのと同様に、目覚めている程度というものもあるに違いない。この混乱から逃げ出す方法を見つけだす前に、我々は、おそらく、現在区別されているわずかなことよりもより広く意識状態を特徴づけることが必要なのであろう（例えば、「夢見」、「睡眠」、「覚醒」などなど）。この点に関しては「おわりに」で触れた荘子の議論も参照されたい。

（2） 発達的視点

ピアジェによると「夢」についての概念の理解は三段階を経て発達するという（Piaget, 1926）。最初の段階では、夢はほかのすべての経験と同じように外的な世界にあるものとして扱われる。第二段階では、子どもは夢を一部は外界のもの、一部は内界のものとして取り扱うようになる。この過渡的な時期を経て第三段階では、子どもは夢を完全に内面的な性質をもつ純粋に心的な経験と認識するようになる。

これらの発達段階は子どもが目覚めているときに夢についてどのように考えているのかに関わってくる。眠って夢見ているときには、子どもは、第一段階に留まっている（夢の出来事は外的な現実感を持っていると暗黙のうちに仮定する）。素材的なものと精神的なもの（外的なものと内的なもの）が相反的に混じりあう、体外離脱体験（例えばLevitan et al., 1999）は、第二段階の例として考えることができるかもしれない。完全な明晰夢になると、夢見る人は第三段階にあり、夢の世界を物理的な世界からは区別できるようになる。

フォルクスは夢見なのか目覚めているかについての心の発達は、発達の程度を示していると主張したのであった。

子どもが確実に一つ一つ順々に通過していく夢の発達「段階」というものがある。そして、彼らが新しい段階に到達する正確な年齢は、彼らの覚醒時の精神的な発達を調べると部分的には予測可能なのである（Foulkes, 1985, p. 137）。

（3） 学習可能な能力としての明晰夢

この視点に立つと明晰夢は大人において普通にあるべき能力ということになる。しかし、実際に明晰夢がめったに起こらないのはなぜだろうか。ラバージは、学ぶ機会がなかったからだと考える。彼は先に挙げたＭＩＬＤのように、必要に応じて明晰夢を自発的に持つことを学ぶことが可能であることを示した（LaBerge, 1985）。彼らは、夢見る人が、レム睡眠中に夢を見ていることに気づかせるような外的な手がかり刺激を導入することにより、夢見る人を助ける方法を開発した。そこでは、もし夢に刺激が取り込まれたら、彼らが夢を見ているのだということに気づかせることができるようにした（LaBerge, 1980a）。彼らはさまざまな刺激をテストした。それらは「これは夢です」といったフレーズを録音したテープ、におい刺激、そして光であった。また、三〇分から六〇分の周期で睡眠を中断させ、強く覚醒させると、その後の睡眠で明晰性が促進されるようになるとも言われているのである（LaBerge, 2004）。

（4） 夢の経験的な現実性

夢見において我々が経験した出来事は、覚醒時にそれに対応する出来事を経験したなら起こるであろうことと同じような効果を、ある程度我々の自律神経系と身体に及ぼすような中枢神経系の活動パタンの結果として生じている。

この結論はさらなる検証と説明が必要なものかもしれない。我々が夢の中で知覚していると思われる出来事は幻覚的であるにもかかわらず、我々の夢の内容に関する感情的な反応は現実感を持っている。実際、夢の中で我々が体験することの大半は現実的である。我々が、例えば不安や恍惚といった感情を夢の中で体験すれば、我々はその時実際に不安や恍惚を感じるのである。我々が夢の中で考える時、我々がまた実際に考えていることは間違いない。

もし、我々が、例えば部屋の中を歩き回っているような動作を詳細に鮮明にイメージしたなら、脳の運動野は実際に歩いているとき同じようなパタンで活性化するであろう。しかし、それは実際に歩き回っているときよりは活性度は低いことが推測される。でなければ、我々が実際に歩き回っていることとそれをイメージしていることをどうやったら区別できるのだろうか？

レム睡眠時には、大脳から発せられる行動指令を筋肉が完全に実行することはできないように、運動と発声を引き起こす機能は脊髄レベルで麻痺している。とはいえ、運動指令を発すること自体は阻害されているわけではないので、実際に動かなくても夢の中で行動を現実感をもって体験することは可能であろう。イメージは対応する知覚と同じ神経的なシステムを使用することを示唆する証拠がある（例えば、Farah, 1988)。この視点に立てば、知覚とそれに対応するイメージの間の本質的な差異は、意識的な経験を生み出すのに十分な活性化をそのシステムがどのようにして獲得するのかということによるものでしかない。知覚の場合には、神経の活性化は（そしてその結果としての経験は）外的な入力によって生起する。そして、主としてボトムアップなプロセスによって知覚されるべき特定のスキーマの活性化を引き起こすのである。イメージの場合には（幻覚や夢見も同様に）、経験されたイメージは適切な神経回路（スキーマ）を活性化するトップダウン的なプロセスによって内的に生成される。

イメージは知覚よりも鮮やかではないことが普通であるので、イメージすることと知覚することは区別可能である。現れた何かがどの程度リアルであるかはその相対的な鮮明性に主として依存する。そして、経験された鮮明性はおそらくは神経回路の活性化の程度と関連するであろう。このため、イメージをしたときの神経回路の活性化の程度は、知覚する時よりも低くなる。この結果はイメージしたものの現実感の程度が低いという結果を引き起こす。少なくともこの状況には二つの要因が寄与する。一つは我々が目覚めているときには感覚入力はイメージの入力よりも高い程度の活性化を生み出すということ。イメージしたものは同じ感覚モダリティの知覚を妨害するのである（Perkey, 1910; Segal, 1971）。そして、その逆もまた真実であるということも考えることができよう。覚醒状態においてイメージしたことより知覚の方が優先される理由に、知覚が活性化しているときには記憶イメージの活性化を抑制する神経システムが存在することがあろう。現在目の前にいる捕食者の知覚的イメージと記憶にあるイメージを見間違うことは、生体にとって大変困ったことになることは明らかである（LaBerge, 1985）、というような進化論的な推論ができる。マンデルは、通常鮮明なイメージ（幻覚）を抑制するが、レム睡眠においてそれ自身を抑制する、セロトニンシステムを提案した（Mandel,

1980）。夢見における知覚（すなわち、イメージ）は実際の知覚と同じくらい鮮明に現れることをこのシステムでは説明できるのである。レム期においてはまた、知覚過程と競合を起こさないように感覚入力は能動的に抑制されているのである。

おそらく、このことは我々がなぜ夢を現実と取り違えることがないかを部分的に説明している。我々の経験的な世界を構成する神経活動の機能的なシステムにとって、知覚をすることや何かをすることを夢見ることは実際に知覚したり行動したりすることと等価なのである。

明晰夢という現象は極めて興味深いだけでなく、夢見の認知心理学的研究を支える大きな柱の一つであることがわかると思う。

Q　レム睡眠で起きるのを自分でやってみたいのですができますか？

A　この章で取り上げたラバージさんたちが明晰夢を見るトレーニングに使う装置を開発して販売しています。これはアイマスクのようなものですが、眼球運動を検出して電気信号としてコンピュータに送り、同時に小さなスピーカーから音とアイマスクにつけた発光ダイオードを光らせてレム睡眠だと気付かせるようにする装置です。これを使うとレム睡眠時に起きることができると思います。

Q　「夢日記」をつける行為について、明晰夢を見る訓練になると聞くし、逆に現実と夢の境界が薄れていきやがて精神崩壊につながるとも聞いたことがあります。夢日記をつけることは心に悪いことなのですか？

A　明晰夢については本当ですが、精神崩壊の話は全くのウソです。信じないでください。ただ、起きてからもずっと夢のことばかり考えていても生産的ではありませんから、多少考えてみる程度にしておいたほうがよいでしょうという程度のことです。

第八章　夢は「見る」もの？　夢には色がつくの？

——感覚モダリティ別の夢想起

1　夢は「見る」ものなのか

ここでは認知の働きの中でもその入り口に当たる感覚と知覚にスポットライトを当ててみよう。夢は一般的には「見る」ものと言われる。しかし、夢は見るだけのものなのであろうか。夢の中でわれわれがどのような感覚をどの程度の頻度で体験しているか、筆者らが調査によって検討した結果を紹介してみよう。

夢の中でどのような感覚をどの程度体験しているのかについては、主に睡眠実験室で調べられてきた。これらの研究は、夢ではかならずしも全ての感覚が体験されるわけではないことを示唆している。

初期の内省心理学者による目覚まし時計で覚醒させた研究（Calkins, 1893; Bentley, 1915; Knapp, 1956）、レム期覚醒法を使った研究（MacCarely & Hoffman, 1981）のいずれにおいても、夢では視覚、運動感覚、聴覚が体験されることがほとんどで、味覚、嗅覚、皮膚感覚はほとんど、あるいは全く体験されないと報告されている。しかし、本当にそうなのだろうか。

（1）調査の方法

普通の人たちが自宅で体験する夢において一般的にどんな感覚体験をしているかを大規模に調査した研究はあまりなかったので、筆者らは質問紙法を用いて、夢見における感覚モダリティ別体験頻度について、大学生を中心に調査を行った（岡田、二〇〇〇）。対象者は一二六七人（男性五六〇人、女性七〇七人）、年齢は平均一九・五歳（最大六五歳、最小一八歳）、年齢別人数は、一八歳が六九一人、一九歳が三二五人、二〇歳が一三三人、二一歳が五一人、二二歳が一五人、二三歳以上が二四人、不明が二八人であった。

質問紙は、過去一カ月の間の夢想起頻度、感覚モダリティ別想起頻度、感情の体験頻度を評定により求める形式で作成した。夢想起頻度は「毎日」、「ほとんど毎日」、「二日に一回」、「週に一、二回」、「月に一、二回」、「めったに見ない」、「全く見ない」の七段階で、感覚別体験頻度は、夢を体験した場合に、視覚、色彩感覚、聴覚、発話、運動感覚、味覚、嗅覚、皮膚感覚、内臓感覚の九種類について、「いつもある」、「時々ある」、「たまにある」、「めったにない」、「全くない」の五段階での評定が求められた。実際に使用した項目は以下の通りである。

視覚　人や物や情景が映像（視覚的イメージ）として見えますか。
色彩感覚　色がついていますか。
聴覚　音や声が聞こえますか。
発話　自分が話しますか。
皮膚感覚　「皮膚感覚」（触覚的な感じ、痛い、熱い、冷たいなど）がありますか。
運動感覚　自分が動きますか（歩く、走る、何かするなど）。
味覚　「味」を感じますか。
嗅覚　「におい」を感じますか。
内臓感覚　「内臓の感覚」（空腹・満腹、のどのかわき、尿意、内臓の痛みといった体の中の感覚）がありますか。

質問紙は一九九六年から一九九八年にかけて一般教養心理学の講義の時間中に配布し、回収した。

（2）　夢の中で体験する感覚種類別の頻度

夢想起頻度について、全反応度数に対する各評定段階の比率を全体と男女別に図8―1に示す。

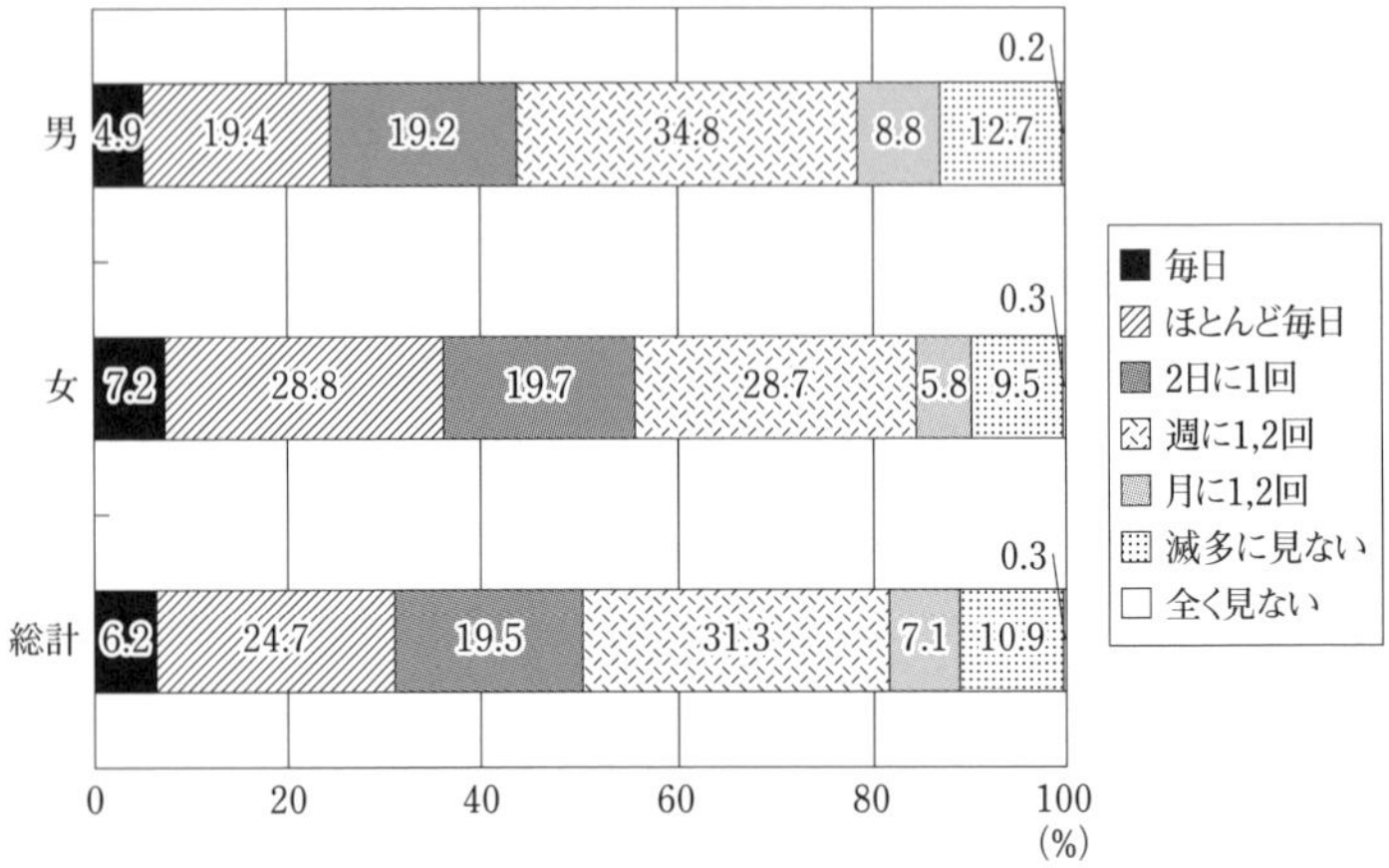

図 8-1　夢想起頻度の比率の分布

夢想起頻度の評定値の分布を見ると「毎日」から「週に一、二回」間での範囲に八割以上が含まれるが、「ほとんど毎日」と「週に一、二回」の二カ所に山がある傾向が見られる。性差を見ると、「毎日」「ほとんど毎日」体験する被験者の比率で比較すると、女性のほうが約五％高い。女性の体験頻度が高い傾向がうかがえる。

図8—2に感覚モダリティ別の想起頻度をまとめて示す。視覚・聴覚・運動感覚はいつも体験される感覚、皮膚感覚・味覚・嗅覚・内臓感覚は体験されることがまれな感覚と分けることが可能なようである。

視覚の体験頻度の分布では「まったくない」被験者はいなかった。「いつもある」が最も多いのだが、必ずしもすべての夢に視覚が随伴しているわけではないようである。

聴覚の体験頻度は「いつもある」と「時々ある」を加えると七割強が聴覚を体験するようである。運動感

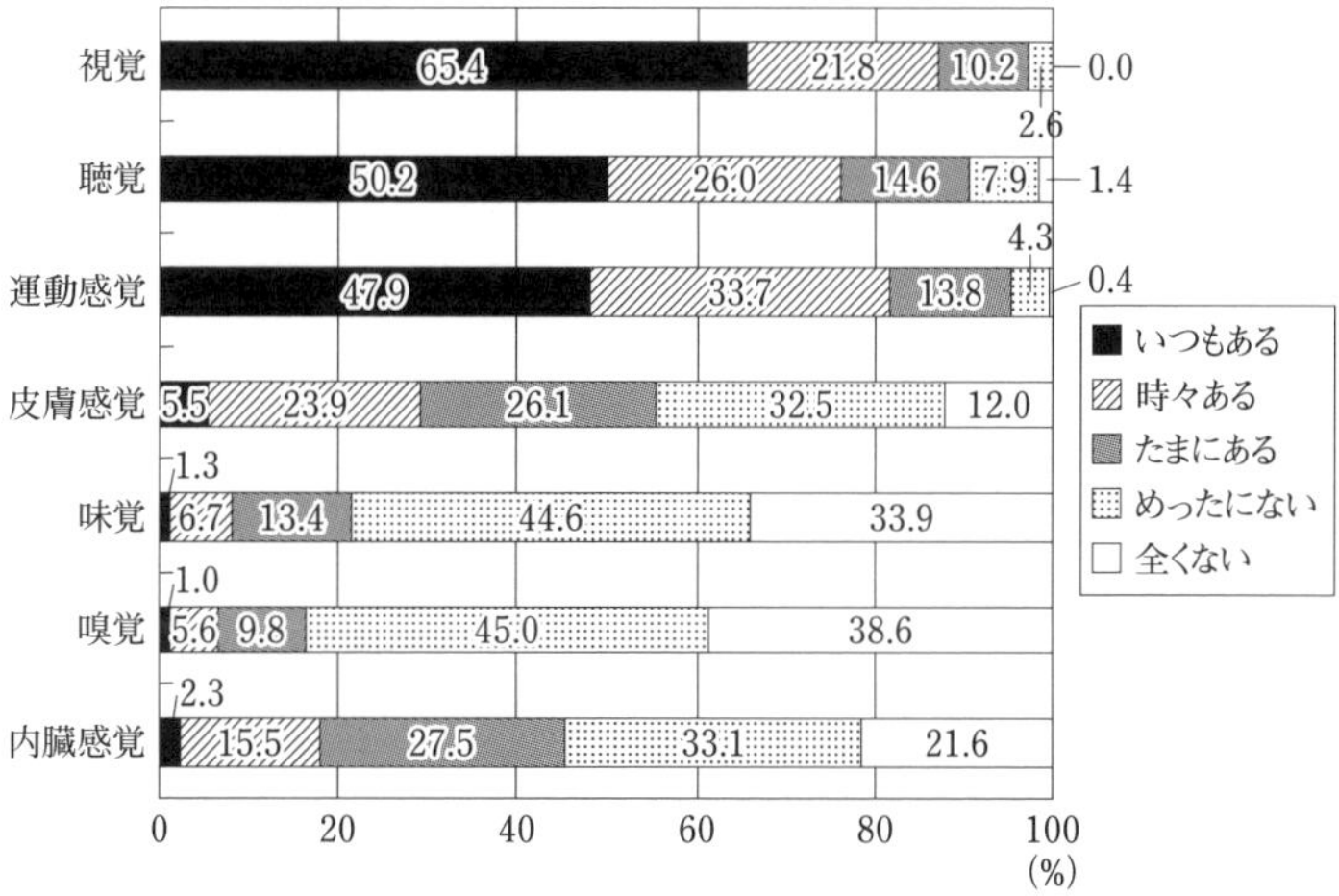

図8-2　夢見における感覚モダリティ別体験頻度

覚の体験頻度は聴覚とほぼ同じ傾向が見られる。「いつもある」と「時々ある」を加えると八割強が運動感覚を体験するようである。皮膚感覚の体験頻度は、視覚・聴覚・運動感覚とは違って、体験される頻度は低い傾向が見られる。「全くない」わけではないが、まれにしか体験されない感覚のようである。しかし、「いつもある」「時々ある」被験者は全体の三割弱程度存在する。味覚の体験頻度は皮膚感覚よりさらに体験される頻度が低く、よりまれな感覚であるようである。「いつもある」「時々ある」をあわせて一割未満程度の体験頻度である。嗅覚の体験頻度も味覚とほぼ同様の傾向であり、味覚以上に体験されることはまれな感覚モダリティのようである。内臓感覚の体験頻度は味覚・嗅覚と比べると体験頻度はやや高い傾向が見られるが、皮膚感覚よりまれのようである。

表8―1に色彩感覚の体験頻度を示す。「いつも

表8-1　色彩の体験頻度

	男		女		全体	
	度数	比率（%）	度数	比率（%）	度数	比率（%）
いつもある	241	49.4	390	61.8	631	56.4
時々ある	125	25.6	138	21.9	263	23.5
たまにある	70	14.3	65	10.3	135	12.1
めったにない	46	9.4	33	5.2	79	7.1
全くない	6	1.2	5	0.8	11	1
計	488	100.0	631	100.0	1119	100.0

ある」が最も多く、「時々ある」がそれに次ぐ。「いつもある」と「時々ある」をあわせると約八割の被験者が夢には色彩感覚が伴うと報告していることになる。「いつもある」の比率を男女で比較すると女性のほうが色彩感覚を体験する頻度が高い傾向がみられる。

夢見における感覚モダリティ別体験頻度は、普通に体験される感覚と体験されることがまれな感覚とに分類できることが確認された。視覚的体験が中心となるが、音が聞こえ、自分が動き、色彩感覚があり、まれに皮膚感覚が付随することが、普通に体験される夢の感覚的特徴のようである。

レム期覚醒法を用いたマッカーリーとホフマンは、被験者をレム期に覚醒させ、その時に報告された夢見の感覚的特徴を報告し、味覚・嗅覚・皮膚感覚はほとんどなかったと報告しているが（MacCarely & Hoffman, 1981）、今回の調査の結果、これらの感覚モダリティは体験されないのではなく、普通の被験者では体験される頻度が低いだけであることが示された。さらに、数は少ないが、味覚・嗅覚・皮膚感覚を頻繁に体験する被験者が存在することも示唆されたのである。

2　あなたの夢は色つきですか？――カラーテレビが夢に色をつけたのだろうか？

(1) 色つきの夢を見るのは変わった人？

カーンらは、夢見における色彩感覚の体験頻度について、それまでに行われた質問紙法、日誌法、目覚まし時計による起床の研究を概観し、夢に色彩感覚が伴うものは多くとも二〇％を超えないという点で一致することを指摘した（Kahn et al., 1962）。しかし、レム期覚醒法を用いて彼らが検討した結果、その割合は七〇％に達することを見出し、夢見は本来白黒ではなく色彩があふれる現象であり、報告時に何らかの理由でその頻度が過小評価されているのではないかと指摘した。レム期覚醒法を用いたその後の研究では、いずれも彼らの結果とほぼ同様の報告をしている（例えばHerman & Shows, 1983）。日本においては宮城（一九七二）が学生を対象に調査し、色のついた夢をいつも見ているのは一割程度であると述べており、これは先の質問紙法の結果と一致するものと考えられる。

(2) しかし、現在では？

カーンらの報告から三〇年程度たった一九九三年ごろ、筆者らは学生たちに彼らの夢に色がついているかどうかきいてみた。すると、レム期覚醒法でないにもかかわらず、ほとんどの学生から覚醒時と同じように色彩感があふれているという答えが返ってくることに気づいた。しかし、高齢者に同様の質問を行ったところ、初期の調査研究のように白黒であるとの答えが返ってくることが多い傾向が見られた。このような簡単な聞き取りから、夢見における色彩感覚の体験に関しては、若者と高齢者の間に何らかの発達的要因が関連している可能性があることを感じとった。そこで、筆者らは大学生とその家族に質問紙調査を実施し、一一歳から八〇歳までの平均的日本人二〇八五人を対象として、夢見における色彩感覚の体験頻度の生涯発達的変化について調査した（松岡ら、一九九三）。色彩感覚の体験頻度を五段階で聞いた結果、夢にいつも「色がついている」、「ときどきついている」を合わせて夢に色がついている割合としたところ、二〇代以下では合計で八〇％となり、六〇歳以上ではその割合は二〇％程度という結果が得られた。さらに一〇年後の調査であるが、二〇代以下の結果は最近の同様の調査結果（Schwitzgebel, 2003）とほぼ一致した。また高齢者の結果に関しては五五歳以上を対象とした調査結果（Murzyn, 2008）に近いものであった。その後、大学生を対象とした研究では、夢見における感覚別体験頻度を調査した中で色彩感覚の体験頻度も問うたところ、同様に八〇％程度の学生が夢には色彩があると答えたことが報告されている（Okada et al., 2005）。

（3）　加齢とともに夢から色がなくなる？

加齢とともに夢における色彩体験の報告頻度が減少する傾向はどのように説明されるのだろうか。カーンらによれば、彼らがレビューした研究における対象者の世代においては夢見における色彩感覚が過小評価される傾向があったため、調査研究などにおいては実際の体験と違った結果が得られた可能性が指摘されている（Kahn et al., 1962）。筆者らの一九九三年における調査の結果では、六〇歳以上の高齢者の色彩感覚の体験頻度は二〇％程度であったのだが、この割合はカーンらがまとめた一九六〇年代以前の大学生の結果とほぼ一致したことから、加齢によって夢見における色彩感覚の頻度が減少したというよりは、むしろ世代の特徴がそのまま保存された可能性があったのではないかと筆者らは推測した。最近これを裏付けるように、夢見における色彩感覚の体験の報告に社会文化的な影響が及ぶことを示す指摘が相次いでなされている。シュビッツゲーベルらは中国において社会文化的背景に差異がある群の比較から（Schwitzgebel et al., 2006）、ミュルジンはイギリスにおいて高齢者と若者の比較から、いずれもテレビや映画といったメディアが白黒からカラーに切り替わったことが、夢見における色彩感覚の報告頻度に影響を与えたことを示す調査結果を示している（Murzyn, 2008）。

もし、この推測が正しいなら、幅広い年代に横断的に同じ調査を行えば、色彩感覚の体験頻度は、メディアの変化に呼応して世代間で変化が見られるはずである。筆者らの一九九三年の調査で示された傾向は、この仮説を裏付ける可能性のあるものであった。しかし、他方、加齢により認知能力が変化することは間違いなく、特に記憶に対しての影響は大きい。このような発達的変化により夢そのものの内容に違いが生じていることや、夢そのものには違いがなくても夢に関する記憶を想起する段階で、加齢とともに色彩感覚の保持が難しくなるような変化がおこる可能性があることも否定できない。

単なる一時点における横断的な研究では互いに交絡する世代間の差異と発達的な差異を弁別することは難しいため、一般的には縦断的研究が望ましいとされるが、同じ対象者を数十年にわたって追跡調査することは大変難しいことである。このような問題をある程度解消する方法として同じコホートについて時間間隔をあけて横断的研究を繰り返し行い、両者の差異を比較する方法が考えられる。もし加齢による発達的変化のみが影響するならば、二つの調査の結果を比較したときに色彩の体験頻度が減少する傾向は年齢によって一義的に決まるので、両者の結果は同じになるであろう。一方で社会や文化の影響を受けた世代間の差異が関連するなら、調査の時間間隔に対応したずれが生じるであろう。

(4) 一五年の時を経た二回目の調査

そこで、筆者らは一九九三年から一九九四年に行った夢見における色彩感覚の体験頻度に関する調査を、似たような人たちを対象として一五年後である二〇〇九年に実施し、両者を比較することで夢見における色彩感覚の体験頻度の変化が加齢によるのか世代によるのかを検討した。再調査を行い一五年を経て色彩感覚の体験頻度が加齢とともに変化したかどうか、その変化は発達的変化に基づくものなのか、社会文化的要因によって影響を受けたのか、そしてそれらの影響の大きさについて検討したのである。

調査の主たる対象者は日本の大学生とその家族である。ただ、主たる調査対象者については、同じ大学の大学生およびその家族を対象とすることが筆者らの勤務先の移動などの理由により困難となったので、対象を社会的経済的背景がほぼ同じような大学生とその家族とせざるを得ず、調査年次間の比較については限界がある。

一九九三年から一九九四年の調査の対象者は山形大学付属小学校の五年生、山形大学付属中学校の二年生、山形中央高校の二年生、岩手県立衛生学院生、新潟中央短期大学短期大学生、山形大学生、岩手大学生、および、山形大学付属幼稚園児、専門学校生、短期大学生の家族、計二〇七七人である。調査期間は一九九三年一月から一九九四年六月までであった。学生については授業時間中に質問紙を配布してその場で回答を求めた。家族については学生が家に持ち帰りのうえ対象者から直接聞き取った。二〇〇九年度の調査対象者は文教大学、実践女子大学、岩手大学学生およびその家族、計一三二八人であり、調査期間は二〇〇八年一二月から二〇〇九年一月であった。

調査方法は「夢には色がついていますか」と問い、「いつもある」、「時々ある」、「たまにある」、「めったにない」、「全くない」の五段階評定を求めた。

学生については授業時間中に質問紙を配布してその場で回答を求めた。家族については学生が家に持ち帰りのうえ対象者から直接聞き取った。

(5) 色つきの夢を体験する比率は一五年間で変化したか？

調査の結果は次の通りであった。

一九九四年と二〇〇九年それぞれの夢見における色彩の体験頻度評定の平均値をグラフ化し図8―3に示す。どちらの年度においても年代が上がるほど夢見において色彩を体験する頻度は下がる傾向

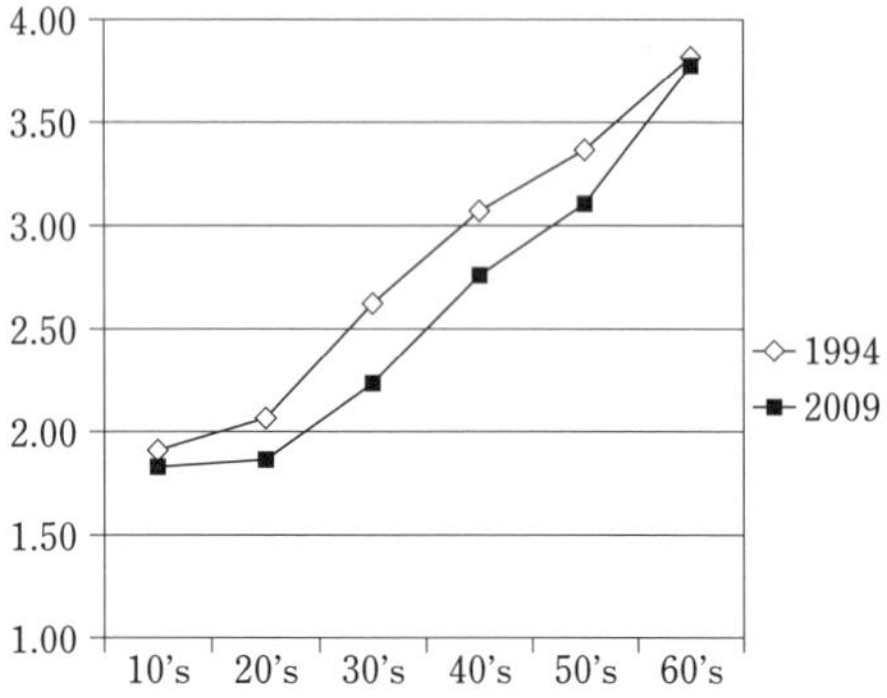

図 8-3　夢見において色彩を体験する頻度評定の平均値

調査年度ごとに 10 歳刻みで年代ごとに示す。数値が高いほど体験頻度は低くなる点に注意してほしい。

が顕著にみられる。二つの年代を比較すると二〇〇九年度のほうが全体的に数値は低く、体験頻度がやや高くなる傾向がみられた。年代ごとの調査年度の差異については二〇代、三〇代、四〇代における差が統計的に有意であった。

さらに、調査年度ごとの年代間の差異について検定したところ、一九九四年度は、一〇代と二〇代、四〇代と五〇代、五〇代と六〇代においてのみ差異がなく、他の年代間での差は有意であった。二〇〇九年度においては、一〇代と二〇代、三〇代、四〇代と五〇代でのみ差異がなく、他の年代間の差異はすべて有意であった。これらの結果をまとめてみると二〇代、三〇代、四〇代においての二〇〇九年度の調査結果は、一九九四年度の調査結果より色彩感覚の体験頻度が高くなる方向へずれていると考えられる。

図8―3に示すように、調査年度にかかわらず、夢見における色彩の体験頻度は全体としては加齢とともに減少する傾向が明確である。しかし、調査年度によってその傾向には若干の差異があり、二〇代から四〇代において二〇〇九年度のほうが一九九四年度より色彩の体験頻度が高いほうに有意な

ずれを示している。この結果は、夢見における色彩の体験頻度の加齢変化について二つのメカニズムが同時に関わっていることを示唆するものであろう。一〇代と五〇代以上では一五年を隔てても差異がないことから、この年代では社会や文化からの世代的な影響はあまり受けない発達的な変化が主要因となるメカニズムが考えられる。他方、二〇代から四〇代にかけては調査年度による差異があることから、何らかの社会文化的影響が夢見における色彩体験の報告頻度に影響を与えているというメカニズムの関与をうかがわせる。

似ているとはいえ異なったコホート間という多少無理のある比較であるにもかかわらず、おおむね一致する結果と一部にずれがあった結果が同時に得られたことは、この結果がより高い普遍性を示唆するものであるとも考えられる。

(6)　カラーテレビの普及によって夢に色がつくようになった？

では二つのメカニズムはどういった要因に関わっているのだろうか。発達的な変化についてはレム期覚醒法を用いた研究ではあまり検討されていないため、特に高齢者において大学生と同じように夢見に色彩感覚が伴っているかについては検討の余地があろう。夢見が白黒になるメカニズムには記憶のメカニズムが関わっていることが指摘されている（Schredl et al., 2008）ことを考えると、記憶における色彩の処理が加齢とともに変化していくようなメカニズムが関与しているのかもしれない。また、夢想起頻度とイメージの体験の鮮明性についても弱いながらも関連性が指摘されていること

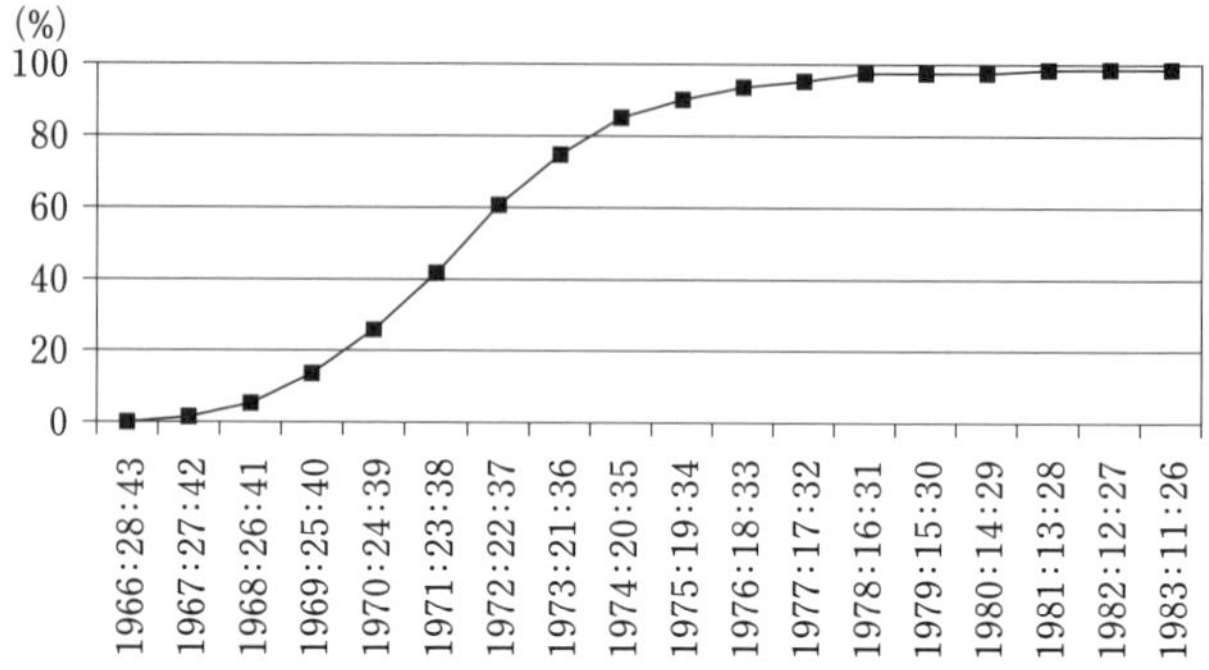

図 8-4　日本におけるカラーテレビの普及率

縦軸は普及率（%），横軸は順に年度：1994 年度における年齢：2009 年度における年齢（内閣府消費動向調査による）

(Okada et al., 2005) を考えると、加齢変化がイメージ体験やイメージ能力に与える影響が関連している可能性もある。

他方、先に挙げた中国やイギリスの例のように、夢見における色彩感覚の体験についての社会文化的な影響については、最近幾つかの指摘が続いてなされている。日本においてこのようなメディアの変化が、特に二〇代から四〇代においてみられた夢見における色彩感覚の報告頻度に影響を与えた可能性について検討する。

日本におけるカラーテレビの普及率を図8―4に示す。一九六六年度にはほぼ〇%であったものが、一九七六年には九三・七%となりほぼ頭打ちになる。一〇年で急激に普及した様子がわかる。一九六六年生まれの人は、一九九四年度の調査時点で二八歳、二〇〇九年度の調査時点で四三歳であり、生まれたときにはほぼ〇%であったものが一〇歳の時点で九〇%以上の普及率となった。この年に生まれた人は過渡期の中心にあったと考えられる。仮にメディアの影響の上限を思春期がはじまる一〇歳くらいまでであると考えるなら、一九九四年に三八歳、二〇〇九年に五三歳の人（一九五六年生まれ）はカラーテレビの影響は少なくなると考えることもできよう。さらに一九七六年生まれの人は、一九九四年に一八歳、二〇〇九年に三三歳であるが、生まれた時点からほぼカラーテレビしか体験していないということになる。

筆者らの二回の調査で年代による差異が有意であったのは二〇代、三〇代、四〇代であり、これらの年代に関しては色彩感覚の体験頻度の平均値は一〇年分ほどずれているようにみえる。このずれはカラーテレビの影響を一〇歳くらいまでと考えた場合、上限が一九九四年に約四〇歳、二〇〇九年に五〇歳となるカラーテレビの普及率にかなり近いものとなる。そして、五〇代においては調査年度による差異がないこともこれを裏付けるものであろう。一方普及が飽和する時期にあたる一九七六年生まれは一九九四年には一〇代、二〇〇九年には三〇代となり、年代の刻みを考えるなら二つの調査で一〇代においては差異が出ないことについても仮説を支持するものである。したがって、かなり大まかではあるが今回得られた二つの調査年次における色彩感覚の体験頻度の差異は日本におけるカラーテレビの普及率と関連性を持っている可能性があることを示唆するものである。シュビッツゲーベルらの調査ではテレビだけでなく映画などのメディアの影響も考慮されているが（Schwitzgebel et al., 2006）、今回の筆者らの調査結果は、カラーテレビの普及率に限定した場合でもメディアによる影響を受けている可能性を示唆するものであると考えられる。

Q　夢って、毎日見ているもんなんですか？　というのは自分はときどきしか夢を見ている自覚がありません。

A　夢を見ていない人は極めてまれな例外以外はまずないと言われています。でも、それを良く覚えている人とまったくといいほど覚えていない人にすごくばらついていることも事実です。したがって、夢の研究は、見ている夢そのものの研究と、夢を良く覚えている人とあまり覚えていない人の違いはなぜ起きるのかという研究に分けることができます。日本では残念なことに夢の研究といえば臨床心理学であろうが、生理心理学であろうが、前者の研究ばっかりなのですが、世界的には後者の研究も莫大にあり、様々なモデルが提唱されています。が、どれも説明力不足で未だに謎な領域です。例えば夢を良く覚えている性格はあるのか、といった議論ですが、これは研究により結果がばらばらで、よくわからないといった状況です。

第九章　夢の中のおしゃべり――夢の中での発話と思考

夢のことといえば「こんな夢を見た」という話になることが普通であろう。実際、筆者も夢に関する授業をすると、学生たちからこんな夢を見たのだがどういうことでしょうと聞かれることが多々ある。このような夢の内容について考えてみる時にはそのストーリー性が重要な要素となる。ストーリーという場合、登場人物がいて何らかの行動をする。その結果、会話があったり考えたりといった認知的な活動である言語と思考が現われることが普通であろう。この章ではバイリンガルの人の夢に現れる発話と思考について行われた実証的研究を取り上げ、この問題を考えてみることにしよう。

1　夢の中でのおしゃべりの実態は

夢の中で登場人物は何度しゃべるのだろうか。何度くらい考えるのであろうか。言語的、認知的な活動はどのくらいの割合を占めているのだろうか。意外なことにこのような現象に関する基礎的なデータはとぼしい。ここでは実験を中心に実証的に丁寧にこの問題を論じたマイヤーの研究（Meier, 1993）を取り上げてみることにしよう。

マイヤーたちは四四人の被験者から一六一夜に集められた五〇〇のレム期の夢のサンプルを、ホールとファン・デ・キャスルの「夢の内容分析（content analysis of dreams, Hall & Van de Castle, 1966）」システムのカテゴリーにしたがって評価した。

しゃべること、会話などの言語的活動は、五〇〇のレム期の夢のうちの三分の二に現れた。さらに、すべての夢活動のうちの三分の一は他のどの種類の活動より「言語的」と判断された。認知的活動としての思考は五分の一の夢の中に現れるが、時間的にはすべての夢活動の五％を占めるに過ぎなかった。この結果は、夢が行動志向的であり、何かを聴いていたり見ていたりというような夢の登場人物の受動的活動は、夢の登場人物が行う移動や動きのような外向的行動ほど重要ではないことを示している。

夢見における会話で、受け手が現れずに夢見る人の言語的印象だけから成り立つことは、言語的活動の四・九％とほとんどない。夢の中での会話は独り言であることはめったになく、夢の登場人物の間での最も重要なコミュニケーションの手段となっている。言語的なやりとりの大多数（七九・一％）で夢見る人は会話の相手として（一四・一％）、主唱者として（三六・七％）、または言語的活動の受取者（二八・三％）としてかかわっているのである。一般的に夢は、一人芝居ではない。夢においては現れるさまざまな出演者は、相互に関わり合っている。登場人物の間の社会的関係は、夢の内容の重要な特徴であり、発話は社会的相互作用の主要な形態である。夢のなかではみんなおしゃべりなのだ。

発話はまた、社会的関係の性質も示す。夢の登場人物は行動やジェスチャーで親近性を示すことが最も多いが、言葉で示される親近性は、親近的な行動のうち四分の一（二五・五％）に見られるにすぎない。面白いことに、攻撃的な相互関係の場合、起こったことの約半数（四六・一％）で、「罵り」、「怒らせる」、「文句を言う」そして名前を呼ぶという「武器」として言語的な攻撃が行われたのである。

夢での会話は、そこで起こっている活動に触れているだけではない。会話の内容について何か報告されていることが半数以上である。そして、残りの三分の一では引用された発話が言語化されていたのである。会話の内容の特徴は、日常生活が中心となる点にある。ほとんどの夢が、食事や、デートや、着飾るといった、夢主や夢の登場人物の見せ場のない日常的な仕事から成り立っているのだ。二つめに重要なことは、生活における人間関係またはゴシップについての会話が多く現れることである。夢の登場人物の専門的な生活についての会話は比較的少ない。夢の会話の個人的特徴と一致して、夢

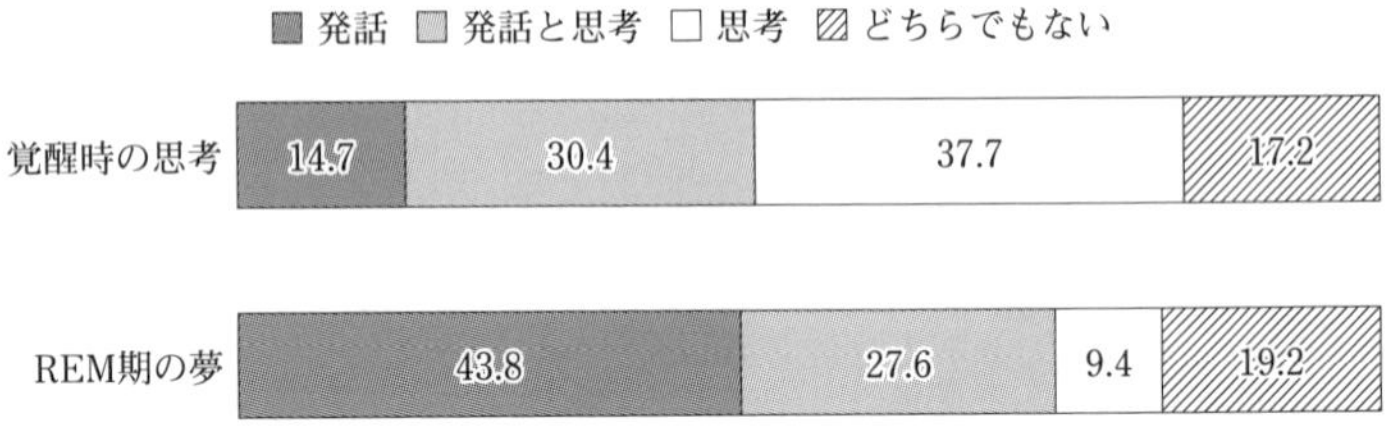

図 9-1　言語的な表象があった REM 期の夢と覚醒時の思考に現れる発話と思考の比率（%）

夢では 203 の報告のうち 164，覚醒時の思考では 191 の報告のうち 158 で，言語的な表象が生じている。

の中で言語的な接触を行う相手は、友達や同僚や親類や知り合いといった夢見る人が個人的に知っている人であることがほとんどなのである。

夢の会話は、このように具体的で個人的である。より大きな時間的見通しについての個人的関心は反映していない。夢の会話は、一般に現在の状態や世界の情勢についての希望や不安に関する恐れを表すことはない。

まとめると、夢での言語的活動は、夢見における社会的相互作用の主要な手段となっており、言葉や思考は夢のイメージや夢の反映の中に必ずしも変換される必要はないようである。これらは、夢の登場人物によって行われる言語的もしくは認知的活動として上演されるようなのである。

2　夢の中で聞こえる声とイメージ

夢には、様々なイメージ（表象）が現れる。夢で何が知覚されているかを調べようとするなら、全ての感覚が含まれるので視覚的イメージだけに焦点を当てるだけでは不十分である（第八章参照）。しかし、言語による報告のみでは、感覚が夢の中でどのようにイメージされるかを明らかにはできない。夢見る人がある種類の知覚に関してとりたてて言及しなければ、その感覚モダリティは現れなかったと判断するしかないが、それはその感覚体験が本当になかったのか、聞かれなかったから言わなかっただけなのかの区別ができないからである。ストラウチとマイヤーは、一つの夢に出てくるイメージの特徴について被験者にはっきりと意図的に聞くようにした結果、視覚的要素はこれらの夢では一〇〇％現れ、聴覚的要素は八〇％現れたと述べている（Strauch & Meier, 1992）。しかし、聴覚も高い比率で現れたということは、夢のイメージの中で聴覚が重要である事を示しているわけではない。全ての知覚的要素のうち半分以上（五六％）は視覚的印象としてイメージされるのに対して、聴覚が現れた長さはたった四分の一（二四・四％）だけであったからである。このため、夢に現れる音のイメージは、視覚的なイメージほど特徴的ではないと考えるべきである。

頻度としては結構多く現れているにも関わらず、聴覚の印象はあまり強くないようであるのはなぜだろう。マイヤーの被験者は夢における聴覚的印象を視覚的あるいは触覚的表象ほど他と区別できず、はっきりしないものとして報告する傾向を示し、音響的な印象の特定の性質が記述されることはまれであったと述べている。夢主は夢の中で何かを見たことを否定することはめったにないのだが、彼らが実際に何かを聞いたかそれとも音響的に提示されたと推測しただけだったのかについて聞いてみても、はっきりしないことが多いのである。視覚イメージに関しては高い確信度を持てるということは、夢での経験を夢の報告に翻訳する方法に関わっていると考えることもできる。夢に現れるイメージを言語化することはなかなか難しいが、言語によって伝えるしか手段はない。視覚を中心とした聴覚以外の感覚体験を伝える場合には、その体験は言語に変換される。このプロセスが必要となるため必然的に注意が向けられることになる。しかし、聴覚や言語のように変換の必要がなく、しかも時間とともに変化することにその情報伝達の本質がある感覚の内容を伝えることのほうが、変換のプロセスに注意を向ける必要がないためにむしろ難しいのではないだろうか。目覚めている時に、誰かが私に言ったことを正確に言った通り引用することや、ある背景に聞こえる雑音を繰り返すのは非常に難しいことであろう。そしてこのことから、言われたことの要点や存在していた音の再生を不確かなものとしてしまうと思われる。

聴覚的要素の記述が大幅にばらつくのは、おそらく最も良い言語的な記述を探そうとする努力を反映しているためであって、単に聴覚的な印象が弱いからであるとは言えない。先に言葉で話されたことのない何かを伝える場合、明らかに自由度が極めて大きい。そして、このことは夢の体験の再生を歪めるのであろう。

夢は、内的な思考を、環境や、登場人物や、行為の知覚からなる外的な現実として表している。そして、登場人物が具体的で明確な瞬間的な出来事の中に現れる事実即時性は夢の特徴である。夢見る人は、夢の中で起こる行為に関わらない単なる傍観者ではないことも多い。主役になることもあれば、エキストラとして色々な役割や、導入部分、支えの役割を取り込んだ夢での遊びに参加することもある。夢の出来事に対する夢主の反応は、沈思、熟考、思考を伴い、推測的な意図をもって現れるのである。したがって夢を映画や演劇に例えることは、夢にとって適切なメタファーになるのである。

夢における思考にはこのように様々な側面があるにもかかわらず、覚醒時の思考とは異なる夢特有に現れる思考もある。夢における思考は耐久性が低く複雑ではないことが普通である。夢主は、夢で進行中の体験を常に自らの人生の歴史や将来設計を背景にして評価しているわけではない。夢主はむしろ彼らが覚醒時に取る可能性のある批判的な立場を取ることなく、夢の状況に関与する傾向がある。自己評価を常に安定化させる機能は個人的な夢の世界では必ずしも必要となるわけではない。なぜなら他人と他人のやり方を共有する必要がないからである。

夢における認知機能は、夢の中で今与えられたものに反応し、直前のことを含み、直接的な未来を志向するようにその場しのぎに働いているように思われる。夢主は現在の瞬間に直接注意を向けている。夢の中では長い時間での計画性、もしくは企画性はない。夢における読み書きについてのわずかな報告（Meumann, 1909; Hacker, 1911; Köhler, 1912）と夢の中で読み書きされたことに関する限られた量のことは、このように夢において連続性が維持されることが欠けているというさらなる証拠となる。時間軸上での短い部分に制限されることは、夢において異なったテーマが平行して同時に活性化すること、これゆえ夢主が「一つの心を持っていること」（Rechtschaffen, 1978）の痕跡が欠けることが一般的であることを反映している。

まとめると、夢における発話は幻覚的な聴覚的イメージとして表象されているらしい。知覚された夢の反映としての夢における思考は感覚的な夢の経験を補足しているようなのである。

3　夢の現実性と言語的な奇怪さ

夢の構成要素には空想的な要素とともに、さまざまな現実的風景も埋め込まれている。「現実的な」夢は覚醒時の経験について信憑性の高い描写をしているかもしれないが、ついさっき覚醒時に経験したことを正確に繰り返しているものである必然性はない。夢の現実感のレベルが異なることは、夢の現実性のレベルが異なることとは違う。夢を見ている間、その状況に関しては、現実的で実際に起こっており、「夢に過ぎない」とは思えないように経験することが普通である。夢の現実感を調べるには夢の内容の「夢のような」程度の質を調べる方法、すなわち現実世界と呼ばれるところで聴衆を刺激する夢の全体としてのインパクトの評定を用いることが考えられる。

「口数の多い」夢と「静かな」夢では現実性の次元で違いがあるのであろうか。発話は現実的な夢の状況を生み出すことに多かれ少なかれ特別な役割があるのであろうか。夢というものは純粋に空想的なものでも単に現実的なものであるわけでもないが、現実感を空想的に精緻化したように見える(Strauch & Meier, 1992)。もっぱら空想的な状況を描き出す夢もしくは純粋に作り話である夢はある程度覚醒時の生活と並行しているような状況の夢に比べると起こりにくい。三分の一程度の夢（二八・六%）において、現実にあった適切な方法で自分自身が現れるが、半分以上の夢では（五三・四%）

現実的な要素が非現実的に結びつき、奇妙な出来事を生み出している。このような覚醒時の経験にまつわる要素と状況の創造的な組み合わせ直しは夢の経験の特徴である。

夢の内容の要素は、それがもし普通の覚醒時の基準から見たときに起こりそうもなく、ありそうもなく、不可能であるなら、「奇怪」であると考えられる。内容の奇怪さは、社会的、論理的、経験的な基準を逸脱する、変わった状況、登場人物の不一致、あり得ない場所にものがあること、不適切もしくは不可能な行動、正常な経験からは逸脱した知覚、そして奇妙な発話行動からなる（Haas et al., 1988）。夢ではそのような発話をどのくらい頻繁に使用するのであろうか。ほかの内容の要素と比べて奇怪な発話は夢のスクリプトにおける歪みを表現する方法としてどの程度適切なのだろうか。

マイヤーらが、三晩に渡って一三人の被験者からそれぞれ九ずつ、計一一七のレム期の夢を対象に、夢の奇怪な要素の分析を行ったところ、すべての夢が奇怪な要素を含んでいるわけではなく、奇怪な要素は豊富にあるというわけでもないことが示された。むしろ、奇怪な要素は夢の系列の中では時々現れてくる程度でしかなかった（Strauch & Meier, 1992）。ありそうもないことはそれほど多く現れるわけではないのだが、夢に不思議さを与えることで全体を彩る効果を持っているらしい。夢の中の奇怪な形の行動は半分に近い夢で見られ（四三・六％）、奇妙な登場人物は四分の一程度で現れた（二六・五％）。普通でない状況が光景に現れてきたものは五分の一程度（一八・〇％）、対象が歪むことは六分の一（一三・七％）で現れた。夢の要素に対する反応の奇怪さはより少なかった。通常ではない不確かさ、感情、知覚を含む夢は一〇・三％に過ぎなかった。奇怪な発話は夢の経験の中の三・四

％で現れたに過ぎなかったのである。

奇怪な発話や会話の数が意外に少ないことから、夢の中での会話の内容は普通の日常的な内容であることがよりはっきりする。たまに現れる奇怪な発話は普通の覚醒時の経験に由来する発話の解離もしくは歪みに関わるものである。発話内容の意味的な側面に関しては、全体的な筋書きから離れてみると、夢の中の発話は理にかなった発話なのだ。

複雑さ、よく練られていること、文法的・統語的的確さによって夢の統語的な適切さは定義でき、夢の中での発話の形式的な特徴の指標となる。夢の中の発話の主たる特徴は、一般的には言語的な乱れはないということである。これは、夢における発話の大部分が夢主によっても、第三者から見ても、覚醒時に「言いそうな・聞きそうな」ことであるとみなされる（Heynick, 1983）。夢での発話の統語的な構造は覚醒時の発話とよく似ているのである（Salzarulo & Cipolli, 1974）。

睡眠中の発声、寝言は夢における発話とどのように関連するのであろうか。もし、寝言が夢の中での会話における音声化であるなら、この行動的表出は直接的で、同様の構造とモダリティを使った夢の特徴の「オンライン」な付随物となろう。寝言の複雑さや首尾一貫性の程度はバラバラである。睡眠中の発声は単発なものだけでなく、よく構成されたセンテンスからなることもある。夢の中での発話は寝言と一致するというデータもある（Arkin, 1978）。逆に寝言は夢の内容とは明らかな関係を持つことなく現れ、時には発話した出力が「内的な」発声と関連しない、もしくは少なくとも想起された夢の発話とはつながらないように見えるように夢の中での経験と解離することもあるようである。

しかし、表出されたものとイメージした発話が一致しないということは完全な解離があるということを意味しているわけでもない。睡眠中の発話は夢主が「声を出して考える」ある種の瞬間を反映している可能性もあり、その時には夢の中での発話のエピソードに変換されることなく夢の出来事を評価したり、コメントしたりしていることも考えられるからである。

ある夢の語りの中で話される、もしくは話されるべきであると覚醒時の視点から人が期待するであろうことと、夢の中で言われていることを比較してどの程度それは一致しているのであろうか。発話の内容とシナリオの内容の間に解離がないことが明らかである（Heynick, 1983）。判断者にテキストの文脈での発話の適合性の判断を求めたところ、得られた適合性の値は大変印象的なものだった。すなわち発話の内容は物語と適合しており夢の文脈とも合っていたのであった。夢の中で起こっていることに関して何を言ったかについてのこのような高い適切性は、就寝前の覚醒時に言ったり聞いたりした発話の断片が単に再生されているだけであるという夢における発話についてのフロイトの見解とは反する重要な議論である。もし夢見が夢の出来事の発展に伴って夢での発話を導入していくことが可能なのなら、夢の発話は、新奇な夢の出来事に対する有効な反応が直前の発話の繰り返し以上に必要とされるので、新奇なことを生み出すことが可能となることを示唆するのである。

世界の機能に関する法則性が夢見においても忠実に守られるという一般的な傾向は、若干のひずみがあるような例外がいくつかあるものの、覚醒時と夢見の連続性を明確に示す。しかし、夢は現実をシミュレートするために新たな経験を生み出すのだ。

まとめると、夢の大部分は現実感を創造的に精緻化したものである。発話行動が奇怪な言語内容を生み出すことはきわめてまれである。夢の中の発話のほとんどは統語的に正しい。夢のシナリオの中でありそうもない要素を定義することは稀であり、夢のシナリオの全体的な文脈にほとんどが合致しているものなのである。

4　バイリンガルは何語で夢を見る？——レム期の夢の中で起こる言語現象

(1)　研究の方法

二つ以上の言語に熟達していることは、夢見における言語的な現象にどのような影響を与えるのであろうか。フォルクスらは、ドイツ語と英語の二カ国語が話せることが、レム期の夢の発話と思考の形態と内容にどのような影響を与えるのかを調べた（Foulkes et al., 1993）。研究に当たって、次のような疑問が呈された。バイリンガルの人の夢に現れる言語的な表象は、現象的にどのような特徴を示すのだろうか。夢の中で言語の選択はどのようになされるのだろうか。二つ以上の言語を使えることは夢の中のエピソードにおける発話と思考の生起を促進するのだろうか。夢の発話の形式的、内容的側面に違いはないのだろうか。言語選択の決定因として考えられることは、選ばれた言語の夢のシナリオに対する適切さ、想定される夢の源泉の言語的内容、自ら考える第一言語とあとから獲得された第二言語、現在の生活環境で使っている言語、睡眠直前の状況で使っていた言語のどれだろうか、などであった。

実験の対象者は一六人のドイツ語と英語のバイリンガルの人たちであった。八人は英語が母語の人たちで（七人が女性、一人が男性、年齢の平均が二八・五歳、年齢の範囲は一九—五七歳）スイスのチューリッヒの近くに住んで働いている。残りの八人はドイツ語が母語の人たちで（七人が女性、一人が男性、年齢の平均が三一・五歳、年齢の範囲は二三—五二歳）アメリカのアトランタの近くに住んで働いている。いずれの国の人も、現在住んでいる環境では第二言語が優勢となっている。対象者のすべての第二言語の能力はネイティブ並みだった。

対象者は四晩、睡眠実験室で眠り、脳波と眼球電位の測定が行われた。その結果、夢の想起率は二二九の目覚めのうち八八・六％であった。二〇三のレム期の夢と一九一の覚醒時の思考の報告が得られた。個人ごとの想起率は単一言語の使用者でよく夢を思い出せる人と同等で六四・三％から一〇〇％であった。

（2）言語的表象の特徴

夢での発話に二つ以上の言語を使える能力は使われているのだろうか。すべての夜の夢の中で用いられた言語の分布からは、夢の中で特定の言語だけを使うような傾向は見られない（図9—2）。母語は夢で発話を表現することに常に用いられる言語であるというわけではないが、かといって日常生活で用いている言語だけが現れるというわけでもない。また、思考については第二言語でなされた思

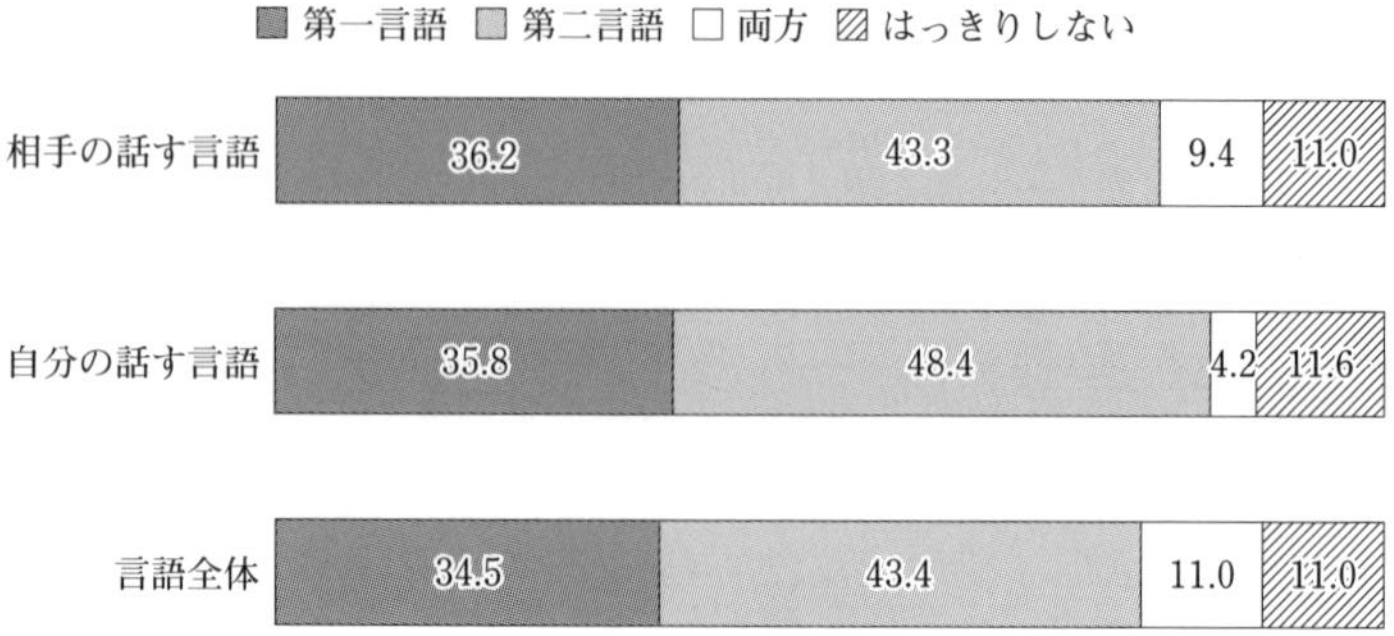

図9-2　夢での使用言語

考（三三・三％）よりは母語による思考（四四・〇％）のほうがやや多く現れた。

この結果は二つ以上の言語を扱える能力は、夢における言語的表象の生起、もしくはその形態や内容を本質的に変化させるものではないことを示している。夢での発話や思考を表現する場合、夢主が最初に習得した言語に限定されるわけではない。夢における言語のレパートリーは、覚醒時の言語のレパートリーと一致するのである。

（3）どの言語を選ぶのか——夢見と覚醒時の連続性

直前の文脈で用いられた言語はそれに続く夜の夢の大半に含まれること（図9—3）から、夢で用いられる言語は睡眠前の状況で用いられた言語によって影響されることがわかる。「夢を見る前」の直前の文脈で用いられた言語は夢で現れた言語に影響する。しかし、夢の言語における先行効果は言語の選択の他の可能な規則よりも優先されるのだろうか。眠る直前の覚醒時の文脈で用いられていた言語がそれに続く夢の中の発話に反映されることは、

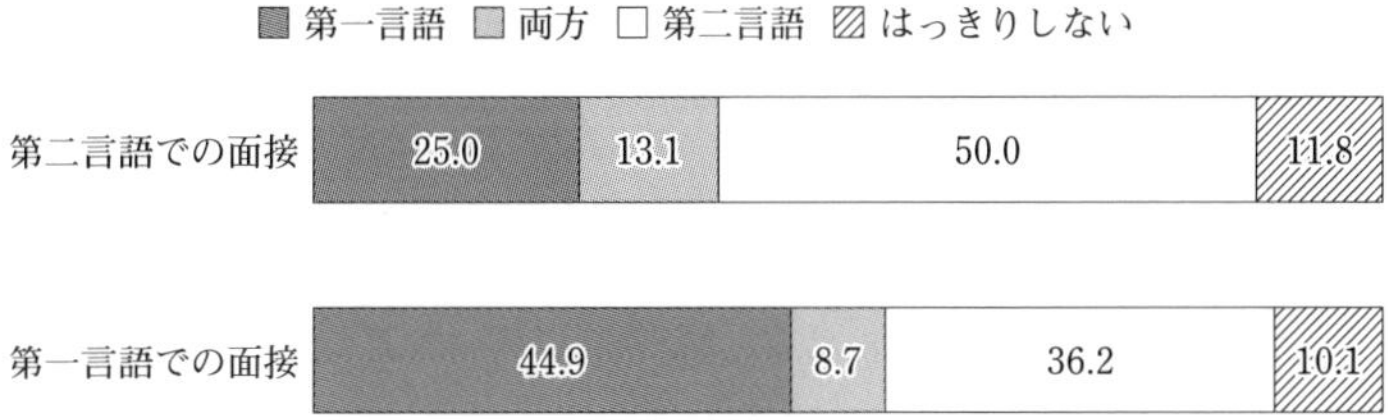

図 9-3　眠る直前の面接で使われた言語と夢で現れた言語（%）

第一言語での面接は 69，第二言語での面接は 76。

単に睡眠前の言語に共鳴することが必要であるということではなく、睡眠前の言語によって活性化された記憶の源泉の処理を表している可能性がある。すなわち、夢で用いられる言語は夢の源泉となると考えられる言語的な文脈によって決定されている可能性があるということである。さらに、夢の中で直前の文脈で用いられた言語に変換されるということは、夢のシナリオに対する適合性によって安定化されるかもしれない。夢の出来事に対する適切さを特定の言語を通すことでより分けるということである。もし、夢における文脈的な要請が言語の選択を決定するのなら、選ばれた言語は、似たような覚醒時の状況において適切であると判断されるようなことなのかもしれない。しかし、もし、言語の選択が源泉となる記憶の言語的な文脈によるものならば、言語の選択は表象された内容に関わりなく起こると思われる。夢の源泉は夢の形成の初期のプロセスに影響を与える記憶入力を反映すると仮定するなら、状況的な適合性に従って行われる言語選択は特定の内容の体制化の後に起こると仮定することができる。

　夢の源泉の言語的な文脈は言語選択の重要な要因となるように見える。単一言語が源泉の場合、それが母語であるのか第二言語であるのかによっ

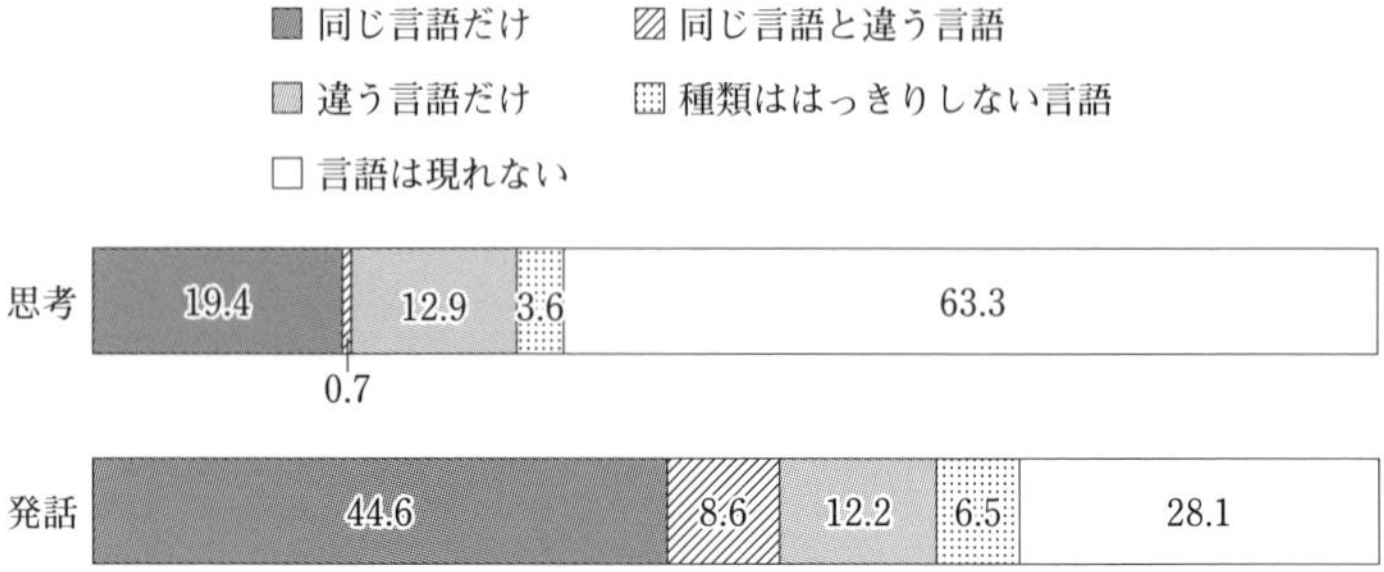

図9-4　夢の源泉の言語的な文脈と思考と発話

記憶の源泉が単一言語である139の夢に対する比率（%）。

て発話で用いられる言語が決まってくることがわかる（図9—4）。

夢の筋書きと夢の発話における言語はどのようにして首尾一貫するようになるのだろうか。覚醒時の同様の出来事における発話の適合性の主観的評価は、夢における言語と覚醒時にありそうな、もしくは可能性の高い言語との間で一致することを示している（図9—5）。

夢における言語の選択は、夢の源泉の言語的な文脈なのか、それとも夢の文脈に対する言語の実際的な適合性なのか、どのように決められるのだろうか。夢の源泉は記憶の単位とそれらの言語的なつながりを表現し、それは夢の経験に精緻化され、結合され、変換されるように創造的に処理される。これらの結果から、夢の源泉が持っている言語的な含意は夢のシナリオに最も適切な言語を選択することを犠牲にしてまで作動することはないことが示唆されるのである。

まとめると、夢で用いられる言語は、夢の源泉の言語的な文脈と直前の言語的な文脈によっても影響を受ける。夢における言語

図 9-5　夢において適切な言語が現れる比率（%）

145 の夢における発話に関する評定結果。

選択は全体的な夢のシナリオからの要求と一致して起こるので、夢の出来事の言語と一致することになる。

与えられた夢の状況に対して適切な言語を選択する能力があること、夢の中での発話を全体的にうまく整えることができること、夢の出来事の進行に伴って適切な発話と思考ができること、夢の中で奇怪な発話がされることはまれであることなどから、夢の内容は記憶のユニットが無秩序にランダムに活性化したものであるという見解は支持されないのである。

Q　寝言に返事をするのは良くないというのは迷信ですか？

A　迷信です。問題はありませんので、いろいろ試してもよいと思います。ただ、その人が起きてから、その会話についてはほとんど記憶にないはずなので、それをネタに、いろいろ言うことはやめたほうがよいでしょう。おそらくそういうことを避けるためにこういう迷信的な言い伝えがあるのかもしれません。

Q　寝言を言っている人に話しかけるとまったくかみ合わないにしても会話

が成り立つことがあります。これはノンレム睡眠だからでしょうか？

A　ノンレムの時は意識状態が低下しているので、おそらく泥酔している感じに近いと思います。泥酔していても会話できますよね。でも後で聞くと本人は何も覚えていない。こんな感じだと思います。

Q　留学の時の経験　私がアメリカで生活していた時は夢に登場する人は外人で英語で話していましたが、日本に帰ってきたら、場所は日本で登場人物も日本人で日本語で話していました。しまいには、外人の友達が登場した時にも日本語で話していました。

Q　中国人の方より　私は家では家族と中国語で話している関係もあると思うのですが、夢の中で日本語と中国語がごちゃごちゃになる気がします。日本語を話せないはずの親戚とかと話をしている夢を見たときには、中国語の時もありますが、日本語のほうが多い気がします。

Q　方言に関して　私は地方からこの大学に来ているのですが、確かに、ここのところの夢では共通語をしゃべっている気がします。方言においてもバイリンガルのような夢になるのでしょうか？

A　方言は気づきませんでした。ご指摘の通りだと思います。

コラム3　心理療法としての夢見と人類の進化

ハートマンは、夢を見ている間に心は「視覚化されたメタファと映画のような現実感を持つレクリエーションを含む完全にそれ自身のための言語を使って」結合を作り上げると仮定した（Hartmann, 1995）。夢を見ている時に、記憶のネットワークの一部と、目覚めて考えている時には通常結び付かないイメージが結び付けられると考えたのである（Hartmann, 1996）。夢に現れるイメージは、心とその背後にある神経回路がつなぎ合わされる姿を直接現しているので、夢の内容は機能的な役割を持つことになる。ハートマンによれば、夢見は心理療法に多くの点で似ているという。彼は両者の共通点を「安全な場所で結合を形成する」ことであるとした。夢見も心理療法もトラウマの分析と統合、ストレスへの適応、日常生活におけるストレスフルな問題の処理に役立つというのだ（Hartmann, 1995）。さらに彼は、進化的な観点から新しい結合を形成することが一種の心理療法的な機能を持つという議論を行っている。

トラウマの後の夢はめったにないような状況を表しているように見え、そして幸運にも我々の多くではこれがそうなのである。しかし、……人類の脳が現代の形に向かって徐々に発達しつつあった一〇万年かそれ以上前においては、我々の生活は考えられないくらいトラウマ的であった。トラウマ後の影響は日々の現実であり、トラウマを解決することは恒常的に必要であったことだろう。……トラウマは、我々が見ることのできる夢の中で起こる最も明確なパラダイム、もしくは最も単純なケースとして見られていたに違いない……（Hartmann, 1995, p. 158）。

さらに、彼は夢を見ている間に緩やかで幅広い連想を作ることが記憶にある素材同士を新しいやり方で結び付ける手助けになると主張した（Hartmann, 1998）。これは、我々の祖先が覚醒時の生活を送るときに役立ったに違いない。夢は日常生活に関連した新しい資源を探求し、課題を解決する新しいアイディアを我々にもたらしたことであろう。このように彼は、夢の持つ創造的で課題解決的な側面を強調したのである。彼は、生活が危険に満ち溢れていて、トラウマの処理が日常的に必要とされ、創造的な新しいアイディアが生き残りに役立つであろう原始的な環境に夢の進化的な起源があったことを示唆した。トラウマの後、感情的なバランスと精神的健康を取り戻せる人はそうでない人より幸せな人である。したがって、夢見の持つ心理療法的な機能は人間の心の持つ普遍的な機能に選ばれ、そうなったのであった。同様に、創造的な問題解決を伴う夢を見る人は彼らの置かれている環境により適応しており、したがって、彼らの夢からさらに手助けが必要な人と比較するとより子孫を繁栄させることができたと考えたのである。

夢の持つ心理療法的な役割を示す根拠は、トラウマの後に体験される夢に見られる。トラウマ的な経験の直後には、経験されたトラウマの内容が多かれ少なかれ夢の中で再現される。数日、もしくは数週間以内、時には直後に、他の記憶の要素が夢の経験に織り込まれて、トラウマと統合される。結合の生成は夢見る人において優勢な感情的な関心、多くは恐れや不安によって導かれる。この夢は起こったばかりのトラウマと同じ、もしくは似たような感情内容を含むイメージされた、もしくは実際に経験された他の記憶痕跡を結び付けるのである。統合の段階においては繰り返しの段階とは対照的に、夢のイメージは、必ずしも起こった出来事そのものを再現するとは限らない、優勢な感情を描き出すような映像的なメタファであることがしばしばである。トラウマが他の経験に徐々に統合され、吸収されていくに伴ってトラウマは解消され夢見は正常な状態に戻る。幾つかのケースでは統合のプロセスに失敗し、そして、夢見る人は実際に体験したようなトラウマの映像そのものを何度も繰り返す、トラウマ後の悪夢にはまってしまうようになることもある。これらの状況では、逆に、夢はトラウマを新しく結合させ、統合することに失敗し慢性的な心的外傷後ストレス障害（ＰＴＳＤ）を発症させるかもしれないというのである。

第一〇章　夢は記憶の整理のために見るのか？
——記憶の固定説に対する反論

1　はじめに

認知心理学の最も重要な研究領域に記憶の研究がある。人間の身体は新陳代謝を行うため、死ぬまで変わらないものは「歯」だけであるそうだ。歯を除けば、物質的には数カ月前のあなたはすでに別人になっているといってもよいかもしれないのである。しかし、実際には私は私であり続けている。その連続性を保証しているものは何なのだろうか。それは私が私であるという記憶に他ならない。私を私たらしめているものは記憶であるといっても言い過ぎではないのだ。夢見の研究に戻ると、第一章で触れた松田が指摘しているように、夢見研究は夢の記憶の研究と置き換えてもよいのかもしれないので、記憶の研究もまた中核に位置づくトピックといえるのである。

夢は覚醒時の記憶の整理に役立つという説を耳にした人も多いことと思う。これはレム睡眠は記憶の固定化のためにあると主張したウィンソンの説（Winson, 1985　相馬訳　一九九一）が広まった結果であると思われる。そしてレム睡眠の時に夢を見るという説と結びついて、夢見は記憶の固定化のためにあるという見解を生み出すもととなったようである。

しかし、この説の前提となっている二つの仮定の一つである「レム睡眠の時にだけ夢を見る」は、すでに支持されているとは言い難くなってきていることを第一章で示した。さらにレム睡眠は記憶の固定化の役割を持っているという説に関しても丁寧に検証が進められていった結果、疑問が呈されてきているのである。そこで、ここではレム睡眠は記憶の固定化のためにあるとする説の根拠とされている研究を一つ一つ丁寧に洗いなおした結果、これらの議論にはかなり問題点が多いという指摘を行ったヴェルトとイーストマンの見解（Vertes & Eastman, 2003）を紹介する。彼らの行った議論から、夢について行われてきたこれまでの議論の問題点があぶり出されているように感じるのは私だけだろうか。

睡眠中、特にレム睡眠時に記憶の固定が行われているという仮説は、睡眠を取った後に記憶の再生の成績が良くなると主張したジェンキンスとダレンバッハ（Jenkins & Dallenbach, 1924）までさかのぼることができる。記憶における睡眠の役割に関しては一九六〇年代後半から一九八〇年代にかけて数多くの動物実験が行われたが、人間を対象としたものは少なかった。しかし、結局これらの研究はいずれも記憶と睡眠の関連性をうまく示すことができなかったために（例えばHorne, 1988）、一九八〇年代半ばくらいからこの仮説を検証する研究の数は急激に減り始めたのであった。

しかし、一九九四年に雑誌Scienceに二本の論文が掲載されたことで、また光が当てられることになった。一つはウィルソンとマクノートンがラットを使って行った研究（Wilson & McNaughton, 1994）、もう一つはカルニらが人間を対象として行った研究である（Karni et al., 1994）。これらの研究が後押しとなって、ジョナサン・ウィルソンとマット・ウィルソンがアメリカのテレビ番組に出演して彼らの主張する記憶の固定説を宣伝することとなり、この説が一般の人たちに広まったという経緯があったようである。

この流れは活性化―合成仮説を提唱したホブソンたちによって支持する研究が発表され、近年さらに加速している。しかしこの主張は、彼らの仮説（夢は脳幹から発生したランダムな脳波によって引き起こされ、脳の前頭葉で認知的につじつまが合うように作られたものであるので、それを思い出すことは夢を見る人にとって意味はなく思い出す必要性もない）とは完全に矛盾することになるので、大変不思議に感じられる。この章では夢見と記憶の関連性を検討した研究をたどり、夢見は記憶の固定に役立つのかもう一度見なおしてみようと思う。

2　覚醒時に豊かな経験をするとレム睡眠は増える？

この仮説は、もしレム睡眠が記憶の固定化に役立つのなら、覚醒時にたくさん学習しなければならなかったり、刺激が豊かな環境に置かれた場合には、より多くの経験の記憶を固定化することが必要になるためにレム睡眠は増加するであろうというものである。動物と人間を対象にこの仮説を検証しようとする研究が数多く行われてきた。その結果、動物を対象とした研究では、学習経験を高めたり豊かな環境に置くと、レム睡眠の量は増加するという結果が多く報告された。しかし、人間を対象とした研究では全体としてこのような効果は認められていない（例えばZimmerman et al., 1978）。

ところが、ホーンとマクグラスは動物を用いた実験方法には本質的な問題点があることを指摘した（Horne & McGrath, 1984）。それは、①レム睡眠が増えたというが、それは睡眠時間全体が増えているせいで、睡眠時間全体に対するレム睡眠の比率をみると変わっていないのでレム睡眠が増えたとは言えない。②実験群の動物と統制群の動物のレム睡眠の持続時間を比較してみると、実験群のほうがレムの比率が長くなるという結果もあった。しかし、このような実験では統制条件に置かれた動物が全体として劣悪な環境下に置かれており、実験群の動物のレムが増えたのではなく統制群でレムが減少した結果生じた差異であるとみることができる。つまり、これらの動物実験では要因の統制がうまくできておらず、採用された指標にも問題が多いため、動物実験の結果に関しては仮説を支持するものではない。さらに、マクグラスとコーエンは人間を対象として、覚醒時の経験の高まりがレム睡眠に及ぼす効果について検討した一五の研究を再検討した結果、一五のうち一〇の研究でそのような効果は確認できていないと指摘している（McGrath & Cohen, 1978）。彼らは、レム断眠実験ではない研究からはレム睡眠と学習の間に関係があるということを支持することはできないと結論しているのである。

これらの指摘を見る限り、動物でも人間でも覚醒時の経験が高まってもレム睡眠が増えたとは言えず、レム睡眠がこれらの記憶の固定化に役立っているという証拠にはならないといえよう。

3　レム断眠は記憶の固定化を阻害するのか

レム睡眠が記憶の固定化に役立っているなら、レム睡眠だけを遮断すれば記憶ができなくなるはずである。このような効果を調べようとした研究には実験動物を対象とした研究と人間を対象とした研究がある。それらの実験では果たしてレム睡眠が記憶の固定化に役立つことを検証できたのだろうか。

(1)　動物を対象としたレム断眠実験

レム断眠実験に関しては二つのタイプに分けることができる。記憶課題前に断眠する実験と、記憶課題後に断眠する実験である。

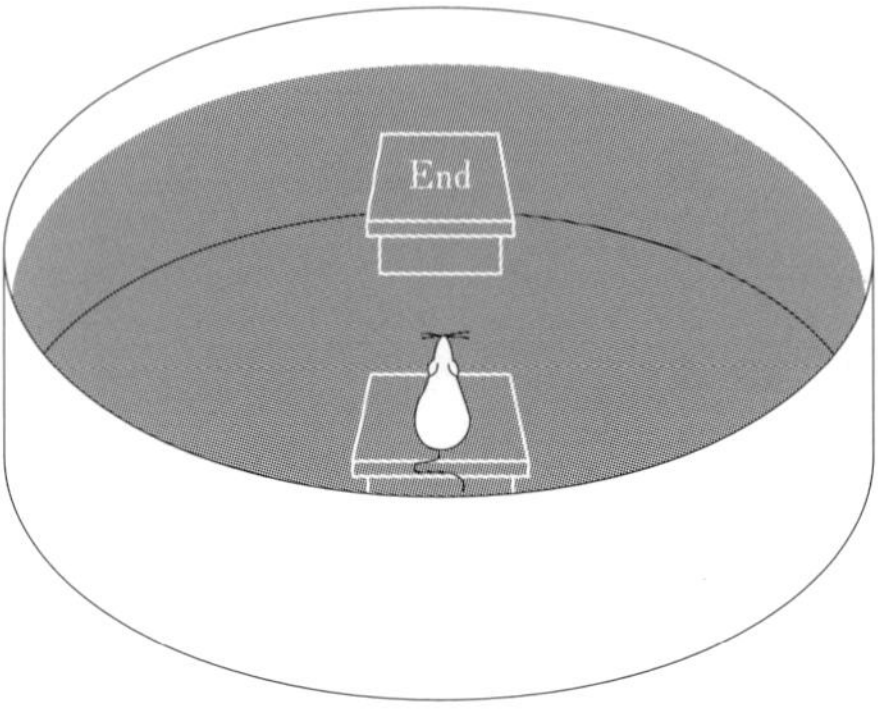

図 10-1 モリスの水迷路

http://www.ratbehavior.org/RatsAndMazes.htm
1981 年にモリスらは空間認識の記憶学習を測定する方法として，ラットを対象とした技術を考案している（Morris, 1981）。

当初は大型の円形プールに透明な水を満たし，避難場所として水面下に隠れた台を置いたものであった。試行回数を重ねるとラットは避難場所を憶えるという単純な方法論によって，このモリスの水迷路は標準的測定法になっていった。

記憶課題の後に行ったレム断眠の効果

この種の実験では、睡眠前に動物に学習課題を行わせ、その後の睡眠時にレムだけを剥奪する時間をいろいろ設定して睡眠を取らせ、睡眠後前に行った課題をもう一度実施して、それができるかどうかを調べるというやり方を用いる（例えばモリスの水迷路。図10—1）。もしレム睡眠が学習や記憶にとって重要であるのなら、レム断眠を行えば、課題の遂行には悪い影響が出るはずである。

最もよく用いられるレム断眠の方法は水のタンク、もしくは台座法（図10—2）と呼ばれる方法である。この方法では、水を張った入れ物の中に植木鉢をさかさまにした小さな台座を置く。そして、この台座の上に実験動物、多くの場合ラットを放す。彼らは覚醒時やノンレム睡眠時には筋肉の緊張が持続されるので台座の上でじっとしていられるが、レム睡眠に入ると筋肉の緊張が解けてしまうので、悲しいことに水の中にぼちゃんと落ちてしまう。そうすると目が覚める。この手続きによりほぼ確実にレム睡眠だけを剥奪することができる。比較対象となる統制群はもっと大きな台座に置くか、自分が普段いるケージで過ごす。しかし、この台座法は動物にとって過酷な実験方法なのである。仲間からの孤立、濡れること、からだが冷えること、高いストレス、筋肉の疲労、レム睡眠だけでなく徐波睡眠も奪われるなど、レム睡眠の剥奪以外にも動物に様々なストレスを与えることになるからである。

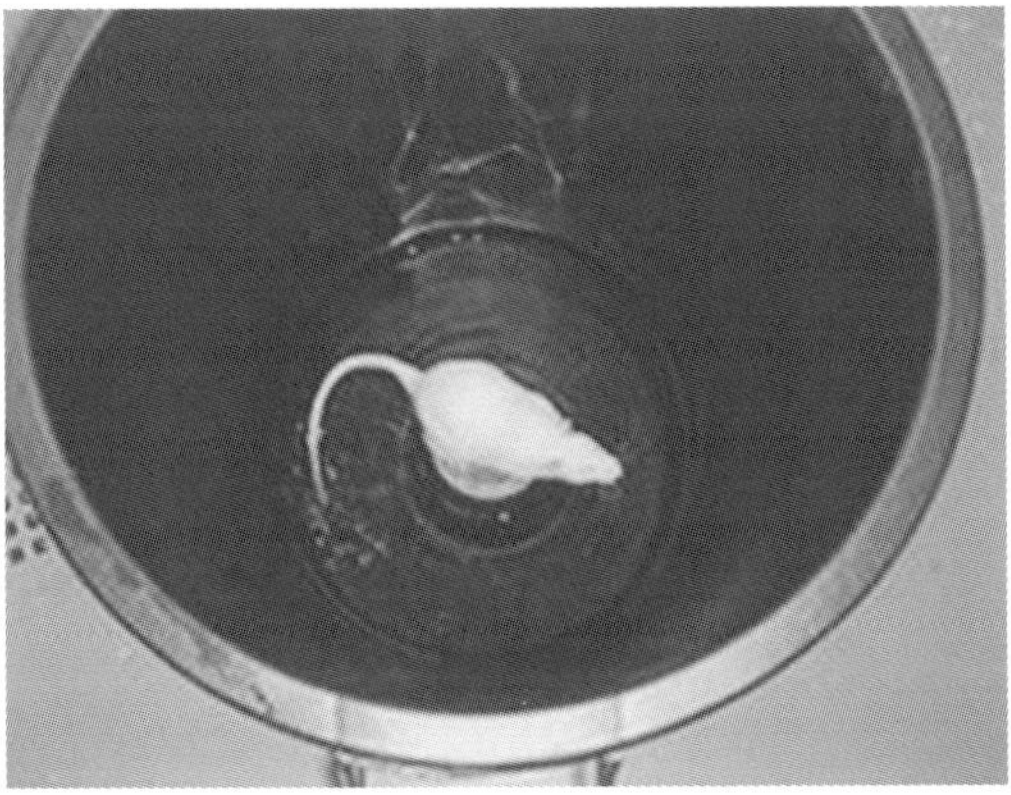

図 10-2　台座法（Photo by Jean-Etienne Poirrier）
http://www.flickr.com/photos/57519914@N00/383718030

ヴェルトとイーストマンは当初、台座法を用いた実験を積極的に行っていたが、レム断眠を二四時間続けただけでラットは大変疲れ切ってしまうことを目の当たりにしてしまった。ラットたちは水の中に落ちて這い上がってきてからも、冷たく、しかも濡れたままであった。そして、逆さにされた小さな植木鉢の上で睡眠がまともに取れない（ほとんどはレム睡眠であるが、徐波睡眠もとれなくなってしまった）ために、バランスを取り続けることだけで衰弱してしまったのだ。これらの実験の後、彼らはレム断眠が記憶や学習に与える影響を検討した研究に対して懐疑的になったと述懐している。このように、台座法には様々な問題点があるので、その結果は信頼性を欠くと言わざるを得ない。実際、この実験法を提唱したフィッシュバイン（Fishbein, 1995）ですらこの方法を諦めたのである。

これ以外の方法としては振り子を使う方法、水の上に複数の台座を置く方法などが最近開発されてきている。複数の台座を使う方法は台座法と同じであるが、水面上に複数の台座を置くことで動物がそれを自由に選ぶことができるようにして、ストレスを減らすことを狙ったものである。振り子法は動物が普段暮らしているケージを振り子のように揺らす方法である。ケージが揺れていても動物は眠ることはできる。しかし、振り子の振れ幅が一番大きくなるところでは、そこでじっとできないくらいの角度に設定するので、レム期になって筋肉が弛緩してしまっていると、目覚めて歩かざるを得なくなるようにしてある（van Hulzen & Coenen, 1980）。

このような問題点がある台座法を用いたレム断眠実験の結果であっても、レム断眠が学習と記憶に妨害的な効果があったとする研究（とそのような効果は認められなかった研究）は半々くらいでしかなかったのだ。さらに、これらの実験の結果得られたレム断眠の効果はどうやら学習と記憶の障害ではなく、単に課題の遂行ができなくなったことを示唆するに過ぎないことが明らかになってきた。すなわち、動物たちは過酷な実験条件のために身体的に消耗してしまって、要求された課題ができなくなっただけらしい。学習と遂行のどちらに影響を与えたのかを調べた実験では、レム断眠の影響が短い時間にしか及ばなかったことから、レム断眠の効果といわれていたものは単に遂行ができなかっただけであるという仮説を支持するものであった（例えば van Hulzen & Coenen, 1982）。

実験動物を用い記憶課題の後にレム断眠を行った実験の結果はレム睡眠が記憶の整理や固定化に関わっているということを示すことはできなかったようなのである。

記憶課題前にレム断眠を行ったら記憶の成績が悪くなる？

先の研究とは逆に、学習や記憶の課題の前にレムを剥奪すると様々な課題の成績が悪くなることがいくつかの実験から示されている。しかしこれらの実験は、記憶を固定する前に剥奪を行っており、課題後のレム断眠のように断眠の前後で情報を転送しているわけではないので、レム期に記憶の固定が行われるという仮説を検証しているということにはならない。しかも、課題後のレム断眠と同じ方法を用いるのであれば、その結果は記憶や学習の障害ではなく単に遂行ができなくなっただけという可能性を排除することはできない。このような問題があるもののいくつかの研究が行われている。

振り子法を開発したヴァン・フルゼンとクーネンは、ラットを対象に台座法と比較的ストレスが少ないとされる振り子法の両方を用い、記憶課題前にレム断眠を行う実験を行った（van Hulzen & Coenen, 1982）。断眠の直後に両方のグループとも電撃回避訓練の課題を行い、六日後に再テストを行った。その結果、台座法で断眠したラットには直後の学習には強い学習障害が見られたが、再テストの時にはそういうことは全くなかった。一方、振り子法を受けたラットたちは直後でも六日後でも学習の障害は一切なかったのであった。彼らは電撃回避訓練という学習課題に対して起こった結果はレム断眠による効果ではないと結論したのであった。

動物を用いたレム断眠が記憶や学習に及ぼす影響についての研究の結果は、影響があるとないで半々くらいである。影響があるという研究では動物に対するストレスの要因が交絡していることから、レム断眠が学習や記憶に影響を与えたというよりは実験場面のストレスによって遂行ができなくなった結果である可能性が高いといえ、レムが記憶の固定化に役立っていることを支持することはできないと考えることができる。

（2）人間を対象としたレム断眠

人間を対象とした研究においては、レム断眠をしたところで記憶成績にはほとんど影響がないことを示す報告が大半である（例えば Lewin & Glaubman, 1975）。しかし、複雑な課題については影響があるという研究が若干ながらある（例えば Empson & Clarke, 1970）。これらの研究をもとにホーンは、特に単純な課題については後であろうが前であろうがレム断眠は学習や記憶には影響を与えないこと、複雑な課題の場合にはやや影響があるとまとめている（Horne, 1988）。しかし、やや影響があるという結果も統計的に有意ではなく、効果があるというにはほど遠いものであることを指摘している。

カルニとサギは知覚学習課題の結果を改善するには、再テストまで八から一〇時間ほど時間をあけた方がよいことを示した（Karni & Sagi, 1993）。そして、課題の後に普通の睡眠をとる場合と、徐波睡眠を剥奪しレム睡眠だけをとる場合には成績は向上するが、レム断眠を行い徐波睡眠のみを取ると成績の改善は見られないという結果を示した。さらにスティックゴールドらは同様の実験を行い、①

覚醒している間には改善効果はなかった、②睡眠時間が六時間以内だと改善効果はなかった、③六時間以上睡眠を取った場合、改善効果は睡眠時間に比例した、④改善効果は睡眠の最初の四分の一の時間では徐波睡眠の時間と比例したが、最後の四分の一ではレム睡眠の時間と比例することを示した。彼らは、学習は徐波睡眠とレム睡眠の二つの段階を必要とするプロセスで行われると主張したのであった（Stickgold et al., 2000）。

ここに挙げた三つの実験は似たようなものに見えるが、その結果にはかなり大きな差異がある。まず、最初のカルニとサギの研究では覚醒時でも成績は時間とともに向上した。しかし、スティックゴールドらの研究では覚醒時には一二時間たっても成績の向上は認められなかった。また、スティックゴールドらは睡眠時間は最低六時間は必要であると報告しているが、カルニとサギはそのような報告はしていない。このように両者の研究結果の間のずれは大きいため、睡眠が学習課題を改善するというこれらの結果の信頼性について評価することには無理があると思われる。

4　シータリズムとレム睡眠

ウィンソンは、レム睡眠中に種が生き残るために記憶の処理と固定化がなされているという仮説を提唱した（Winson, 1985　相馬訳　一九九一）。海馬におけるシータリズムがこの仮説の根拠となると考えられている。彼は、例えば、ラットが探索行動をしているとき、ウサギが防御行動をしているとき、ネコが捕食しているときなどのように、数多くの動物でその種が生き残るために必要な特定の行動を覚醒時に行っているときには、海馬にシータリズムという特定のリズムをもった脳波が選択的に現れることに着目した（Winson, 1972）。しかも、このシータリズムはレム睡眠時にもみられたのであった。

彼らの研究も含め、シータリズムが海馬における記憶の作業と直接的に関わっていることが最近の数多くの研究からも報告されており、この効果は確実なものと考えられている。しかし、これらの研究者はいずれもウィンソンに影響を受け、彼に師事して海馬におけるシータリズムに焦点をあてた研究を行っている人たちであることには注意する必要があろう。

ヴェルトらは、覚醒時においては記憶の働きにシータリズムが関わっていることについては否定しないが、かといって、それがレム睡眠中にも関わっているということにはならないと考えている（Vertes, 1986; Vertes & Kocsis, 1997）。彼らはレム期に見られるシータリズムは、レム睡眠中に脳幹の橋の領域で強力に活性化が起こったことの単なる副産物に過ぎないと考え、レム期におけるシータリズムには機能的な重要性はないと主張する。脳幹の中脳の下部と橋の領域にはレム睡眠の様々な特徴をコントロールする細胞群が別々に存在する。これらが一緒に活動し始めるとレムの様々な活動が引き起こされる。皮質の脳波の脱同期化、海馬のシータリズム、筋の脱力、ＰＧＯスパイク、急速眼球運動、ミオクローヌス性のけいれん、循環器の活動の変動が同時におこるのである。レム期において脳幹網様体が賦活した結果の一部としてシータ波が生起する。シータ波は脳幹が活性化したことを反映しているだけで覚醒時に持っている役割とは異なっていると考えられるという。覚醒時に起こっている電気生理学的な現象が睡眠時に起こったからといって、それが同じ働きをしているという保証はない。例えば、レム睡眠時と覚醒時における脳波の脱同期化は、二つの状態が同じであるといっているわけでは全くないのである。なぜなら覚醒時における脱同期化は感覚、運動、感情、認知処理などがそれぞれに作動しているために起こるのであるが、これらはレム睡眠時にはすべて起こるわけではないからである。

覚醒時には、シータリズムは外界から同時にやってくる様々な情報のうち必要なものだけを通したり、符号化したりするのに役立っていると考えられる。シータ波とともにやってきた情報だけが、行動的状況、文脈によって選びとられる。つまり、シータリズムとは覚醒時には外界からやってきた刺激と内的に蓄えられる記憶の時間関係を同じタイミングに合わせるものではないかと考えられる。もし、レム期においてもシータ波が記憶のプロセスに関わっているとすると、その状態で海馬にやってくる外的な情報を選別しているということになる。しかし、睡眠時においては外界からの刺激は遮断されているので、そのような情報は海馬にもたらされることはありえない。もし、レム期における情報の伝送が本質的に混沌としたものであるのなら、このような情報を固定化したり、「思い出したりする」ということには何ら意味がないことになる。実際、夢様の素材はレム期には海馬に提示されるかもしれないが、それをレム期に貯蔵したり固定化したりする目的ははっきりしない。これが、夢の内容が思い出しにくい理由なのであろう。

まとめると、シータリズムは覚醒時にもレム期にも現れるが、これは覚醒時には記憶の固定化に役立っても、レム睡眠時には役には立つとは考えにくいのである。

5　レム睡眠と抗うつ薬

抗うつ薬はほとんどすべて、レム睡眠を抑制する。しかもこれらの薬の臨床的な効果はレム睡眠を抑制することによって得られるところが大きいと考えられている。抗うつ薬には大きく分けて、モノアミン酸化酵素阻害薬、三環系抗うつ薬、選択的セロトニン再取り込み阻害薬の三種類がある。これらの抗うつ薬がレム睡眠を抑制する効果についてみてみよう。

(1)　モノアミン酸化酵素阻害薬

抗うつ薬の中で最もレム睡眠の抑制効果が高いものがモノアミン酸化酵素阻害薬（MAOI）である。MAOIはレム睡眠を数週間から数カ月間ほぼ完全に止めることができる。もしレム睡眠が記憶の固定化に役立っているとするなら、この薬を服薬している人の記憶にも影響が及ぶはずである。多数の患者を対象とした研究のいずれもが認知的な機能に目立った影響が現れたとは報告していない。MAOI、特にフェネルジンが認知機能・記憶に及ぼす影響は多く検討されており、いずれも障害が生じることはないと報告されている（例えばGeorgotas et al., 1989）。

（2）三環系抗うつ薬と選択的セロトニン再取り込み阻害薬

三環系抗うつ薬（ＴＣＡ）と選択的セロトニン再取り込み阻害薬（ＳＳＲＩ）はレムを抑制するが完全に除去してしまうわけではない。これらは投薬されてから二、三日程度レムを完全に抑制する効果を示すものが多い。

ＴＣＡが認知に与える影響を検討した研究からは、用いられる方法によって相反する結果が報告されているものの、ある種のＴＣＡ、特にアミトリプチリンが記憶障害を引き起こすことがあるが、それ以外のものではほとんど、もしくは全くそのような障害を起こすことがないという点で見解が一致している。実質的にはすべてのＴＣＡはある種の鎮静作用と抗コリン性の作用を有しており、もしＴＣＡの投与によって認知的な障害が現れることがあれば、それは鎮静作用と抗コリン性作用によって生じたと考えられている（例えば Spring et al., 1992）。アミトリプチリンは記憶障害を引き起こすことが知られている。スプリングらはこれらの認知障害もまた抗コリン作用が引き起こしたことによって生じたと考えている（Spring et al., 1992）。

アミトリプチリン以外のＴＣＡについては記憶や認知に対する影響はほとんどもしくは全くないという知見が数多く報告されていることを勘案すると、ＴＣＡによるレム睡眠の抑制が記憶や認知に障害を引き起こすことはないと言えるようである。

ＳＳＲＩはうつの治療に最もよく用いられ、効果的な薬であることは間違いない。全体としてＳＳ

RIは患者に対しても健常者に対しても認知機能を変容させることはないように見受けられる。カーらはSSRIは認知機能や精神運動的な機能に悪影響を与えるのではなく、逆に患者がSSRIを投与されると思考を明晰に保つことができると頻繁に報告することから、うつ傾向がない高齢者を対象にSSRIの一つであるパロキセチンを投与する群と、アルコールと一緒に投与する群を設定し、認知機能や精神運動機能の変化を調べた。その結果、パロキセチンはこれらの精神機能に影響を与えないばかりか、アルコールと同時に投与した群ではわずかながらも改善効果すら示すことを見出したのであった（Kerr et al., 1992）。この知見をまとめると、SSRIは記憶の阻害効果はなく、むしろ改善効果すら見られる場合があるということができるのである。

6　ヒトにおける脳幹の障害とレム睡眠

脳幹の吻側（大脳に近いほう）や中脳側に大きな障害が起こった場合には昏睡状態もしくは死に至るが、それが橋の中のより尾側（脊髄に近いほう）であると障害はそこまでは深刻にはならず、閉じ込め症候群（運動ニューロンの両側障害により顔面や四肢が麻痺し発話不能となる症候群）となることもある。

これらの患者の大半でレム睡眠が完全になくなってしまうが、患者の出来事や人に関する記憶を含む精神活動の能力はほぼ完全なままのようなのである。

オソリオとダロフは、レム睡眠を完全に消失していた二例について報告している（Osorio & Daroff, 1980）。患者は、神経学的に軽微な障害はあるものの、正常な生活を営むことができたのだ。彼らは普通に適切にふるまうことができ、「精神病的」であるとは決して言えなかった。ここでいう「精神病的」ではないということは、長期にわたってレム睡眠が剥奪された場合、精神病的な状態になってしまうという指摘（Vogel, 1975）とは相反するものといえるのである。さらに二〇歳のときに銃弾の破片が脳幹に当たって怪我をした人が、一〇日間の昏睡状態に陥り、さらに二週間の危篤状態を経て回復することができた事例がある（Lavie et al., 1984）。三三歳のときに彼の睡眠パタンを調べてみたところレム睡眠がほぼ完全に消失しており、その時間は全睡眠時間の二・二五％しかなかったことがわかった。しかし、オソリオとダロフの報告と同じようにこの人はレム睡眠がないにもかかわらず、完全に普通の生活を営んでいた。怪我の後、彼は大学を卒業し、さらに法科大学院（ロースクール）に進み法律家になっていたのだった。これらの患者の認知能力は組織的に調べられたことはないが、実質的に完全にレム睡眠がなくなったとしても認知障害が現れることはないといえる。

7　レム睡眠の機能についての仮説——ある種の神秘主義を超えて

多くの理論にあるように、レム睡眠中に何か不思議なことが起こっていると考えることは魅力的だ。レム睡眠中の無意識状態のときに、昼間に起こった出来事を記憶に貯蔵、もしくは固定化する作業を繰り返すように、精神的な出来事を合目的的もしくはある種のプログラム的に入れ替える作業が行われているというような説明があると、科学が謎を解き明かしたと感じられることになろう。しかし、ヴェルトはこのような精神的な現象もしくは偽意識的なプロセスというようなある種の神秘主義的なメカニズムを想定しないでも、睡眠の文脈の中だけでレム睡眠を理解することが可能であると主張する（Vertes, 1986）。

彼はレム睡眠の持つ基本的な機能は、睡眠期間を通して中枢神経系（ＣＮＳ）の活動水準を最小限のレベルで維持するように脳の内部から行われる定期的な刺激であると考える。レム睡眠はいつでも脳が睡眠から回復できるように用いられるメカニズムであるという。徐波睡眠、特にデルタ睡眠（睡眠の第四段階）中は脳の活動は抑制されているが、脳は長時間にわたっての抑制には耐えることはできない。レム睡眠は目覚めさせたり、睡眠の連続性を乱すことなく睡眠を続けることができるように定期的に脳を活性化させることに役立つ。これは、全身麻酔をかけ、そこから回復するプロセスは高度に訓練された医学的な知識を持った人でなければできないことと似ている。脳はこれと大変よく似たプロセスを絶え間なく毎晩行っていると思われる。レムはこのような過程の一部に過ぎないと考えられるのである。

彼らの理論は睡眠段階の構成とも一致する。

1　新生児期にはレム睡眠の比率が大変高いが（総睡眠時間の五〇％程度）、二、三カ月ごろには急激に減っていく。

2　睡眠は連続的に浅い水準から深い水準に移行し、また浅い水準に戻るというようにそのプロセスを繰り返す。

3　レム睡眠は睡眠を通して極めて均等に分布しており（約九〇分周期で規則的に起こる）、睡眠時間が進むにつれてその持続時間は徐々に長くなっていく。

まず新生児期にレム睡眠の比率が高いことについては、とても多い徐波睡眠を分散させるのに役立っていると考えられる（Benington & Heller, 1994）。浅い睡眠と深い睡眠を交替させることで深い徐波睡眠に長く浸りすぎることを予防していると考えられる。そして、睡眠時間全体を通してレム睡眠の時間が徐々に長くなっていくことは脳が覚醒時の状態に戻れるように準備するのに役立つ。後者については、自然に起きたときと比較すると、突然、予期しない状況で起こされた時には失見当識（私がだれで、今がいつで、ここがどこなのかといった自分に関する情報がわからなくなってしまう状態）を経験することが多いが、これは覚醒するにはレムが不完全なために脳の準備が整っていなかったことを反映しているのかもしれない。

ヴェルトとイーストマンはこれらの研究をまとめた結果、レム睡眠は記憶の処理もしくは記憶の固定化に役立っているとはいえないと結論した（Vertes & Eastman, 2003）。そして、睡眠の目的は中枢神経系の回復と保養であり、レムの基本的な役割は脳・中枢神経系が睡眠から回復できるように準備するものであると考えるのである。

しかし、最近、レム睡眠とノンレム睡眠で処理される記憶の内容に差異があるという研究が多く見られる傾向がある。大雑把にいえば、レム睡眠では手続き的記憶に関する内容が、ノンレム睡眠では宣言的もしくはエピソード的記憶の処理が行われていることを示す内容が多いことを付け加えておこう。したがって、この分野は日進月歩でホットな分野であり、最新の研究から目が離せないのである。

Q　授業中眠くなるのは脳が学んだことを早く整理したいと働きかけているからですか？
A　名言だねー。これからは授業中寝ている人がいたらそう考えるようにしましょう。違うと思うけれど。
Q　中学の時から睡眠は記憶を定着させるからテストは徹夜せずに眠ったほうが次の日のテストでうまくいくと聞いていたのですがこれは本当ですか？
A　この件ですが、最近、とてもホットな議論になっていることです。定着させる記憶の側面とレム、ノンレムが関連するという研究が最近盛んになってきています。レムはいわゆる記憶らしい記憶であるエピソード記憶ではなく、言語化されない例えば自転車の乗り方のような手続き的記憶の固定化に役立っていること、逆にエピソード記憶の固定化にはノンレム睡眠が関わっているのではないかという話のようです。

話はずれますが、もう一つ、最近有名な研究に脳の障害で新しいことが学習できない人にテトリスをやりまくってもらい、その後少したって眠ってもらうと、眠る前にゲームの記憶について問うと全くないにも関わらず、なんと入眠時幻覚にテトリスのシーンが現れるという報告です（Stickgold et al., 2000）。これは科学雑誌の最高峰の Science に掲載されたということで大変有名な話になっています。

第一一章　夢が起こした暴行事件!?

1　睡眠障害と夢見

レム期行動障害（ＲＢＤ）と呼ばれる状態の患者は、彼らの夢の中で起こる出来事にそのまま身体的に反応してしまうらしい（Mahowald & Schenck, 2000）。患者は夢に現れる幻覚的な攻撃に実際に反応してしまう。ベッドからとび起きたり、部屋から走り出したりするだけならまだしも、窓から飛び降りようとしたり、弾丸が入っていないピストルを撃った者すらいた。ベッドの上では彼らの同床者を殴ったり、蹴ったり、絞め殺そうとしたものもあったのだ（Olson et al., 2000）。睡眠中の脳波を測定したところ、彼らが攻撃的な行動をとった時は典型的なレム睡眠であったことが確認された。通常のレム睡眠の場合には夢を上演しないように脊髄へは運動に関する指令が伝わらないように抑制されているのだが、この患者の場合にはその抑制が効かないらしい。患者は目覚めたときには比較的正気であり、夢の中で起こったことについて詳細に口頭報告することができる。RBD患者の報告した夢のうち八九%は動物、もしくは危険な人物に攻撃されるという内容を含んでいた。夢見る人に対してさまざまな種類の脅しが含まれる報告が典型的で、それはその人のベッドの中の攻撃的な行動と密接に一致したのであった。

この章では睡眠障害とそれに関連して起こる夢や夢見の障害についてオーバックのレビュー(Auerbach, 2007)を紹介する。認知の働きやメカニズムについて研究する場合それらの働きに不具合が生じているケースは大変参考になる。夢における認知の働きについても示唆されることが多いと同時に、睡眠や夢に関する一般的に持たれる疑問に関して現状で答えられるものにもなると考えられる。

2　ストレスと夢

ストレスがかかると夢をよく見るとか、その内容が夢に現れるといった経験がある人は多いであろう。さらに、よく眠れないとか、よく目が覚めるといった睡眠の質の低下もあるかもしれない。このような睡眠障害があるとそれがさらにストレスを与えるという悪循環となることも考えられるので、ストレスの結果として夢が変容すると考えることはいささか短絡的であることに注意が必要である。

ストレスフルな経験が夢の内容に取り込まれることを示してきた研究は数多い。夢の内容に健康に関連したストレッサーが入り込むことは、外科手術を待っている患者（Berger et al., 1971）、火傷の患者（Raymond et al., 2001）、痛みを伴う生理がある女性（Bucci et al., 1991）の研究で述べられている。学生が試験を受けないで待っているストレス状況では夢見の頻度が増加するという結果を報告した研究（Duke & Davidson, 2002）があるが、これは追試できていない。株式仲買人を対象にした研究では、ストレスフルな時期には、繰り返し見る悪夢とストレスのレベルの間に関係があることが見出されている（Kroth et al., 2002）。これらの結果は繰り返して見る夢の活性化にストレスが影響するという研究とも一致し、繰り返して見るネガティブな夢においては特によく当てはまるといわれてきている（Zadra, 1996）。

また、痛み（Nielsen et al., 1993）、水分摂取の剥奪（Bokert, 1967：第五章参照）、知的なストレス（Stewart & Koulack, 1993）、不快な映画（De Koninck & Koulac, 1975）などを操作した実験的な研究においてもストレスが夢の内容に影響を与え、繰り返し見る夢を活性化させることも示されている。

一般的なストレスとそれが夢の内容と質に与える影響に加えて、「うつ」の影響についても考慮する必要がある。睡眠障害の多くは慢性的な疾患に伴うことが多い。一方、慢性的な疾患は、うつと感情障害の関係性にも二つの影響を与える。一つは、うつ状態になるとレムの潜時が短くなり、レムの密度が増し、レムの活動性が高まり、睡眠時間に対するレムの比率が高まることが知られている（例えばNofzinger et al., 1991）。しかし、夢や他の睡眠障害への影響はまだ憶測の域を脱してはいない。二つ目の要因は、うつと睡眠の間の関係性の基盤にある要因である日周期の促進である。日周期が早くなれば、だんだん夜遅くならないと眠れなくなり、いずれ昼夜が逆転してしまうのである。

3　悪　夢

(1)　悪夢とは

悪夢とは睡眠者を起こすほど怖い夢と考えられることが一般的であるが、目覚めるほどではないが不安を掻き立てる夢も考慮すべきであるという議論もある。例えば、心身症の患者はつらい悪夢を見ると報告するが、必ずしも目覚めるとは限らない（例えばVan Bork, 1982）。さらに、慢性的に悪夢を見る患者では、悪夢の強さやその時の苦痛は目覚めるかどうかとは関連性がない。これらの患者が悪夢を見ても目覚めないことは珍しいことではないのである。結果として悪夢の定義は、怖くて目が覚めるという狭義の定義から、単純に心的な経験をかき乱すことを反映する夢というより広い定義の方向に変わりつつある。

悪夢の生涯罹患率を決定することは難しいが、かなり高そうではある。女性の九二%、男性の八五%が体験したという指摘もある（Nielsen & Zadra, 2005）。攻撃される夢が現れる割合は六七—九〇

%の範囲のようである（例えばNielsen & Zadra, 2005）。年齢もまた要因となる。全体として、子どもの罹患率が高い。その率は一〇歳まで増加し、青年期に向かって減少する。その後徐々に増加に転じ成人期後期では「ときどき」は悪夢を報告するようになるようである（Partinen, 1994）。

子どものころに悪夢の罹患率が高くなることは、悪夢を実際に体験する頻度が高くなることと一致することをさまざまな調査が示している。例えば、五―一二歳のグループにおいては少なくとも月に一回悪夢が現れる割合が二〇―三〇%はある（Fisher et al., 1989）。しかし、測定した頻度と強さの定義は研究によって異なることには注意が必要である。例えば、ある研究では、悪夢が少なくとも三カ月以上続いたら問題であったと定義され、該当者は一〇歳までの子どもでは二一―四一%の割合となった。別の研究では子どもにおける罹患率は悪夢の頻度が「しばしば」、もしくは「頻繁」である割合は五―三〇%と見積もられたが、「時々現れる」と答えたものは三〇―九〇%にも上った（Partinen, 1994）。

悪夢の報告頻度には性差がある。青年期、成人前期、中年期、一般的な人々（例えばNielsen & Zadra, 2005）においては女性の方が多いことが報告されている。面白いことにこれらの性差は子どもにおいては見られていない（例えばMuris et al., 2000）。ニールセンらの長期的な研究によれば一三歳と一六歳の間に顕著な違いが認められた。悪夢を「しばしば」見るという女の子は二・七から四・九%とほとんど倍増するのに対して、男の子では二・五から〇・四%に減少してしまうのである（Nielsen et al., 2000）。

悪夢の体験は、精神病理学的な要素と関係性がありそうに思われるが、実際に調査研究を行なった結果によれば関連性があるとはいいにくい（例えばBelicki, 1992）。関連する精神病理学的な特性が変動すること、悪夢に関連する苦痛が移ろいやすいこと、そして、個人のコーピングスタイルに差があることなどの様々な要因が関わるためである。例えば、生涯にわたって頻繁な悪夢で苦しんでいる人は、統制群よりも精神病理学的な兆候を表しやすいということをＭＭＰＩ性格検査を使って検証した研究が知られている（例えばBerquier & Ashton, 1992）。精神病理学的な範囲に最も強く関連する苦痛の要因は特に不安とうつであるように見える（Wood & Bootzin, 1990）。悪夢と精神病理学的な問題の関連性を検討するにあたって、コーピングスタイルも考慮に入れることが必要である。ストレスコーピングがうまく機能しないと苦痛と関連する精神病理が増大してしまうからである。

（2）悪夢を繰り返す症候

この症候は夢見の頻度の増加と必ずしも関連するわけではない。繰り返す悪夢の一部は複雑な部分的なてんかん発作と結び付いている（Solms, 1997）と言われてきたが、必ずしもすべてがそうであるとは限らないらしい。さらに、てんかん発作とは結びつかないタイプの繰り返す悪夢は、決まった内容ではなく、不快な葛藤とストレスが時とともに変化しながら表現されることが多い（Cartwright, 1979）。このような悪夢の大半はトラウマや精神病理を反映しているわけではない。追いかけられるとか、脅されるとか、自然災害に直面するといったテーマが繰り返されることは珍しいことではない。

繰り返される回数は少ないが、同じ主題や同じような内容が繰り返された夢を見たことがあるという場合は、精神病理と結び付くことは明確ではなく、むしろ適応機制を反映している可能性があるともいわれている（Domhoff, 1993）。

4　入眠時幻覚

（1）恐怖性入眠時幻覚

恐怖性入眠時幻覚（Terrifying Hypnagogic Hallucinations: THHs）はレム睡眠時に見られる恐怖の夢と似ている。入眠時に突然目覚めた後、即座に恐怖の内容が想起されることがある（American Sleep Disoder Association, 1997）。これは通常はノンレム期を経て九〇分程度でレム期に入るのであるが、入眠直後にいきなりレム期に入ってしまうような状況と関連するらしい。特に、このような場合強い感情を感じることで体の筋肉の緊張が解けてしまう情動脱力発作を伴う睡眠発作が約四―八％で起こる（Partinen, 1994）。しかし、睡眠期においてレムが早期に現れるように促進する要因がほかにもある。睡眠剥奪もしくは、さきにレム睡眠を抑制すると考えられた作用因子が突然なくなってしまう状況などである。このような時におこる幻覚は大変鮮明であり、睡眠麻痺（いわゆる金縛り）が関連することもあるために、さらに不安を高めてしまう悪循環が関わってきているということも考慮しておく必要がある（Nielsen, 2005）。このため、恐怖性入眠時幻覚を体験した人は眠ることに不安感を感じてしまうことも話を複雑にする要素となるのである。

（2）睡眠発作における入眠時・出眠時幻覚と金縛り

恐怖性入眠時幻覚と入眠時・出眠時幻覚は睡眠麻痺（金縛り）とも関連するらしい。睡眠麻痺は入眠、もしくは覚醒の過渡期に体の筋肉を動かせなくなることである。これはレム睡眠期の骨格筋の弛緩状態が覚醒時まで持続することを示し、一般的な人々の間で三三％以上が体験し、過眠症でない人にはより多く出現する（Partinen, 1994）。仰向けで寝ているときや睡眠が剥奪された時にはより起こりやすくなるらしい（例えばTakeuchi et al., 2002）。入眠時幻覚は必ずしも睡眠麻痺に伴うわけではない。にもかかわらず、睡眠麻痺は鮮明な入眠時幻覚を伴うことが一般的なので重要である。ある大学生のサンプルではほとんどの学生が（九八・四％）幻覚を体験していると報告されている（Spanos et al., 1995）。睡眠麻痺と入眠時幻覚の関連性についてはさらに歴史的な記録がある。悪夢という言葉の本来の使い方は睡眠麻痺と入眠時幻覚が合わさったことを意味していたからである（Mahowald & Ettinger, 1990）。

（3）睡眠時ひきつけ

睡眠時ひきつけ（睡眠時ミオクローヌス、ミオクローヌス発作、睡眠時筋攣縮、入眠時筋攣縮）は入眠時に四肢もしくは体幹で起こる短い相動性収縮のことである。これには短いが鮮明な夢のエピソードを伴うことがある。このとき落ちる感覚がよく体験される。また複雑な入眠時幻覚とともに短い感覚的な閃光が睡眠時ひきつけに伴うこともある。睡眠時ひきつけはごく普通のことであり、六〇—七〇％の人が体験する正常な現象だと考えられている（American Sleep Disorders Association, 1997）。睡眠時ひきつけは頭内爆発音症候群と類似すると考えられている。この症候群は明るい閃光を伴う場合とない場合があるが、いずれも突然爆音が頭の中で鳴り響くという非常にまれな症候群である（Pearce, 1989）。

5　夢の内容に関する症状

（1）夢の貧窮化

夢の貧窮化は幾つかのグループに分類できる。慢性のアルコール中毒から生じたコルサコフ症候群の患者の研究では、レム睡眠の時間は健常群とほとんど変わらないにもかかわらず、夢を思い出す頻度が少なくなることが知られている。同じように、軽い脳炎から記憶障害になった患者は健常者で期待される程度に比べて、レム睡眠から目覚めたときの夢想起頻度が減退するらしい。しかし、夢想起の障害を一般的な記憶障害から区別することには難しいことである。

アレキシサイミアと夢の減退を結びつけようとする試みもある。アレキシサイミアとは感情を記述する言葉が欠けているため、感情を文字通り言語化することが困難であることである。一般的に、アレキシサイミアは心身症と結びつけられる傾向がある。夢想起が減り感情が欠落しているのはまさにこの人たちなのである（例えばApfel & Sifneos, 1979）。別の研究では、アレキシサイミアの発症率が高い夜間ぜんそくの患者はレム期からの覚醒で夢想起の頻度が少なくなることが報告されている（Monday et al., 1987）。アレキシサイミア傾向のある人は色彩のない夢を報告する傾向がある（Hyyppä et al., 1990）。そして、非臨床群のアレキシサイミアの人は空想的な夢を見ることが少ない（Parker et al., 2000）。別の研究では、アレキシサイミアの傾向が強いと恐ろしい夢や悪夢の頻度が高くなるという傾向が見出されている（Levitan & Winkler, 1985）。

心的外傷後ストレス障害（ＰＴＳＤ）は夢想起を減少させる障害である。夢見に問題が表れたと報告したＰＴＳＤの研究では、夢想起の割合はコントロール群では八九％から九六％であったのに対して、ＰＴＳＤの場合は四二％から五四％であった（Kramer et al., 1984）。さらに、ＰＴＳＤのある対象者群は、コントロール群と比較すると、レム睡眠期での夢想起が減少することも示されている（Kaminer & Lavie, 1991）。一方で、この知見は必ずしも確認できているとは限らず、夢見の減退が記録されないこともある。

ＰＴＳＤにおける夢見の減退を説明する仮説が多く提案されている。アレキシサイミアとのつながりに着目し、それが夢想起の減退と関連していると考えられることが多い。過剰な活性化や感情の麻痺が両群に共通してみられる点に着目するものもいる。夢想起が抑制されることはコーピングのメカニズムの一部がうまく働いた結果であるという見方もある。

夢想起の貧困化に関連する他の障害もある。側頭葉てんかんの患者では夢想起頻度が減少することが示されている。レム睡眠から覚醒した場合の夢では感情の種類が少なく、弱くなるという特徴もあるらしい。服薬の影響を考慮する必要はあるが、発作のタイプによっても違うようである。全身発作を伴う患者は部分的な発作が複合した患者より夢想起頻度が低くなることもあるらしい。

（2）過度な夢見

夢が多く、鮮明すぎて、しつこいという報告が時々ある。過度な夢見（一晩中続く夢）と日中の疲労の訴えをまとめて「壮大な夢見」という概念が提唱されている（Schenck & Mahowald, 1995; Zadra & Nielsen, 1996）。これは一晩中連続して夢を見ているような感覚が続くことのようである。見た人の九〇％が夜にこれらの夢を報告し、そのうち三〇％で、疲れと不快感が伴なうことがある。目が覚めることはめったにない悪夢を伴うらしい。これらの夢は何度も繰り返されることが普通であるが、その背後にある神経学的病理はよくわかっていない。報告されたケースのほとんどが女性であった。睡眠ポリグラフを使った研究ではそれを特定する乱れは見つかっていない（Schenck & Mahowald, 1995）。

過度な夢見はある種の薬物からの離脱によっても引き起こされることがある。特に、比較的半減期が短いレム抑制子と考えられる物質が関わると報告されている。例えば、過度で、鮮明で、早期に生起する夢見は三環系抗うつ薬、パロキセチンやフルボキサミンといった半減期が短いセロトニン再取り込み防止剤からの離脱に伴って生じたという報告もある。

(3) 夢の常同性

繰り返し見る夢は普通にみられるテーマである (Nielsen et al., 2003)。追いかけられる脅迫や暴行といったテーマが繰り返されることはあまりない。ときどき、これらの内容がしつこく繰り返されることがあり、破壊的になることがあるかもしれない。定量化は難しいが、夢の常同性の程度は問題となることもある。偏頭痛者が夢の常同性を経験することは結構多いらしい。このトピックについて書かれた研究はほとんどないが、初期の研究では鮮やかな色彩を伴うことがしばしばで、ときにぞっとするような体験もあるという (Zadra & Nielsen, 1996)。

(4) 夢と現実の混同

夢と現実を混同する症候群はウイッティとレビンによって一九五七年に報告されたのが最初である (Whitty & Lewin, 1957)。夢想起頻度がそれに伴って増えるというわけではない。この症候群は途中で目覚めてもその後に眠るとまた続く、壮大な、もしくは過度な夢見と重なってくる。悪夢も増えるらしい。この症候群は脳の前部辺縁系の障害に関連しているといわれるが、第三脳室のコロイド嚢胞を含む障害もまた関わっているという指摘もある (Solms, 1997)。前部辺縁系システムの障害、特に実行系の機能不全と関連しているとみられる。

集中治療室（ＩＣＵ）での夢の譫妄と呼ばれる現象は別の形の夢と現実の混同と考えることができる。これは、現実から夢の内容を明確に切り離すことができず、鮮明で、ときに恐怖を伴う悪夢によって特徴づけられる症候群である。服薬や睡眠遮断などの要因が交絡するので、この症候群がどういった要因で起こってきているかを明確に定義することは難しい。奇怪で恐ろしい悪夢が頻繁に表れる特徴がある。悪夢の出現に寄与する要因はＩＣＵに入っている期間とベンゾジアゼピンの服用である。ＩＣＵでの夢の譫妄はいわゆるＩＣＵ症候群の一部に含まれると考えられることが多い。

6　レム期の行動異常

第二章でも述べたように普通のレム睡眠時の基本的な特徴は骨格筋の弛緩である。しかし、ＲＢＤにおいては筋の弛緩がなくなり、夢、もしくは夢の中で起こっているように実際に患者が動いてしまう状態になってしまう。ＲＢＤはレム睡眠時に運動系の活動が過度になることによって特徴づけられる。夢の上演の程度は夜を通して変化する。筋緊張のレベルの上昇が現れること、緊張性の運動系の活動に伴う脳波の活動の活発化が現れる時に夢の上演は起こるらしい。しかし、患者は「夢の」行動のエピソードから目覚めたときには必ずしも夢を思い出せるわけではないことが知られている。思い出せないことには患者の年齢や合併する神経学的な障害の可能性を含む幅広い要因が寄与する。これらの限界があるにもかかわらず、ほとんどの患者は彼らの夢を、鮮明で、暴力的になり、行動に満ち溢れた悪夢として経験されると報告している。これに関連する夢にはかなりのばらつきがあるが、同じような構造と感情的な内容をもつものであることが多い。最も頻繁に表れるパタンは攻撃に対する積極的な防御である。これらは人や動物からの攻撃への防御を示すことが多いようだ。スポーツに関することや親しい社会的関係が現れることも珍しいわけではない。動きの感覚、もしくは動きそのものが欠けていることが含まれるような夢もある。後者ははまってしまって動けなくなったような感覚によって表現されることもある（Mahowald & Schenck, 2005; Schenck & Mahowald, 2002）。

ＲＢＤは、パーキンソン病やレビー小体型認知症を含むαシヌクレイノパシーに見られるさまざまな神経変性の障害と関連づけられてきた。これはまた、投薬の副作用、もしくは離脱の文脈でも扱われてきた。これにはアルコールからの離脱や過度のカフェイン摂取が含まれる。治療には、可能であるなら、原因薬物の除去が含まれる。さもなくば、クロナゼパムの投与が推奨される。クロナゼパムはある種の異常行動を抑制すると考えられ、そして、おそらく、ある種の異常行動と悪夢の繰り返しを減らすと考えられるからである。

第一二章　夢を使って心を癒す――臨床心理学における夢の理論とその利用

夢に関する認知心理学的な研究を概観することが本書の目的である。しかし、その歴史的経緯を考えると臨床心理学で扱われた夢の理論と研究を避けて通ることはできない。一見水と油にも見えるこれらの実践的研究と、先の章で扱ってきた様々な認知心理学的観点からの研究を最後に重ね合わせてみてほしい。対極にありそうに感じられる必ずしも実証的とは言い難い指摘の数々が、最近の実験的で実証に基づく研究から得られた結果と符合する驚きを感じていただければ幸いである。これらの一致点があることは、実証的研究の妥当性を担保するだけでなく、そこから得られた結果を実践的に応用する可能性を高めることにもなる。

ここでは、実質的にはフロイトから始まった臨床心理学における夢に関する研究の流れを簡単にまとめてみることにしたいと思う。

1　精神分析の流れをくむ理論における夢の解釈とその利用

精神分析は、先に述べたようにフロイトによって創設された体系である。彼は夢の分析を重視した点で心理学における夢研究に大きな影響を与えた。その後ユングによる分析心理学、アドラーによる個人心理学が続き、最近は主として子どもに焦点を当てた対象関係論などが盛んになってきている。フロイトの精神分析に関しては第一章で述べたので、ここではそれ以降の研究を簡単に紹介し、これらの理論における夢に関する考え方を見てみることにしよう。

（1）ユングの分析心理学と夢分析

ユングの分析心理学

カール・ユング（Carl Jung, 1875-1961）はスイスの精神科医でありフロイトの最も有名な弟子のひとりである。彼は一九〇七年からフロイトとともに歩み始め、精神分析の進歩に大いに貢献した。その結果フロイトからは「息子」とか「皇太子」と呼ばれるほど信頼を得た。しかし、一九一四年にユングは考え方の違いからフロイトと袂を分かち、その後フロイトが亡くなるまでの二五年間、一言も口をきかなかったという。

無意識を重視する点や自我に関する考え方については両者には大きな隔たりはなかったのだが、無意識にある精神的なエネルギーと考えられるリビドーについての見解には違いがあった。フロイトは心的活動の源であるリビドーを性的なエネルギーであると定義した。しかし、ユングはリビドーを個人の心理学的な成長に用いられる創造的な生活の源であると考え、性的なものだけでなく生物学的、哲学的もしくはスピリチュアルな欲求を満足させるために用いられるものであるとした点で隔たりがあったのだ。さらに彼は無意識の内容についても独自の考え方を付け加えた。

ユングは、無意識には個人が体験し抑圧した個人的無意識と、人類に共通で決して意識化されることのない集合的無意識があると考えた。彼は幻覚妄想や神話や宗教儀式に見られる象徴の間に共通性があることを見出し、これらを生み出す傾向が人類に普遍な集合的無意識の発露であると考えた。これらは元型と呼ばれ、例えば、ペルソナ、影、アニマ、アニムス、大母、老賢者、自己などが想定された。ペルソナは他者に示す個人の側面、影はまだ生かしきれていない劣等あるいは暗い潜在的側面、アニマは男性の人格の女性的な部分、アニムスは女性の男性的な側面、大母はすべてを生み出す母親的側面、老賢者は知恵の象徴、自己（セルフ）は人格の総体を差す。また無意識における補償作用に力点が置かれた。これは、例えば、意識的な生活の中で男性性を強調する男性は無意識においてはアニマが強く現れることで、意識的生活と無意識的生活のバランスを取るように補償するという見方である。ユングの心理学の方法は分析心理学と呼ばれ、精神分析とは区別されるようになったのである。

ユングの夢解釈

ユングは夢の解釈を行う場合、フロイトが行ったような一般的な象徴による解釈を避けた。夢を見る人の無意識はその人固有の内容と補償機能を持っているので、たとえ同じものが夢に現れたとしても、現れた象徴が意味するところのものは人によって異なると考えたからである。このため、夢に現れる象徴を解釈するのはクライエントその人しかないとしたのであった。

ユングにとっても夢は重要であったがその分析方法はフロイトとは異なった。フロイトは、睡眠中には防衛機制が弱くなるために抑圧されていたトラウマ的な経験が現れると信じていた。一方ユングはすべての人間は同じ集合的な無意識を持っているが、それを認識し、様々な元型を使って表現する能力に個人差があると仮定したため、現れる内容にも個人差が生じると考えた。彼はまた、人間は自らのパーソナリティの要素を認識し、表現し合成する生得的な傾向を持っており、そうすることで自己実現を図るものだとも考えた。しかし、実際にはほとんどの人のパーソナリティの一部には認識されず未開発な部分が残る。このため、夢は未開発な魂を表出させる手段となるというのである。例えば、もし人が「影」を適正に表現することができなければ、様々なモンスターが出てくる悪夢を見ることになるかもしれない。夢分析は魂のどの部分が適切に表現され、どこが適切ではないのかを明らかにする方法であるといわれる。

夢分析は分析心理学で行われる心理療法の中核に位置づく。その技法の中核に、夢を素材とし、自由に連鎖的に連想を展開することが求められる拡充法がある。この方法では、連想を収束させていくのではなく、そのことについての考えや感想、元型的な象徴に至るまで様々な連想を行うことを勧める。そこから、この夢に現れた物理的な力、エネルギー衝動性などが広く解釈されていく。これらの方法は、その後箱庭療法や芸術療法へと広がりを見せていった。ユングの分析心理学に基づいた夢の分析例については極めて多いため、ここでは取り扱わない。

ユングの夢分析についての評価

ユングは精神分析の考え方に基づく点ではフロイトと同じ流れに属するが、夢の分析に関する見解はかなり異なる。フロイトは夢の意味は分析者によって明らかにされるものであったが、ユングではそれは夢を見た人によって明らかにされるという点で異なる。さらに夢の象徴に関しては、ほとんどすべてを性に関わることに還元したフロイトに対して、ユングはその側面も認めつつより広く解釈を行った。現在実際に行われている精神療法において深層心理学的な観点から夢を利用する場合には、精神分析的な方法が用いられることは相対的には少なく、多くはユング派の分析心理学に則るケースが多いようであり、実際に治療効果も挙げているようである。精神分析と同様に分析心理学の理論は必ずしも科学的な基盤に立って作り上げられたものではないため、心理学の研究においては傍流に位置づくと考えられるが、実際にある程度の治療的な実績が積み上げられていることもあるため、特に日本の臨床心理学においては重要な理論の一つになっているのである。

（2）アドラーの個人心理学と夢分析

アドラーの個人心理学

アルフレッド・アドラー（Alfred Adler 1870-1937）はオーストリア出身の精神医学者であり、ユングと同様にフロイトの最も有名な弟子のひとりであった。一九〇二年ごろからフロイトの研究会に参加し、国際精神分析協会の設立に尽力したが一九一一年にフロイトと訣別した。フロイトの精神分析は性欲を中心に据えたが、アドラーは劣等感を補償しようとする「権力への意志」を重視した点で違いが大きかったためである。彼の立場は個人心理学と呼ばれる。フロイトは心についての理解を進めるにあたって過去に根拠を求めたがアドラーは未来志向的な人間理解の姿勢を取った。アドラー派カウンセリングはその未来志向性から認知行動療法や短期療法の考え方を先取りしていたとも考えられ、近年その評価が高まってきている。このような観点に立つため同じ精神分析の流れにありながらアドラーの夢に関する見解はフロイトやユングとは異なったものとなった。

アドラーの夢についての見解

彼はその著書『人生の意味の心理学』（1932, 1980　高尾訳　一九八四）の中で夢について以下のように論じている。

いわゆる予知夢には科学的根拠はないと断言はするものの、着目すべき点があるという。それは夢を未来に結び付けるという伝統が人類にはあったということを示していることである。彼は、夢が問題解決のカギを与えてくれ、夢を見るのは自分の諸問題を解決しようと願っている未来志向性を持つものであるということを人類は昔からくみ取っていた証拠であるという。そして夢がフロイトが言うように性的な背景にのみによって生じるわけではないと主張するのだ。

彼は夢と覚醒の関係性について、フロイトは両者を対立的に考えたがこれは非科学的発想であると批判した。諸観念を強度の対立命題に分けそれらを相互に矛盾するものとして扱う傾向は、原始的な諸民族、古代の哲学者さらに神経症患者に見られる発想であり、それらは科学的見地からすれば矛盾ではなく、多様性なのであると彼は論じた。「正常も異常も対立する矛盾ではなく、変数なのである。さらに眠っていることと目覚めていることを、また夢の考えと昼の考えとを対立する矛盾として扱ういかなる理論も、非科学的であるというほかはない」と主張するのである。これは現代の実証的臨床心理学的研究におけるアナログ研究の立場を明快に宣言するものであると受け止めることができ、極めて先進的と評価できる。また、「おわりに」でもとりあげた中国における有名な荘子の哲学とも一致する点でも興味深い。さらにフロイトの主張である願望充足の機能については、もし夢が不明だったりその夢を忘れてしまったり理解できなかったらどこに満足があるのだろうかと述べ、願望充足の機能は限定的であることを示唆したのであった。

夢の目的は覚醒時と何ら変わることなく、一人の一貫したパーソナリティに適応できるものであるはずであるという。彼が主張する権力への意志という観点を組み合わせると、我々が日中優越という目標に没頭しているとすれば夜も同じはずであるということになる。そして「夢は諸問題に対する安易な解決を手に入れようとする企て」であると考えるのである。

しかし、先に挙げたように見たことを忘れてしまうような夢も多々あるのはなぜだろうかという疑問が残る。この点についてフロイトは検閲の結果であると考えたが、アドラーは、例えば、空飛ぶ夢はうきうきした気分と勇気を後に残してくれるというようなことがあるように、内容は忘れても、自分の夢が呼び起こした感情は後に残ることに着目する。そして、夢の目的は内容よりも夢が呼び起こす感情の中にあると論じた。この感情はその人の人生の生活スタイルを反映するものであり、その人が持っている諸問題を反映するものである。そして、我々は諸問題の解決に確信が持てない時だけ夢を見ると考えたのである。我々は夢を見ようが見まいが諸問題に同じ仕方で接近するが、夢は特に人生のスタイルのために支持と正当化を提供すると彼は考えたのだ。夢は人生のスタイルが、個人自身の独特な状況に関するその個人自身の解釈から引き出した創造物であり、どんな夢も人生のスタイルの強化が必要と感じとられるところで現れてくる。夢は現在の現実的な問題と人生のスタイルのかけ橋であるという。それゆえ夢の解釈は常に個人的なものなのであって象徴や隠喩を定式によって解釈することは不可能であるという。彼は次のような例を挙げている。

多くの人が、試験の夢を見る。時として人々は、自分たちがそんなにも歳をとってから試験を受けているところを見たり、もうずっと昔にパスしてしまった課目の試験をまた受けなければならないのを夢に見て驚く。ある人にとっては、その意味は、「あなたは、眼前の問題に直面する準備ができていない」ということであろう。他の人にとってその意味は、「あなたは、以前にこの試験にパスしている。現在目の前にあるテストもパスするでしょう」ということであろう。ある試験の象徴が、他の人のものと同じだということは決してない。（『人生の意味の心理学』一二五ページ）

さらに彼は、あらゆる夢は自己陶酔、自己催眠であり、われわれは夢の中で自分自身をだましていることがあると主張する。フロイトは、夢は隠喩や象徴で作り上げられているというが、覚醒時の生活でもこのようなことはたくさんある。夢であろうが覚醒時であろうが隠喩は自己欺瞞にも使える。我々は覚醒時と同様に自分自身の夢によって自らをだますことがあると考えたのである。隠喩の持つ効果について、彼はホメロスがギリシャ軍について描写したところで、戦場を疾駆する獅子のようだと描写したという例を挙げる。ホメロスはこのような隠喩を使ってギリシャ軍が獅子のようだと思わせ、読者を空想させることで、兵士の息遣いや鎧などの詳しい描写を用いた場合より強い印象を引き出すことができたという。そして、夢がめったに理解されないのは、もし、われわれが夢を理解してしまえば夢はわれわれをだますことはできないからであると論じたのであった。

次にアドラーが述べている夢についての解釈の一例を挙げておく。

ある女性が話してくれた。「私が一番よく見る夢は、とても変なのです。私はいつも、私には見えない穴があいている通りに沿って歩いているのです。そこを歩いていた私は穴に落ちるのです。

その穴は水で一杯です。そして私が水に触れるとき、私はびっくりして跳び起きてしまうのですが、心臓はものすごくドキドキしているのです」と。われわれは、この夢が、彼女が思うほど変だとは思わないであろう。しかし、もし、彼女がこの夢で自分を警戒させ続けるとすれば、彼女はそれをふしぎだとおもうであろうし、それを理解できないであろう。その夢は、彼女に「気をつけなさい。まわりには君が知らないいろいろな危険があるぞ」と告げているのである。しかし、この夢は、われわれにそれ以上のことも告げている。もし、彼女に落ちる危険があるならば、彼女は私は他の人より上にいるのだと考えているに違いない。前に挙げた例と同様、彼女は「私は優越している、しかし、私はいつも落ちないように気をつけていなければならない」といっているのである。（『人生の意味の心理学』一三五―一三六ページ）

この例では、願望充足とは考えず、夢を未来志向的にとらえる点が明快である。これは、個人心理学的治療の技術は常に人生の諸問題との取り組みにおける個人の勇気を増大させることに向けられると彼が述べていることを反映していると思われる。隠喩や自己欺瞞という視点はあまり見られない。もう一つの特徴は「権力への意志」の観点が導入された解釈ともいえよう。もしこれがフロイトならば穴ということから女性器への解釈へ進む可能性があるだろうし、ユングならば水のイメージということから集合的無意識を絡めた分析に進む可能性があろう。

近年のアドラー派は、自分自身の個人的な論理を構築する手段として夢のメタファーを理解することに役立てるために、固定した象徴主義は排除し、勇気づけ、そしてポジティブな解釈を用意するように焦点をあて、そして解釈者は専門家というよりは協力者として役立つべきであるという考え方を重視する。治療家の役割は、常にクライエントの個別性に気付き、尊重しながら、夢見る人が夢を理解することを促進し、この新しい知識を自分の生活における出来事についての洞察を得るために用いることである。

アドラーの夢分析についての評価

精神分析の流れを汲む思想家としてアドラーは著名であるが、フロイトやユングほど夢を中心的には扱わなかったこともあり、彼の見解はそれほど広く知られているわけではない。しかし、性的な内容は夢において中心なものではない、夢と覚醒時の心理は連続しておりパーソナリティは一貫している、夢は問題解決を目指す営みである、象徴は個人的なものである、といった彼の主張は、先に述べた様々な視点からの数多くの最近の実証的な夢見研究から支持されてきていることばかりであり、彼の慧眼に驚かされるのである。

（3）フロイト以降の精神分析と夢

精神分析の流れにある議論では対象関係論が重要な位置にあり、クライン（M. Klein 1882-1960）、フェアバーン（W. R. D. Fairbairn 1889-1964）、ウィニコット（D. W. Winnicot 1896-1971）、ビオン

（W. R. Bion 1897-1979）などが知られている。彼らは精神分析の流れにあるために夢分析も行っており、それぞれに議論があるが、用いた方法や議論の展開はおおむねフロイトの考えを踏襲しているため（衣笠、一九九一）、ここでは取り扱わないこととする。

またユング派の延長線上にも位置付けられるトランスパーソナル心理学においてもドリームワークが重要な位置にあるが、それについてもここでは名前を挙げておく程度にしたい。興味がある方はプロセス指向心理学、ドリームボディーワークといったキーワードを手掛かりにされるとよい。

2　人間性心理学における夢の解釈とその利用

(1)　人間性心理学とは

人間性心理学は、スピリチュアルな経験と人の生死に関する信念を含む、意識、価値、抽象的な信念を取り扱う臨床心理学の一分野であるといえよう。人間性心理学者によればパーソナリティとは人が何を信じているのかということと、外界をどのようにとらえているのかということによって規定される。彼らによれば、あることに意味があると信じるならそれは意味があるという。ある行動を理解するということはその行動を人生の中で自分自身がどう評価し、解釈するかということでしか理解できないと考えるのである。

人間性心理学は一九五〇年代から六〇年代にかけて行動主義と精神分析に対する第三の軸として心

理学に登場してきた。行動主義も精神分析も道徳的には中立的な側面を強調するが、人間性心理学は人間とは本質的によいものであり、できる限りの自己実現を志向する生き物であると考える。行動主義も精神分析も様々な点で違いはあるものの、決定論（すべての行動には原因があると信じること）、還元主義（行動を要素の組み合わせで説明しようとする試み）に根ざしている点では同じである。しかし、人間性心理学は決定論と還元主義に基づいて、行動を隠された原因や部分で説明しようとはしない。彼らは、人間は自分が行うことについてはよく考えたうえで自覚的に物事を決定することを前提とする。そして、彼らは大規模な代表的な集団の平均値を求めるのではなく、個人の特定の体験に焦点を当てるような研究を行うのである。彼らの方法は科学者というよりは自伝作家のように個人の生活における逸話を記録する方法を取ることが多い。このため彼らのデータは量的ではなく質的であり、科学的に評価することが難しい場合が多いと言われている。

人間性心理学を創設した人物としては、臨床心理学の手法における「カウンセリング」「来談者中心療法」を提唱したカール・ロジャース（Carl Rogers 1902-1987）と欲求階層説や自己実現といった概念で有名なアブラハム・マズロー（Abraham Maslow 1908-1970）、実存主義・現象学に基づく実存心理学で有名なロロ・メイ（Rollo May 1909-1994）が挙げられる。彼らは心理療法やカウンセリングに対して大きな影響を与えたと評価されている。この流れをくむ心理療法には来談者中心療法、実存療法、ゲシュタルト療法がある。

夢についてはこの中では来談者中心療法の流れをくむフォーカシング（Gendlin, 1986）での利用、ゲシュタルト療法での利用（Perls, 1969, 1992　倉戸訳 2009）が知られているため、この二つの説を簡単に取り上げることにしよう。

（2）夢とフォーカシング

フォーカシングとは

ユージン・ジェンドリン（Eugene Gendlin 1926-）はシカゴ大学教授、哲学者で心理療法家である。ロジャースとの共同研究から、フォーカシングの技法を、そして理論構築法（ＴＡＥ）を開発したことで有名である。フォーカシングとは直接的に言葉では表現できない、もしくは弁別することができないような感覚もしくは感じに注意を向けるプロセスについてジェンドリンが用いた用語である。心理療法においては「気持ち」の取り扱いが重要であり、これはからだの感じとして体験されるものでフェルトセンスと呼ばれるフォーカシングの鍵となる概念となっている。フォーカシングではクライエントの「不安」などを物体のように分析するのではなく、それが何を焦点的に暗示し、何があればそれが推進され、変化するのかといった過程にフェルトセンスを通じて注意を向ける。その結果としてピッタリきた体験変化（フェルトシフト）が起こることで心理療法としての効果が得られるという（池見、一九九二）。

ジェンドリンの夢を用いたフォーカシング

ジェンドリンは、フォーカシングに入門する際に、夢を対象とする方法を勧めた（Gendlin, 1986）。フォーカシングで難しいことはフェルトセンスを感じることであるが、夢を扱うと簡単にできることがあるという。フェルトセンスとは怒りや悲しみといった普通の感情ではない。夢であるような頭では考えることのできない、分類のできない、わけのわからない奇妙な独特のからだの感じである。そこに直接問いかけ、新しいものが浮かんでくるかどうかを待ってみる。頭の中ではなく体の中のフェルトセンスに問いかけるという作業を行う。夢についていろいろと考えているときに、からだに注意を向けていると簡単に気づくことができる。夢を忘れたときにでも夢を見たことだけを覚えていることがあるが、これは夢のフェルトセンスがあるからである。このぼんやりとした感じに焦点を合わせ、それにふれ、たまには離れ、再びふれてといったことを続けていると夢がよみがえってくるという。

フォーカシングでは理論を応用して夢を解釈するのではなく、夢を見た人になにかが体験的に出てくることを目指す。フェルトセンスに問いかけ、反応した時にはからだからの信号があり、緊張がほぐれフェルトシフトが起こる。こうして起こったからだのシフトは具体的に実感できるので、本当の解釈なのであると考えるのである。

気づきが起こるとその夢が何について語っているか知ることができるが、これは彼らにとってはステップの一つに過ぎない。第二の段階は夢から何か新しいものを得ることである。何についての夢かがわかると今までになかったようなものが生まれてくる。これが彼らのいうフェルトシフトと大きな開けであり、人格の変化をもたらすという。成長へのステップが感じられるまでは夢が解釈されたとは思わないようにする。

第二段階で重要になる技法にバイアスコントロールがあり、これは二つの部分から成り立っている。一つ目は逆の解釈を行うことである。ただし、どちらの解釈も受け入れてはいけない。逆方向の全体的な感じの中に留まらせ、よくなる可能性のあるものが、その中に入ってくるように開いたままにしておくことであるという。二つ目はからだの感じをもとに、反対の方向からのステップをつかむというものである。これは夢の中の最も想像性に富んだ部分を取り上げること、それからからだの感じによって、逆の方向からステップを導き出すことを目指す。この二段階を経て、身体的な気づきを通して最終的には人格の変容を目指していく手法なのである。

夢解釈の第一段階としてジェンドリンが挙げた例の一つを示す。実際にワークを行う場合には、一六の質問項目が用意されており、それについて尋ねられていくことで気づきを目指す。この例ではそのうちの四つのみが取り上げられているに過ぎないが、彼が行った夢解釈の流れがわかると思う。

プラスチックの指輪の夢

私は飛行機の中で、自分の席のところまで行った。シートの上には子どものおもちゃの指輪があった。いろんな色の石がついていた。誰かが置いていったのだろう。私にはその指輪は全く安物であることがわかっていた。プラスチックにガラス玉がついているものだった。それはどう見ても子どものおもちゃだった。すると指輪はシートと壁の間に滑り落ちた。私はそのままにしておいた。

質問1　何が心に浮かんできますか？

思い浮かぶことは飛行機です。その飛行機にのって、私は間もなく新しい仕事に向かうことになっています。それは臨時の仕事です。私がちょうどやりたいと思っていた仕事なので、終わった時にがっかりしないように心の準備をしています。その仕事が定職になればいいのに、と願っています。でも現実には無理なんですけど。

質問2　どんな感じがしますか？（これがフェルトセンスを問う部分に当たる）

夢の中で、その指輪が欲しいと感じていました。子どもみたいでした。金ぴかできらきらして見えるのが気に入っていたのです。でも、それがプラスチックなのはわかっていました。

質問5　夢のあら筋は？（筆者注　質問3は「昨日のことは？」、質問4は「場所は？」であるが省略されている）

うん、はじめに指輪を見て、それからなくなった。最初はきらきらした物を見てその後なくなった。要約しても何も起こりません。この物語からそれ以上の出来事をさがせそうにないのですが。ああそうか。最初指輪がそこにあって、私は指輪を取らなかった、すると滑り落ちた。ああ！　指輪が落ちたのは、私が取らなかったそのあとなんです。

質問7　それはあなたの中のどの部分ですか？

自分の中のどういう部分だろう、指輪は。わかっている。そうだ。自分の子どもの部分です！そして私はその部分を自由にさせなかった、だからなくなってしまったんです。それを自分の中に押さえ込んで、見えなくしていたのです。考えてみれば、私はそれをプラスチックだと言いましたが、本当は知らなかったんです。明らかに子どもの指輪だったから、そんなふうに思ってたんです。うーん。

（この人は自分の「子どもの部分」は普段自分が考えているよりも価値があって、もっとそういう部分を外に出して、見えないところに落ちていかないようにしていいのではないかと感じ、考えています）

この例ではフェルトセンスに関しては、少しわかりにくいところもあるが、クライエントが夢から気づく過程についての様子をつかむことはできると思われる。

フォーカシングにおける夢の利用についての評価

フォーカシングにおいて夢を利用する場合には、精神分析とは異なって無意識の存在は想定しない。むしろ現れた夢を用いて身体的な気づきに結び付けていくという手段として用いている。しかし、象徴的な解釈や隠喩としての取り扱いについては否定せず、場合によっては精神分析的な解釈を採用することもある。しかし、それは手段の一つに過ぎないのである。フォーカシングの技法を習得するうえで夢の利用は有効であると考えられている。ジェンドリンの著作は簡単なワークからなっており、初学者でも勉強しやすくなっている。興味がある場合には参照されたい。

（3）ゲシュタルト療法における夢の利用

ゲシュタルト療法とは

ゲシュタルト療法の創設者はドイツ生まれの心理療法家フリッツ・パールズ（Fritz Perls 1893-1970）である。ゲシュタルトとはドイツ語で「全体」を現わす言葉であるが、いわゆるゲシュタルト心理学とは違った意味で用いられ区別されているので注意が必要である。クーンはゲシュタルト療法について以下のようにまとめている（Coon, 2004）。

ゲシュタルト療法は、不適応状態にある人は知覚体験がばらばらである、もしくは気づきが不完全で苦しんでいるという仮説に基づく。そして精神的な問題の原因はこのような不完全な統合状態にあると考え、思考、感情、行動を一つの全体に再統合できるように援助する技法なのである。これは個人的な気づきを拡張し、自分の考えについて責任を持ち、体験の間のギャップを埋め合わせることで達成される。では、体験の間のギャップとはなんだろうか。われわれはしばしば動揺した感じを持っていたり、自己表現に臆病になることがある。このことが個人的な成長を阻害する可能性のある自己覚知におけるギャップ、すなわち体験のギャップを生み出すのである。例えば、親の死後、怒りを感じていた人はそれを表現できないで何年も過ごすかもしれない。このようなギャップは感情的な健康を阻害するかもしれないのである。

ゲシュタルト療法は来談者中心療法や実存療法よりは指示的であり即時の経験を強調する。一対一もしくは集団療法の中でゲシュタルト療法家は、「いま・ここで」の思考や知覚や感情について気づけるようにクライエントを勇気づける。なぜクライエントが罪の意識、怒り、不安、退屈さを感じているかを論じるのではなく、いま・ここでの感覚を持てるように勇気づけ、それに気付けるようになることを目指す。セラピストはクライエントの注意を、立ち居振る舞い、声、目の動き、身振り手振りに向けることで、気づきを促進させる。クライエントははっきりしない感じをそれが明瞭になるまで強調するように求められることもある。ゲシュタルト療法家は、そのような感じを表現することはその人が終わらせていない仕事を終えるように助け、感情的な膠着状態を打ち破ることができるようになると信じている。

すべての著作においてパールズの発するメッセージは明快である。感情的な健康はあなたが何をしたいかを知ることに由来し、あなたが何をすべきかや何をしたいと考えなければならないかということからではない。これゆえ、感情的な健康は自分自身の感じと行動に完全に責任を持てる状態に由来する。例えば「私はできない」「私はそうしなければならない」から「私はそれを自ら選んでそうする」と変化することを目指す。

ゲシュタルト療法ではどのようにして本当の欲求を発見できるようにするのだろうか。そのために現在の経験を強調する。クライエントは知性化と感情について話すことを止められる。その代わり今、ここで、イメージすることをやめ、無意味な思考はやめ、味わってものを見、説明・正当化・判断するよりは経験し、不快感と痛みには喜びと同様に抗わず、自分自身であることを受け入れるように、現実の体験を生きることを学ばせられる。ゲシュタルト療法家は、逆説的に、自分を変える最もよい方法は本当のあなたになることなのだと信じているのである。

ゲシュタルト療法における夢の利用

フロイトは夢を「無意識にいたる王道である」と述べたが、ゲシュタルト療法の創設者であるパールズはこれにならって「夢は統合へ至る王道である」と述べた（Perls, 1992 倉戸訳 二〇〇九）。夢見とはパールズにとっては人が行うことの中で最も自発的なものである。ゲシュタルト療法の目的は一人ひとりを健全な全体性を持つ人間にすることであり、それは葛藤のない統合された人間を意味する。彼は夢に現れるすべての部分はわれわれの人格の断片であると考え、それを一つにつなぎ合わせる作業が統合に有効であるという。人格の、投影され、断片化された部分をもう一度所有し、夢の中に現れる隠された可能性を再所有することを目指すのである。

パールズの夢の扱い方は精神分析とは異なる。彼はフロイトがいうような願望充足として、あるいは生硬な言葉への置き換えや象徴としての夢を説明することは、夢の一番大切な生々しさを失わせてしまうと考えた。彼は、精神分析が行うように夢を静的な部分に分ける説明法では確かに願望充足に近づくことができるかもしれないと認める。しかし、すべての夢はむしろ二つの相いれない対立するものが相互に突き合わされる、芸術的な創造であるように思えるという。悪夢は逆説的な統合がうまくいかない場合である。そして、夢の意味をわかろうとするなら夢の解釈はすべきではない。夢について推論するよりも、逆説を発見するために、自らの感覚や情動、しぐさのちょっとした変化に注意を払いながら、夢をより広く、よりはっきりと再体験することをクライエントに勧める。フロイトが行ったような言葉による解釈や頭に浮かぶことよりも、これらのことのほうが重要であると考えた。パールズはクライエントに対して夢の中のすべての部分になってみるように勧め、逆説に気づき、その解決を図るように勧める。以下に彼が述べている一つの例を挙げる。

ある男性のクライエントが、「ある男がトイレの便器にごみが詰まっているのにまだ押し込んでいる」という夢を提供してくれた。彼はついにトイレが壊れてしまうまで押し込み続けた。ここには解釈の余地はない。動作そのものが、その人の不快に対する態度を表している。けれどもここでは解釈しないで、クライエントに、「もしあなたがこの夢の中の、この男だったらどうでしょうか」と尋ねた。彼は自分なら引っ掻き棒で便器に詰まっているものを引っ張り出せると言った。そこでその情景を思い浮かべることにより、すべての汚いものを彼はしっかりと見たのである。するとすぐに、彼は、便器の首から連想して、喉が締め付けられるような感じがし、彼は喉を締め付けることによって、汚いものが上がってきて吐いてしまうことを防いでいたということに気づいたのである。このようにして夢の内容と彼の行動との心身相関の徴候が統合されたのである。

この事例をみると、分析することはなく、夢の中に出てきた人物になりきって演技し、その結果として症状の低減を目指すゲシュタルト療法の手法の一端が理解できると思われる。

さらに彼は夢のワークについて説明している。このワークでは夢の生々しさを再現するために実演を行うのである。最初のステップはだれかに夢を話したいと思ったら物語を話すように夢を語る。第二のステップは夢を再現する。それは過去の時制を現在時制に置き換えるように文章の文法を変えて、物語を語る代わりに劇を演じるように話す。例えば、私は山を登っています。山を登っていると、誰と会い、何に出くわし……というふうにである。第三のステップは舞台監督の役割をとって舞台を設定する。第四のステップは俳優や小道具など夢の中に登場するすべてのものになってみる。そこでは多くの出会いに気づくという。これは葛藤を統合し阻害していた部分を再び自分のものにする作業である。その結果、夢に出てきたものになってみたことによってそれは実は自分自身が投射されているものだと気づかされる。これらを再統合することで自分の潜在能力が高まり、その結果変化が起こるのだという。

さらに夢とは人格の穴を見つけだす好機になるという。人格の穴とは空所や何もない空間として現れ、それらの穴の付近に近づけば、混乱したり、神経質になったりするもので、恐ろしい体験や予期がある場所であると述べる。夢を理解するということは明確なことなのに自分が避けて通っていることを悟ることなのだという。

ゲシュタルト療法における夢の利用についての評価

同じ人間性心理学の流れにあることから先に挙げたフォーカシングと比較すると、夢を分析するのではなくそれを用いること、身体性に着目することに主眼がある点では似通っている部分がある。一方、統合を図るという目的があることによって夢の使用法はかなり指示的な側面を持つという点では異なるといえよう。パールズは一九七〇年に亡くなっているが、最近国内ではその著書の翻訳がいくつか出版されてきており、注目されつつあるようである。何冊か出版されている本はいずれも会話や事例が豊富であり、具体的で意外に読みやすい。興味を持った人は目を通してみる価値があると思う。

3　現存在分析と夢の利用

(1)　現存在分析とは

現存在分析（Daseinsanalyse）とは実存哲学に基づいた人間学的な治療の立場を指す。実存心理学に位置付けられる。スイスの精神医学者であったルートヴィッヒ・ビンスワンガー（Ludwig Binswanger 1881-1966）が提唱者として有名である。彼は精神分裂病・統合失調症という疾患概念を確立したことで有名な精神科医であるブロイラー（E. Bleuler）に師事し、ユングやフロイトとも親交を深め一時精神分析に傾倒した。しかし、その後、自然科学的な思考法に限界を感じ、精神分析から離れ、ハイデガー（M. Heidegger 1889-1976）の現象学に傾倒した。そして現象学的な方法を用いた経験科学として現存在分析を提唱するに至った。その中心的な発想は、人間は他との関係において初めて成立するという「世界内存在（being-in-the world）」という立場に立つ。そこではクライエントとセラピストを世界を共有するパートナーとしてとらえられる（宮下、一九九九）。そして、精神病者の世界のあり方を異常とはせず、その人独自の世界理解のあり方として了解し、この了解によってともに世界を生きるものとしての出会いととらえ、彼らの歪曲化された世界理解を自覚させようとした（越川、一九九九）。彼は夢についても論じているが、ここではもう一人の立役者であるメダルト・ボス（Medard Boss 1903-1990）の行った夢の現存在分析を取り上げることにする。

（2）ボスの夢の現存在分析

夢の現存在分析とは

ボスもスイスの精神科医であった。ビンスワンガーと同様にブロイラーに師事し、フロイトやユングの影響を受けた。以下、彼の有名な著作である『夢――その現存在分析』（1953　三好ほか訳　一九七〇）を簡単に見てみよう。

彼は、精神科医として二五年間に渡って精神分析療法に携わっていた。彼によれば、控えめに見積もっても五〇〇人から五万もの夢を知る機会があった。彼は、最初は古典的精神分析を用いた解釈を行っていたが、フロイトの理論に基づく解釈が難しい夢が増えていき、結局この理論の有用性に深刻な疑念を持つようになった。また、ユングやアドラーなどの夢の研究も参考にしたが、これら精神分析を起源とする分析は夢の現象の本質を明らかにすることはなかった。それは夢を何か夢でないあるもの、現象の背後に単に仮定され、思弁的に結論されたあるものから、導き出そうとした点にあるという。そして、「夢の現象それ自体のかたわらにとどまり、かつただ夢の現象それ自体から告げ知らせてくれるところのものについてのみ考える」ことを目指し、そのために「夢に関する理論や仮説を一切放棄してしまわなければならぬ」ということに至ったと述懐する。

そして現象学的な観点から夢を分析していった結果から次のような結論にたどり着いた。夢を見て、それから覚めるのは同一の人物であり、したがって夢と覚醒を通じてある同一性が維持される。夢もまた人間的存在の独自な様式を持つことを認めなければならず、それは覚醒状態をわれわれの実存の特定の変容状態と呼ぶのとまったく同一なのであるという。そして、夢の中の方が覚醒におけるよりも、世界はより高次に開示されるようにみえるという。夢を人間的現存在の特殊な変化として、その時々の、それ自身から告げ知らしめる意味内容において解釈し、それをわがものとすることが必要であると主張する。荘子の胡蝶の夢（「おわりに」参照）ですでに指摘されているように、夢と覚醒の間に適切な差別を置くことが根本的に不可能であるという結論に至ったのだ。

これまで覚醒状態と夢とは経験と表象という点で関連は持つものの、別々の領域と考えられてきたのだが、覚醒ということ自体は自明のこととして取り上げられては来なかった。しかし、夢と覚醒のどちらも経験や表象との関連性が十分検討されてきたわけではない。夢見られたものは常に「私の」夢であることを考えると、覚醒であっても夢であっても同一の現存性があるといえ、それが人間的実存の自己性なのである。覚醒時に世界における自己性とはそれは同一的な自己一貫性、すなわち日常的な習慣により特徴づけられ、現存在の日常的な歴史性によって規定されるものである。しかし、夢においても同じ風景が現れ同じ家に出会い、同じような状況にある夢が実は多いのではないだろうかと彼はいう。「もし、人間が覚醒してあるときに歴史的な連続性を保っていないとするならば、人間はその夢見る実存の特殊な不連続性をも見ることは決してできないであろう。覚醒生活があるということこそまさに、あらゆる夢解釈全般の本質的前提なのである。したがって覚醒の次元の中に夢の本質を規定しうる可能性は、覚醒存在の特有性に対する理解の程度に応じて変化せざるを得ず、またすべての夢の理解の深さは全くその時々覚醒存在への了解の深さに依存することになる」(『夢――その現存在分析』)と述べている。

ボスによれば夢の作業をするカギは体験に焦点を当てることである。われわれは夢から明らかな意味をつかみ取らなければならない。彼の方法である「解釈 (explication)」はフロイトやユングが行ったように顕在的に示すのではなく次のような要素から成り立っている。

夢の中に何があるのか見てみる。しかし、また夢の中に何がないのかにも注意を払う。次に、夢主と夢の要素の関係性に着目し、夢主がそれにどのように反応しているかよく見てみる。特にこれらの要素に対して夢主が感情的に関連づけているのかに注意する。できる限り、夢を思い出そうと努力することが求められる。その細部とそれに対する夢主の反応を探索しているときにはできる限り思い出した夢の中に近づくようにする。その内容を徐々に磨きをかけていくように努める。

夢主にとっては、彼の覚醒時の生活に対する夢の「重要性」を見つけだせるような訓練を積んだ知識の豊富なセラピストの手ほどきを受けることが必要となる。セラピストはクライエントの生活史や夢を見る前の状況について知る必要はない。セラピストは解釈は提供しないが、実存的な経験としての夢についてはコメントし、「覚醒時の生活で似たようなことはなかったですか」といったような「役立つコメントやヒント」を提供する。夢は夢主が見ることができたものがその中で明らかにしたもの以上の何物でもなく、それが夢主の個人的な特性をどのように指示しているか以上のことは意味しない。夢の経験そのものこそが焦点となる。

ボスにとっては、夢は心理療法にとって有効である。なぜなら夢主のパーソナリティにおける制約を示すことができるが、またそれは成長への潜在力を明らかにすることもできるからである。それらは経験の変換ともなりうる。彼はまた、われわれは非日常的な夢の現象に特別な注意を払う必要がある点も強調する。

夢の現存在分析についての評価

覚醒と夢の間に差別を置くことは不可能であるという彼の指摘は、第四章で述べたように実際に実証的に大規模な夢の調査を行った結果、実証されたことなのである。さらに第七章にまとめた明晰夢の研究からも支持される。夢を解釈するのではなく夢そのものをとらえようとする彼らの姿勢は、実は実験心理学の根幹にある発想と同一であり、本書のテーマである認知心理学的夢研究での指摘と一致する点が多いのである。ボスの著作が一九五三年であったことを考えると、先に挙げたアドラーと並んでその先見性には驚かされるものがある。しかし、後に述べる最近の研究ではボスの知見が引用されることはほとんどない点が大変残念である。いずれにせよ、解釈を行うのではなく現象そのものに寄り添う現象学的な観察から得られた結果の持つ、時代を超えた普遍性は重視すべきことであると思われる。

Q　フロイトが無意識を発見したことはすばらしいことかもしれないが、使い方を間違えると無意識が「権威」を持ってしまいかねない。例えばカウンセラーの「こじつけ」が「あなたには意識できない深層心理の現れ」という言葉で正当化されてしまうこともありうるのはとても怖いことだと思った。

A　まさにそのとおり。とても重要な指摘ですね。さらに、これは「無意識」に限らず臨床心理すべてに関わってくることでもあります。

Q　一般向けに売られている夢分析の本は当たっているのでしょうか？

A　例えば水が出てきたら「それは羊水の象徴だから出産を意味する」なんて解釈があったとしたらそれは非科学的で根拠がなく信用できないと私は考えます。しかし、夢で水が出てきたときに「あなたはこの水についてどう感じましたか」という質問が返ってきて、あなたの解釈を元にそのことの意味を一緒に考えてくれるのなら結構理にかなった解釈だなあと思います。

コラム4　心理療法では患者が治療者の、治療者は患者の夢を見る

クララ・ヒル（Clara E. Hill）は夢を使った認知行動療法の実践家として活発な活動を行っている。そのレビューの中から興味深い話題をとりあげよう（Hill, 2007）。

クライエントはセラピストの夢を見る

臨床的な視点に立つと、クライエントがセラピストについての夢を見たかどうかを確かめることは大変有益である。セラピストについて夢見ることはクライエントの夢の約一〇%で起こることが見出されている（Rosenbaum, 1965）。これらの夢では、セラピストは実際の事物として現れ、クライエントはそれに頼ろうとする。夢はクライエントとセラピストの内的世界を調べることにおいてより深く進める信号として役立つと結論している。

セラピストはクライエントについて夢見る

セラピストがクライエントについて夢見ることには、フロイト自身によって初めて記録され解釈された。クライエントについての夢は事例研究で稀に現れる程度で逸話的でしかないので、実証的な研究はほとんど行われていない。これらの夢の理解の持つ治療的な有効性について知られている点とセ

ラピストがそれをどう扱うかについては以下のようなことがある。精神分析家と訓練中の分析家に対する質問紙調査（Lester et al., 1989）では経験が少ないセラピストや訓練中の人は訓練されたセラピストよりクライエントについての夢を見ることは少ないということが示されている。この研究者はまた、これらの夢において性的・エロチック、本能的、競争的、感情にのまれる、クライエントと同一化するか生き写しになる、クライエントに対してサディスティックなコントロールを行うという六つのテーマがあると述べている。

さらに、精神分析的、もしくはユング派の視点からクライエントについての夢を検討した研究がある。逆転移に着目しクライエントについての夢をスーパーバイズに用いた一つの研究では（Karcher, 1999）、ほとんどの夢は訓練を受けている人の逆転移を明らかにしており、訓練を受けている人は彼らのスーパーバイザーがこれらの夢に注意を払ったことから恩恵を受けていると知覚していることを示した。デガーニは、セラピストは治療に変化が生じた時期にクライエントについての夢を見ることを示した。彼らが難しいクライエントと関わっているとき、それらが願望充足として機能し、関係性の問題について取り扱い、不快な感情を一掃した時、夢の解釈からの洞察が治療的な飛躍を引き起こした場合であるという（Degani, 2001）。

おわりに

昔者、荘周、夢為胡蝶、栩栩然胡蝶也、自喩適志與、不知周也、俄然覚、則蘧然周也、不知、周之夢為胡蝶與、與與胡蝶、則必有分矣、此之謂物化、

むかし、荘周は自分が蝶になった夢を見た。楽しく飛びまわる蝶になりきって、のびのびと快適であったからであろう。自分が荘周であることを自覚しなかった。ところが、ふと目がさめてみるとまぎれもなく荘周である。いったい荘周が蝶となった夢を見たのだろうか、それとも蝶が荘周となった夢を見ているのだろうか。荘周と蝶とは、きっと区別があるだろう。そうした意向を物化(すなわち万物の変化)と名付けるのだ。(『荘子』内篇斉物論篇第二　十三)

金谷治は翻訳した荘子内篇の冒頭の解説で荘子の哲学の二つの柱を挙げ、その一つが現実世界の対

立差別の姿をすべて虚妄としてしりぞける万物斉同の哲学であると指摘する。この考え方は差別的な現象の奥にあってそれをつらぬいている同一性としての絶対的な理法に注目するのであるという。

　夢について論じられる時に必ずといってよいほど引用される荘子の胡蝶の夢の話であるが、これは夢見と覚醒という対立差別を虚妄であるということを示す例なのである。それはまさに夢見の認知心理学の立場と一致する。そして差別的な現象の奥にあってそれをつらぬく同一性とは「認知」のメカニズムなのである。二〇〇〇年以上前にすでに荘周はそれを見抜いていたのである。

人名索引

ア　行

カ　行

サ　行

タ　行

ナ　行

ハ　行

マ　行

マッケら（Maquet et al.） 39
松田英子 3
マドセンら（Madsen et al.） 39
マルクス（Marx） 10
マンデル（Mandel） 156
宮城音弥 165
ミュルジン（Murzyn） 167
メイ，ロロ（May, R.） 245
メンデルソンら（Mendelson et al.） 131, 132
モーリー（Maury） 46

ヤ 行

ユング，カール（Jung, C.） 234, 243, 256, 257, 259

ラ 行

ラサガとラサガ（Lasaga & Lasaga） 92
ラバージ（LaBerge） 23, 138, 140, 147, 154
ラバージとデメント（LaBerge & Dement） 149, 150
ラバージら（LaBerge et al.） 142, 145, 148
リナスとリバリィ（Llinas & Ribary） 37, 40
リバリィら（Ribary et al.） 37
ルクレティウス（Lucretius） 42
レヒトシャッフェンとフォルクス（Rechtschaffen & Foulkes） 92
レボンスオ（Revonsuo） 135
ロイス，ジョサイア（Royce, J.） 8
ロジャース，カール（Rogers, C.） 245
ロック，アンドレア（Rock, A.） 4, 17

ワ 行

渡辺恒夫 21

事項索引

ア　行

カ　行

サ 行

タ　行

ナ　行

ハ　行

マ　行

ヤ　行

ラ　行

ワ　行

アルファベット

引用文献

第一章

Antrobus, J. (1983). REM and NREM sleep reports: Comparison of word frequencies by cognitive classes. *Psychophysiology*, **20**, 562-568.

Aserinsky, E. & Kleitman, N. (1953). Regularly occurring periods of eye motility, and concomitant phenomena, during sleep. *Science*, **118**, 273-274.

Auerbach, S. (2007). Dreams and dreaming in disorders of sleep. In *The new science of dreaming, vol. 1. Biological aspects.* London: Praeger.

Calkins, M. W. (1893). Minor studies from the psychological laboratory of Clark University: Statistics of dreams. *The American Journal of Psychology*, **5**, 311-343.

Colman, A. M. (1994). What is psychology? In A. M. *Colman (Ed.), Companion Encyclopedia of Psychology vol. 1.* London: Routledge.

Crick, F., & Mitchison, G. (1983). The function of dream sleep. *Nature*, **304**, 111-114.

Dement, W., & Kleitman, N. (1957). The relation of eye movements during sleep to dream activity: An objective method for the study of dreaming. *Journal of Experimental Psychology*, **53**, 339-346.

Domhoff, G.W. (1996). *Finding meaning in dreams: A quantitative approach.* New York, NY: Plenum Press.

Domhoff, G. W. (2001). A new neurocognitive theory of dreams. *Dreaming*, **11**, 13-33.

Foulkes, D. (1962). Dream reports from different stages of sleep. *Journal of Abnormal and Social Psychology*, **65**, 14-25.

Foulkes, D. (1999). *Children's dreaming and the development of consciousness.* Cambridge, MA: Harvard University Press.

Foulkes, D., & Rechtschaffen, A. (1964). Presleep determination of dream content: Effects of two films. *Perceptual and Motor Skills*, **19**, 983-1005.

Foulkes, D., & Schmidt, M. (1983). Temporal sequence and unit composition in dream reports from different stages of sleep. *Sleep: Journal of Sleep Research*

& Sleep Medicine, **6**, 265-280.

Goodenough, D. R., Shapiro, A., Holden, M., & Steinschriber, L. (1959). A comparison of 'dreamers' and 'nondreamers': Eye movements, electroencephalograms, and the recall of dreams. *The Journal of Abnormal and Social Psychology*, **59**, 295-302.

Griffith, R. M., Miyagi, O., & Tago, A. (1958). Universality of typical dreams: Japanese vs. Americans. *American Anthropologist*, **60**, 1173-1179.

Haggbloom, S. J., Warnick, R., Warnick, J. E., Jones, V. K., Yarbrough, G. L., Russell, T. M., Borecky, C. M., McGahhey, R., Powell, J. L. III, Beavers, J., Monte, E. (2002). The 100 most eminent psychologists of the 20th century. *Review of General Psychology*, **6**, 139-152.

Hall, C. S., & van de Castle, R. L. (1966). *The content analysis of dreams.* East Norwalk, CT: Appleton-Century-Crofts.

Hartmann, E. (1998). *Dreams and nightmares: The new theory of the origin and meaning of dreams.* New York: Plenum trade.

Hobson, J. A. (1988). *The dreaming brain.* NY: Basic Books.（ホブソン，J. A. 井上昌次郎（訳）(1992)．夢見る脳　どうぶつ社）

Hobson, J. A. (1989). *Sleep.* NY: Scientific American Library.（ホブソン，J. A. 井上昌次郎・河野栄子（訳）(1991)．眠りと夢　東京化学同人）

Hobson, J. A. (1994). Sleep and dreaming. In A. M. Colman (Ed.), *Companion Encyclopedia of Psychology,* Vol. 2. London: Routledge.

Hobson, J. A. (1999). *Dreaming as delirium: How the brain goes out of its mind.* Cambridge, Mass: MIT Press.（ホブソン，J. A. 池谷裕二（監訳）池谷香（訳）(2007)．夢に迷う脳　朝日出版社）

Hobson, J. A., & Stickgold, R. (1994). Dreaming: A neurocognitive approach. *Consciousness and Cognition: An International Journal*, **3**, Special issue: Dream consciousness: A neurocognitive approach. 1-15.

Hurovitz, C. S., Dunn, S., Domhoff, G. W., & Fiss, H. (1999). The dreams of blind men and women: A replication and extension of previous findings. *Dreaming,* **9**, 183-193.

河合隼雄（1981）．夢　心理学事典 新版　平凡社.

小熊虎之助（1957）．夢　心理学辞典　平凡社.

松田英子（2006）．夢想起メカニズムと臨床的応用　風間書房.

Nielsen, T. A. (2000). A review of mentation in REM and NREM sleep: 'Covert' REM sleep as a possible reconciliation of two opposing models. *Behavioral and Brain Sciences*, **23**, 851-866.

Nielsen, T. A. (2003). A review of mentation in REM and NREM sleep: "Covert" REM sleep as a possible reconciliation of two opposing models. In E. F. Pace-Schott, M. Solms, M. Blagrave, & S. Harnad (Eds.), *Sleep and*

Dreaming. Cambridge: Cambridge University Press.

Nikles, C. D. II, Brecht, D. L., Klinger, E., & Bursell, A. L. (1998). The effects of current-concern- and nonconcern-related waking suggestions on nocturnal dream content. *Journal of Personality and Social Psychology*, **75**, 242-255.

大熊輝雄（1977）．睡眠の臨床　医学書院.

Rock, A. (2004). *The mind at night: The new science of how and why we dream.* NY: Basic Books.（ロック，A. 伊藤和子（訳）（2006）．脳は眠らない　ランダムハウス講談社）

Schredl, M. (2000). Continuity between waking life and dreaming: Are all waking activities reflected equally often in dreams? *Perceptual and Motor Skills,* **90**, 844-846.

Solms, M. (2000). Dreaming and REM sleep are controlled by different brain mechanisms. *Behavioral and Brain Sciences*, **23**, 843-850.

Strauch, I., & Lederbogen, S. (1999). The home dreams and waking fantasies of boys and girls between ages 9 and 15: A longitudinal study. *Dreaming*, **9**, 153-161.

渡辺恒夫（2010）．人はなぜ夢を見るのか　化学同人.

Winson, J. (1985). *Brain and psyche: The biology of the unconscious.* NY: Doubleday.（ウィンソン，J. 相馬寿明（訳）（1987）．無意識の構造　どうぶつ社）

Wundt, W. M. (1897). *Outlines of Psychology.* (Trs. by C. H. Judd) New York: G. E. Stechert. (*Grundriß der Psychologie.* 1896 Leipzig: Wilhelm Engelmann.)

第二章

Aserinsky, E. & Kleitman, N. (1953). Regularly occurring periods of eye motility, and concomitant phenomena, during sleep. *Science*, **118**, 273-274.

Aston-Jones, G., & Bloom, F. E. (1981). Activity of norepinephrine-containing neurons in behaving rats anticipates fluctuations in the sleep-waking cycle. *Journal of Neuroscience*, **1**, 876-886.

Behrendt, R. P., & Young, C. (2004). Hallucinations in schizophrenia, sensory impairment, and brain disease: a unifying model. *Behavioral and Brain Sciences,* **27**, 771-830.

Berger, R. J. (1961). Tonus of extrinsic laryngeal muscles during sleep and dreaming. *Science*, **134**, 840.

Bouyer, J. J., Montaron, M.-F., & Rougeul, A. (1981). Fast fronto-parietal rhythms during combined focused attentive behavior and immobility in cat: cortical and thalamic localizations. *Electroencephalography and Clinical Neurophysiology*, **51**, 244-252.

Braun, A. R., Balkin, T. J., Wesensten, N. J., Carson, R. E., Varga, M. Baldwin, P., Selbie, S., Belenky, G., & Herscovitch, P. (1997). Regional cerebral blood flow throughout the sleep-wake cycle. An $H_2^{15}O$ PET study. *Brain: A Journal of Neurology*, **120**, 1173-1197.

Braun, A. R., Balkin, T. J., Wesensten, N. J., Gwadry, F., Carson, R. E., Varga, M., Baldwin, P., Belenky, G., & Herscovitch, P. (1998). Dissociated pattern of activity in visual cortices and their projections during human rapid eye movement sleep. *Science*, **279**, 91-95.

Bunney, W. E., & Bunney, B. G. (2000). Evidence for a compromised dorsolateral prefrontal cortical parallel circuit in schizophrenia. *Brain Research Reviews*, **31**, 138-146.

Collerton, D., Perry, E., & McKeith, I. (2005). Why people see things that are not there: a novel perception and attention deficit model for recurrent complex visual hallucinations. *Behavioral and Brain Science*, **28**, 737-794.

Evarts, E. V. (1962). Activity of neurons in visual cortex of the cat during sleep with low voltage fast EEG activity. *Journal of Neurophysiology*, **25**, 812-816.

Evarts, E. V. (1964). Temporal ptterns of discharge of pyramidal tract neurons during sleep and waking in monkey. *Journal of Neuro Psychology*, **27**, 152-171.

Ey, H. (1967). La dissolution du champ de la conscience dans le phénomène sommeil-veille et ses rapports avec la psychopathologie. *Pres Med*, **75**, 575-578.

Gandolfo, G., Arnaud, C., & Gottesmann, C. (1980). Transmission processes in the ventrobasal complex of rat during the sleep-waking cycle. *Brain research bulletin*, **5**, 553-562.

Giuliano, F., & Rampin, O. (2000). Central noradrenergic control of penile erection. *International Journal of Impotence Research*, **12**, S13-S19.

Gottesmann, C. (2000). Each distinct type of mental state is supported by specific brain functions. *Behavioral and Brain Sciences*, **23**, 941-943.

Gottesmann, C. (2002). The neurochemistry of waking and sleeping mental activity: the disinhibition-dopamine hypothesis. *Psychiatry and clinical neurosciences*, **56**, 345-354.

Gottesmann, C. (2007). A neurobiological history of dreaming. In D. Barrett & P. McNamara (Eds.), *The new science of dreaming, Vol. 1. Biological aspects.* Westport, CT: Praeger Publishers/Greenwood Publishing Group.

Grace, A. A. (2000). Gating of information flow within the limbic system and the pathophysiology of schizophrenia. *Brain Research Reviews*, **31**, 330-341.

Hobson, J. A. (1964). L'activité électrique phasique du cortex et du thalamus au cours du sommeil désynchronisé chez le chat. *C. R. Soc. Biol.*, **158**, 2131-

2135.

Hobson, J. A., McCarley, R. W., & Wyzinski, P. W. (1975). Sleep cycle oscillation: Reciprocal discharge by two brainstem neuronal groups. *Science*, **189**, 55-58.

Jouvet, M. (1962). Recherches sur les structures nerveuses et les mécanismes responsables des différentes phases du sommeil physiologique. *Archives Italiennes de Biologie*, **100**, 125-206.

Jouvet, M., Michel, F., & Mounier, D. (1960). Analyse électroencephalographique comparée du sommeil physiologique chez le chat et chez l'homme. *Revue Neurologigue*, **103**, 189-205.

Kelly, P. H. (1998). Defective inhibition of dream event memory formation: a hypothesized mechanism in the onset and progression of symptoms of schizophrenia. *Brain Research Bulletin*, **46**, 189-197.

Kisley, M. A., Olincy, A., Robbins, E., Polk, S. D., Adler, L. E., Waldo, M. C., & Freedman, R. (2003). Sensory gating impairment associated with schizophrenia persists into REM sleep. *Psychophysiology*, **40**, 29-38.

Léna, I., Parrot, S., Deschaux, O., Muffat-Joly, S., Sauvinet, V., Renaud, B., Suaud-Chagny, M. F., & Gottesmann, C. (2005). Variations in extracellular levels of dopamine, noradrenaline, glutamate, and aspartate across the sleep-wake cycle in the medial prefrontal cortex and nucleus accumbens of freely moving rats. *Journal of Neuroscience Research*, **81**, 891-899.

Libet, B. (1994). The human locus coeruleus and anxiogenesis. *Brain Research*, **634**, 178-180.

Linner, L., Wiker, C., Wadenberg, M. L., Schalling, M., & Svensson, T. H. (2002). Noradrenaline reuptake inhibition enhances the anti-psychotic-like effect of raclopride and potentiates D2-blockage-induced dopamine release in the medial prefrontal cortex of the rat. *Neuropsychopharmacology*, **27**, 691-698.

Llinas, R. R., & Ribary, U. (1993). Coherent 40 Hz oscillation characterizes dream state in humans. *Proceedings of the National Academy of Sciences of the United States of America,* **90**, 2078-2081.

Lövblad, K. O., Thomas, R., Jakob, P. M., Scammell, T., Bassetti, C., Griswold, M., Ives, J., Matheson, J., Edelman, R. R., & Warach, S. (1999). Silent functional magnetic resonance imaging demonstrates focal activation in rapid eye movement sleep. *Neurology*, **53**, 2193-2195.

Madsen, P. L., Holm, S., Vorstrup, S., Friberg, L., Lassen, N. A., & Wildschiodtz, G. (1991). Human regional cerebral blood flow during rapid-eye-movement sleep. *Journal of Cerebral Blood Flow & Metabolism*, **11**, 502-507.

Maloney, K. J., Cape, E. G., Gotman, J., & Jones, B. E. (1997). High-frequency γ-encephalogram activity in association with sleep-wake states and spontaneous behaviors in the rat. *Neuroscience*, **76**, 541-555.

Maquet, P., & Franck, G. (1997). REM sleep and amygdala. *Molecular Psychiatry*, **2**, 195-196.

Maquet, P., Péters, J., Aerts, J., Delfiore, G., Degueldre, C., Luxen, A., & Franck, G. (1996). Functional neuroanatomy of human rapid-eye-movement sleep and dreaming. *Nature*, **383**, 163-166.

Marrosu, F., Portas, C., Mascia, M. S., Casu, M. A., Fà, M., Giagheddu, M., Imperato, A., & Gessa, G. L. (1995). Microdialysis measurement of cortical and hippocampal acetylcholine release during sleep-wake cycle in freely moving cats. *Brain Research*, **671**, 329-332.

Massimini, M., Ferrarelli, F., Huber, R., Esser, S. K., Singh, H., & Tononi, G. (2005). Breakdown of cortical effective connectivity during sleep. *Science*, **309**, 2228-2232.

Maury, F. (1861). Le sommeil et les rêves [Sleep and dreams]. Paris: Didier.

McGinty, D., & Harper, R. (1976). Dorsal raphé neurons: depression of firing during sleep in cats. *Brain Research*, **101**, 569-575.

Miyauchi, S., Takino, R., Fukuda, H., & Torii, S. (1987). Electrophysiological evidence for dreaming: Human cerebral potentials associated with rapid eye movement during REM sleep. *Electroencephalography and Clinical Neurophysiology*, **66**, 383-390.

Muzio, J. N., Roffwarg, H. P., & Kaufman, E. (1966). Alterations in the nocturnal sleep cycle resulting from LSD. *Electroencephalography and Clinical Neurophysiology*, **21**, 313-324.

Nahum, L. H. (1965). The functions of dream cycles. *Connecticut Medicine*, **29**, 701-705.

Parsons, L. M., Sergent, J., Hodges, D. A., & Fox, P. T. (2005). Brain basis of piano performance. *Neuropsychologia*, **43**, 199-215.

Pommier, J. (1970). *Le langage intérieur* [The inner language]. Paris: Denoel book.

Rechtschaffen, A., & Kales, A. (1968). *A manual of standardized terminology, techniques and scoring system for sleep stages of human subjects.* Washington. D. C.: Public Health Service, U. S. Government Printing Office. (レクトシャッフェン, A・カーレス, A. 清野茂博（訳）(2010). 復刻版睡眠脳波アトラス——標準用語・手技・判定法　医歯薬出版)

Revonsuo, A. (2000). The reinterpretation of dreams: An evolutionary hypothesis of the function of dreaming. *Behavioral and Brain Sciences*, **23**, 877-901.

Ribary, U., Ioannides, A. A., Singh, K. D., Hasson, R., Bolton, J. P., Lado, F., Mogilner, A., & Llinas, R. (1991). Magnetic field tomography of coherent thalamocortical 40-Hz oscillations in humans. *Proceedings of the National Academy of Sciences of the United States of America*, **88**, 11037-11041.

Solms, M. (2000). Dreaming and REM sleep are controlled by different brain mechanisms. *Behavioral and Brain Sciences*, **23**, 843-850.

Steriade, M., Paré, D., Bouhassira, D., Deschênes, M., & Oakson, G. (1989). Phasic activation of lateral geniculate and perigeniculate thalamic neurons during sleep with ponto-geniculo-occipital waves. *Journal of Neuroscience*, **9**, 2215-2229.

Tononi, G., & Edelman, G. M. (2000). Schizophrenia and the mechanisms of conscious integration. *Brain Research Reviews*, **31**, 391-400.

Toyoda, J. (1964). The effects of chlorpromazine and imipramine on the human nocturnal sleep electroencephalogram. *Folia Psychiatrica et Neurologia*, **18**, 198-221.

Wamsley, J., & Antrobus, J. S. (2007). Dream production: A neural network attractor, dual rhythm regional cortical activation, homeostatic model. In D. Barrett & P. McNamara (Eds.), *The new science of dreaming, Vol. 1. Biological aspects.* Westport, CT: Praeger Publishers/Greenwood Publishing Group.

Weitzman, E. D., Fishbein, W., & Graziani, L. (1965). Auditory evoked responses from newborn infants during sleep. *Pediatrics*, **35**, 458.

Williams, H. L., Tepas, D. I., & Morlock, H. C. Jr. (1962). Evoked responses to clicks and electroencephalographic stages of sleep in man. *Science*, **138**, 685-686.

第三章

Charcot, J.-M. (1883). Un cas de suppression brusque et isolée de la vision mentale des signes et des objects. *Progrès Médical*, **11**, 568-571.

Critchey, M. (1953). *The parietal lobes*. London: Edward Arnold.

Fechner, G. T. (1889). *Elemente der Pshchophysik.* 2nd ed. Leipzig: Breitkopf & Härtel.

Hobson, J. A., & McCarley, R. W. (1977). The brain as a dream state generator: An activation-synthesis hypothesis of the dream process. The American *Journal of Psychiatry*, **134**, 1335-1348.

Hobson, J. A., Pace-Schott, E. F., & Solms, M. (2003). Dreaming and the brain. In E. F. Pace-Schott & M. Solms (Eds.), *Sleep and Dreaming.* Cambridge University press.

Kosslyn, S. M. (1994). *Image and brain: The resolution of the imagery debate.* Cambridge, MA: The MIT Press.

Solms, M. (1997). *Neuropsychology of dreams.* Mahwah, NJ: Erbaum.

Wilbrand, H. (1887). *Die Seelenblindheit als Herderscheinung und ihre Beziehungen zur homonymen Hemianopsie zur Alexie und Agraphie.*

Wiesbaden: Bergmann.

第四章

Barrett, D. (1991). Flying dreams and lucidity: An empirical test of their relationship. *Dreaming*, **1**, 129-134.

Bednar, J. A. (2000). Internally-generated activity, non-episodic memory, and emotional salience in sleep. *Behavioral and Brain Sciences*, **23**, 908-909.

Domhoff, G. W. (1996). *Finding meaning in dreams: A quantitative approach.* New York: Plenum. book.

Domhoff, G. W. (2007). Realistic simulation and bizarreness in dream content: past findings and suggestions for future research. In D. Barrett & P. McNamara (Eds.), *The new science of dreaming, Vol. 2.* Westport CT: Praeger.

Domhoff, G. W., Meyer-Gomes, K., & Schredl, M. (2006). Dreams as the expression of conceptions and concerns: a comparison of German and American college students. *Imagination Cogntion Personality*, **25**, 269-282.

Domhoff, G. W., & Schneider, A. (1999). Much ado about very little: the small effect sizes when home and laboratory collected dreams are compared. *Dreaming*, **9**, 139-151.

Dorus, E., Dorus, W., & Rechtschaffen, A. (1971). The incidence of novelty in dreams. *Archives of General Psychiatry,* **25**, 364-368.

Fosse, M. J., Fosse, R., Hobson, A., & Stickgold, R. J. (2003). Dreaming and episodic memory: A functional dissociation? *Journal of Cognitive Neuroscience*, **15**, 1-9.

Foulkes, D. (1982). *Children's dreams.* New York: Wiley book.

Foulkes, D., & Cavallero, C. (1993). Introduction. In C. Cavallero & D. Foulkes (Eds.), *Dreaming as cognition.* New York: Harvester Wheatsheaf.

Foulkes, D., Hollifield, M., Sullivan, B., Bradley, L., & Terry, R. (1990). REM dreaming and cognitive skills at ages 5-8: a cross-sectional study. Intnational *Journal of Behavior Development*, **13**, 447-465.

Foulkes, D., & Schmidt, M. (1983). Temporal sequence and unit composition in dream reports from different stages of sleep. *Sleep: Journal of Sleep Research & Sleep Medicine*, **6**, 265-280.

Foulkes, D., Sullivan, B., Kerr, N. H., & Brown, L. (1988). Appropriateness of dream feelings to dreamed situations. *Cognition & Emotion*, **2**, 29-39.

Freud, S. (1900). *Die Traumdeutung.* Leipzig und Wien: F. Deuticke. (フロイト, S. 高橋義孝・菊森英夫（訳）(1994). 夢判断（上・下）日本教文社)

Hall, C. S. (1966). *Studies of dreams collected in the laboratory and at home.* Santa Cruz, CA: Institute of Dream Rearch.

Hall, C., & Van De Castle, L. R. (1966). *The content analysis of dreams.* East Norwalk, CT: Appleton-Century-Crofts.

Hobson, J. A. (2002). *Dreaming: An introduction to the science of sleep.* London: Oxford University Press.

Hobson, J. A., & McCarley, R. W. (1977). The brain as a dream state generator: An activation-synthesis hypothesis of the dream process. The *American Journal of Psychiatry*, **134**, 1335-1348.

Kahn, D., & Hobson, J. A. (2002). Stereotypic gender-based emotions are not detectable in dream reports. *Dreaming*, **12**, 209-222.

Kahn, D., & Hobson, J. A. (2005a). State-dependent thinking: A comparison of waking and dreaming thought. *Consciousness and Cognition*, **14**, 429-438.

Kahn, D., & Hobson, J. A. (2005b). Theory of mind and dreaming: Awareness of feelings and thoughts of others in dreams. *Dreaming*, **15**, 48-57.

Klinger, E., & Cox, W. M. (1987). Dimensions of thought flow in everyday life. Imagination, *Cognition and Personality*, **7**, 105-128.

Lortie-Lussier, M., Simond, S., Rinfret, N., & de Koninck, J. (1992). Beyond sex differences: Family and occupational roles' impact on women's and men's dreams. *Sex Roles*, **26**, 79-96.

Prasad, B. (1982). Content analysis of dreams of Indian and American college students--a cultural comparison. *Journal of Indian Psychology*, **4**, 54-64.

Reinsel, R., Antrobus, J., & Wollman, M. (1992). Bizarreness in dreams and waking fantasy. In J. Antrobus & M. Berlini (Eds.), *The neuropsychology of sleep and dreaming.* Hillsdale, NJ: Erlbaum.

Revonsuo, A., & Salmivalli, C. (1995). A content analysis of bizarre elements in dreams. *Dreaming*, **5**, 169-187.

Rittenhouse, C., Stickgold, R., & Hobson, J. A. (1994). Constraint on the transformation of characters, objects and settings in dream reports. *Consciousness and Cognition*, **3**, 100-113.

Snyder, F. (1970). The phenomenology of dreaming. In L. Madow & L. Snow (Eds.), *The psychodynamic implications of the physiological studies on dreams.* Springfield, IL: Thomas.

Snyder, F., Karacan, I., Thrap, K. Jr., & Scott, J. (1968). Phenomenology of REM dreaming. *Psychophysiology*, **4**, 375.

Strauch, I. (2003). *Träume im Übergang von der Kindheit ins Jugendalter. Ergebnisse einer Langzeitstudie.* Bern: Huber book.

Strauch, I. (2005). REM dreaming in the transition from late childhood to adolescence: A longitudinal study. *Dreaming*, **15**, 155-169.

Strauch, I., & Meier, B. (1996). *In search of dreams: Results of experimental dream research.* Albany: State University of New York Press.

Underwood, M. K. (2003). *Social aggression among girls.* New York: Guilford.
Yamanaka, T., Morita, Y., & Matsumoto, J. (1982). Analysis of the dream contents in college students by REM-awakening technique. *Folia Psychiatrica et Neurologica Japonica*, **36**, 33-52.

第五章

Arkin, M., & Antrobus, J. S. (1991). The effects of external stimuli applied prior to and during sleep on sleep experience. In S. J. Ellman, J. S. Antrobus (Eds.), *The mind in sleep: Psychology and psychophysiology.* Oxford: Lawrence Erlbaum.
Baekeland, F., Resch, R., & Katz, D. (1968). Presleep mentation and dream reports: I. Cognitive style, contiguity to sleep, and time of night. *Archives of General Psychiatry*, **19**, 300-311.
Baldridge, B. J. (1966). Physical concomitants of dreaming and the effect of stimulation on dreams. *Ohio State Medical Journal*, **62**, 1271-1279.
Barber, T. X., Walker, P. C., & Hahn, K. W. (1973). Effects of hypnotic induction and suggestions on nocturnal dreaming and thinking. *Journal of Abnormal Psychology*, **82**, 414-427.
Berger, L., Hunter, I., & Lane, R. W. (1971). *The effect of stress on dreams.* Oxford: International Universities Press.
Berger, R. J. (1963). Experimental modification of dream content by meaningful verbal stimuli. *British Journal of Psychiatry*, **109**, 722-740.
Bokert, E. (1968). *The effects of thirst and a related verbal stimulus on dream reports.* Doctoral dissertation, New York University.
Cartwright, R. D., Bernick, N., & Borowitz, G. (1969). Effect of an erotic movie on the sleep and dreams of young men. *Archives of General Psychiatry*, **20**, 262-271.
Castaldo, V., & Holzman, P. S. (1967). The effects of heraing one's own voice on sleep mentation. *Journal of Nervous and Mental Disease*, **144**, 2-13.
Castaldo, V., & Holzman, P. S. (1969). The effects of hearing one's own voice on dream content: A replication. *Journal of Nervous and Mental Disease*, **148**, 74-82.
De Koninck, J. M., & Koulack, D. (1975). Dream content and adaptation to a stressful situation. *Journal of Abnormal Psychology*, **84**, 250-260.
Dement, W., & Wolpert, E. A. (1958). The relation of eye movements, body motility, and external stimuli to dream content. *Journal of Experimental Psychology*, **55**, 543-553.
Foulkes, D., Larson, J. D., Swanson, E. M., & Rardin, M. (1969). Two studies of

childhood dreaming. *American Journal of Orthopsychiatry*, **39**, 627-643.

Foulkes, D., Pivik, T., Steadman, H. S., Spear, P. S., & Symonds, J. D. (1967). Dreams of tha male child: an EEG study. *Journal of Abnormal Psychology*, **72**, 457-467.

Foulkes, D., & Rechtschaffen, A. (1964). Presleep determination of dream content: Effects of two films. *Perceptual and Motor Skills*, **19**, 983-1005.

Foulkes, D., & Shepherd, J. (1972). Stimulus incorporation in chldren's dreams. *Sleep Research*, **1**, 119.

Goodenough, D. R., Witkin, H. A., Koulack, D., & Cohen, H. (1975). The effects of stress films on dream affect and on respiration and eye-movement activity during rapid-eye-movement sleep. *Psychophysiology*, **12**, 313-320.

Hauri, P. (1970). Evening activity, sleep mentation, and subjective sleep quality. *Journal of Abnormal Psychology*, **76**, 270-275.

Karacan, I., Goodenough, D. R., Shapiro, A., & Starker, S. (1966). Erection cycle during sleep in relation to dream anxiety. *Archives of General Psychiatry*, **15**, 183-189.

Lasaga, J. I., & Lasaga, A. M. (1973). Sleep learning and progressive blurring of perception during sleep. *Perceptual and Motor Skills*, **37**, 51-62.

Orr, W. F., Dozier, J. E., Green, L., & Cromwell, R. L. (1968). Self-induced waking: Changes in dreams and sleep patterns. *Comprehensive Psychiatry*, **9**, 499-506.

Rechtschaffen, A., & Foulkes, D. (1965). Effect of visual stimuli on dream content. *Perceptual and Motor Skills*, **20**, 1149-1160.

Stoyva, J. M. (1961). *The effects of suggested dreams on the length of rapid eye movement periods*. Doctoral Dissertation, University of Cicago.

Tart, C. T. (1964). A comparison of suggested dreams occurring in hypnosis and sleep. *International Journal of Clinical and Experimental Hypnosis*, **12**, 263-289.

Tart, C. T., & Dick, L. (1970). Conscious control of dreaming: The posthypnotic dream. *Journal of Abnormal Psychology*, **76**, 304-315.

Witkin, H. A. (1969). Presleep experiences and dreams. In J. Fisher & L. Breger (Eds.), *The meaning of dreams: Recent insights from the laboratory*. California Mental Health Research Symposium, **3**, 1-37.

Witkin, H. A., & Lewis. H. B. (1967). Presleep experiences and dreams. In H. A. Witkin & H. B. Lewis (Eds.), *Experimental studies of dreaming*. New York: Randam House.

Wood, P. (1962). *Dreaming and social isolation*. Unpublished doctoral dissertation. University of North Carolina. Ann Arbor, MI: University Microfilms#6-3571.

第六章

Amadeo, J., & Gomez, E. (1966). Eye movements, attention, and dreaming in subjects with life-long blindness. *Canadian Psychiatric Association Journal*, **11**, 501-507.

Arditi, A., Holtzman, J. D., & Kosslyn, S. M. (1988). Mental imagery and sensory experience in congenital blindness. *Neuropsychologia*, **26**, 1-12.

Barrett, J., & Ehrlichman, H. (1982). Bilateral hemispheric alpha activity during visual imagery. *Neuropsychologia*, **20**, 703-708.

Berger, R. J., Olley, P., & Oswald, I. (1962). The eec, eye-movements and dreams of the blind. *The Quarterly Journal of Experimental Psychology*, **14**, 183-186.

Bértolo, H., Paiva, T., Pessoa, L., Mestre, T., Marques, R., & Santos, R. (2003). Visual dream content, graphical representation and EEG alpha activity in congenitally blind subjects. *Cognitive Brain Research*, **15**, 277-284.

Blank, H. R. (1958). Dreams of the blind. *Psychoanalytic Quarterly*, **27**, 158-174.

Büchel, C., Price, C. J., Frackowiak, R.S.J., & Friston, K. J. (1998). Different activation patterns in the visual cortex of late and congenitally blind subjects. *Brain*, **121**, 409-419.

Cantero, J. L., Atienza, M., & Salas, R. M. (2002). Human alpha oscillations in wakefulness, drowsiness period, and REM sleep: different electroencephalographic phenomena within the alpha band. *Clinical Neurophysiology*, **32**, 54-71.

Cantero, J. L., Mercedes, A., & Rosa, M. (2000). Spectral features of EEG alpha activity in human REM sleep: Two variants with different functional roles? *Journal of Sleep & Sleep Disorders Research*, **15**, 746-750.

De Volder, A. G., Toyama, H., Kimura, Y., Kiyosawa, M., Nakano, H., Vanlierde, A., Wanet-Defalque, M. C., Mishina, M., Oda, K., Ishiwata, K., & Senda, M. (2001). Auditory triggered mental imagery of shape involves visual association areas in early blind humans. *Neuroimage*, **14**, 129-139.

Duntley, S. P., Kim, A. H., Silbergeld, D. L., & Miller J. W. (2001). Characterization of the mu rhythm during rapid eye movement sleep. *Clinical Neurophysiology*, **112**, 528-531.

Foulkes, D. (1982). *Children's dreams.* New York: Wiley book.

Foulkes, D. (1999). *Children's dreaming and the development of consciousness.* Cambridge, MA: Harvard University Press.

Gilliland, J., & Stone, M. (2007). Color and communication in the dreams of hearing and deaf persons. *Dreaming*, **17**, 48-56.

Gross, J., Byrne, J., & Fisher, C. (1965). Eye movements during emergent Stage

1 EEG in subjects with lifelong blindness. *Journal of Nervous and Mental Disease*, **141**, 365-370.

Haber, R. N., Haber, L. R., Levin, C. A., & Hollyfield, R. (1993). Properties of spatial representations: Data from sighted and blindsubjects. *Perception & Psychophysics*, **54**, 1-13.

Hall, C. S., & Van de Castle, R. L. (1966). *The content analysis of dreams.* East Norwalk, CT: Appleton-Century-Crofts.

Holzinger, B. (2000). The dreams of the blind: in consideration of the congenital and adventitously blindness. *Journal of Sleep Research*, **9**, 83.

Hurovitz, C. S., Dunn, S., Domhoff, G. W., & Fiss, H. (1999). The dreams of blind men and women: A replication and extension of previous findings. *Dreaming,* **9**, 183-193.

加納慎一郎・吉信達夫・星宮望. (2006). 足動作のイメージの有無を脳波から検出する BCI システムの基礎的検討 信学技報 **MBE2006-68**, 9-12.

Kennedy, J. (1993). *Drawing and the blind: Pictures to touch.* New Haven, CT: Yale University Press.

Kennedy, J. (1997). How the blind draw. *Scientific American*, **276**, 59-65.

Kerr, N. H. (2000). Dreaming, imagery and perception, In M. H. Kryger, T. Roth, & W. C. Dement (Eds.), *Principles and Practice of Sleep Medicine.* 3rd ed, 6, W. B. Saunders. pp. 482-490.

Kerr, N. H., & Domhoff, G. W. (2004). Do the blind literally 'see' in their dreams? A critique of a recent claim that they do. *Dreaming*, **14**, 230-233.

Kerr, N. H., Foulkes, D., & Schmidt, M. (1982). The structure of laboratory dream reports in blind and sighted subjects. *Journal of Nervous and Mental Disease,* **170**, 286-294.

Kerr, N. H., & Johnson, T. H. (1991). Word norms for blind and sighted subjects: Familiarity, concreteness, meaningfulness, imageability, imagery modality, and word associations. *Behavior Research Methods, Instruments & Computers,* **23**, 461-485.

Kirtley, D. D. (1975). *The psychology of blindness.* Chicago: Nelson-Hall.

Kosslyn, S. M., Thompson, W. L., & Alpert, N. M. (1997). Neural systems shared by visual imagery and visual perception: A positron emission tomography study. *NeuroImage*, **6**, 320-334.

Manshanden, I., De Munck, J. C., Simon, N. R., & Silva, F. H. (2002). Source localization of MEG sleep spindles and the relation to sources of alpha band rhythms. *Clinical Neurophysiology*, **113**, 1937-1947.

Max, L. W. (1935). An experimental study of the motor theory of consciousness Ⅲ. Action-current responses in the deaf-mutes during sleep sensory stimulation and dreams. *Journal of Comparative Psychology*, **19**, 469-486.

Mendelson, J., Siger, L., & Solomon, P. (1960). Psychiatric observations on congenital and acquired hearing impairedness: Symbolic and perceptual processes in dreams. *American Journal of Psychiatry*, **116**, 883-888.

Rauschecker, J. P. (1995). Compensatory plasticity and sensory substitution in the cerebral cortex. *Trends in Neurosciences*, **18**, 36-43.

da Silva, F. H. L. (2003). Visual dreams in the congenitally blind? Trends in *Cognitive Sciences*, **7**, 328-330.

Stoyva, J. M. (1965). Finger electromyographic activity during sleep: Its relation to dreaming in deaf and normal subjects. *Journal of Abnormal Psychology*, **70**, 343-349.

Vecchi, T. (1998). Visuo-spatial imagery in congenitally totally blind people. *Memory*, **6**, 91-102.

第七章

Antrobus, J. S. (1986). Dreaming: Cortical activation and perceptual thresholds. *Journal of Mind and Behavior*, **7**, 193-212.

Antrobus, J. S., Antrobus, J. S., & Fisher, C. (1965). Discrimination of dreaming and nondreaming sleep. *Archives of General Psychiatry*, **12**, 395-401.

Antrobus, J. S., Dement, W., & Fisher, C. (1964). Patterns of dreaming and dream recall: An EEG study. *Journal of Abnormal and Social Psychology*, **69**, 244-252.

Arkin, M., & Antrobus, J. S. (1991). *The mind in sleep: Psychology and psychophysiology*. Oxford: Lawrence Erlbaum.

Brylowski, A., Levitan, L., & LaBerge, S. (1989). H-reflex suppression and autonomic activation during lucid REM sleep: A case study. *Sleep*, **12**, 374-378.

van Eeden, F. (1913). A study of dreams. *Proceedings of the Society for Psychical Research*, **26**, 431-461.

Farah, M. J. (1988). Is visual imagery really visual? Overlooked evidence from neurophysiology. *Psychological Review*, **95**, 307-317.

Fenwick, P., Schatzman, M., Worsley, A., Adams, J., Stone, S., & Baker, A. (1984). Lucid dreaming: Correspondence between dreamed and actual events in one subject during REM sleep. *Biological Psychology*, **18**, 243-252.

Foulkes, D. (1974). Review of Schwartz & Lefebvre (1973). *Sleep Research*, **3**, 113.

Foulkes, D. (1985). *Dreaming: A cognitive-psychological analysis*. Hillsdale, New Jersey: Lawrence Erlbaum Associates.

Green, C. (1968). *Lucid dreams*. London: Hamish Hamilton.

Hartmann, E. (1975). Dreams and other hallucinations: An spproach to the

underlying mechanism. In R. K. Siegal & L. J. West (Eds.), *Hallucinations*. New York: Wiley & Sons.

Hearne, K.M.T. (1978). *Lucid dreams: An electrophysiological and psychological study*. Unpublished doctoral dissertation, University of Liverpool.

Kahan, T. L., & LaBerge, S. (1994). Lucid dreaming as metacognition: Implications for cognitive science. *An International Journal*, **3**, 246-264.

LaBerge, S. (1980a). *Lucid dreaming: An exploratory study of consciousness during sleep*. Doctoral dissertation, Stanford University, University Microfilms International No. 80-24, 691.

LaBerge, S. (1980b). Lucid dreaming as a learnable skill: A case study. *Perceptual and Motor Skills*, **51**, 1039-1042.

LaBerge, S. (1980c). Induction of lucid dreams. *Sleep Research*, **9**, 138.

LaBerge, S. (1985). *Lucid dreaming: The power of being awake and aware in your dreams*. Los Angeles: J. P. Tarcher. (ラバージ, S. 大林正博（訳）(1998). 明晰夢——夢見の技法　春秋社)

LaBerge, S. (1990). Lucid dreaming: Psychophysiological studies of consciousness during REM sleep. In R. R. Bootzin, J. F. Kihlstrom & D. L. Schacter (Eds.), *Sleep and cognition*. Washington, DC: American Psychological Association.

LaBerge, S. (2004). *Lucid dreaming: A Concise guide*. Boulder, CO: Sounds True.

Laberge, S. (2007). Lucid dreaming. In D. Barrettand & P. McNamara (Eds.), *The new Science of dreaming, Vol. 2. Content, recall, and personality correlates*. Westport, CT: Praeger Publisher.

LaBerge, S., & Dement, W. C. (1982a). Voluntary control of respiration during REM sleep. *Sleep Research*, **11**, 107.

LaBerge, S., & Dement, W. C. (1982b). Lateralization of alpha activity for dreamed singing and counting during REM sleep. *Psychophysiology*, **19**, 331-332.

LaBerge, S., Levitan, L., & Dement, W. C. (1986). Lucid dreaming: Physiological correlates of consciousness during REM sleep. *Journal of Mind and Behavior*, **7**, 251-258.

LaBerge, S., Nagel, L., Dement, W. C., & Zarcone, V., Jr. (1981a). Lucid dreaming verified by volitional communication during REM sleep. *Perceptual and Motor Skills*, **52**, 727-732.

LaBerge, S., Nagel, L., Taylor, W., Dement, W. C., & Zarcone, V., Jr. (1981b). Psychophysiological correlates of the initiation of lucid dreaming. *Sleep Research*, **10**, 149.

Levitan, L., LaBerge, S., DeGracia, D. J., & Zimbardo, P. G. (1999). Out-of-body experiences, dreams, and REM sleep. *Sleep and Hypnosis*, **1**, 186-196.

Mandell, A. J. (1980). Toward a psychobiology of transcendence: God in the brain. In J. M. Davidson & R. J. Davidson (Eds.), *The Psychobiology of Consciousness.* New York: Plenum Press.

Maury, L. F. A. (1865). *Le sommeil et les reves* (*Sleep and Dreams*). Paris: Didier.

Ogilvie, R., Hunt, H., Kushniruk, A., & Newman, J. (1983). Lucid dreams and the arousal continuum. *Sleep Research*, **12**, 182.

Ogilvie, R., Hunt, H., Sawicki, C., & McGowan, K. (1978). Searching for lucid dreams. *Sleep Research*, **7**, 165.

Perky, C. W. (1910). An experimental study of imagination. *American Journal of Psychology*, **21**, 422-452.

Piaget, J. (1926). *The child's conception of the world.* New York: Harcourt, Brace & Co.

Pivik, R. T. (1986). Sleep: Physiology and psychophysiology. In M. G. H. Coles, E. Donchin, & S. Forges (Eds.), *Psychophysiology: Systems, processes, and applications.* New York: Guilford Press. pp. 378-406.

Roffwarg, H., Dement, W. C., Muzio, J., & Fisher, C. (1962). Dream imagery: Relationship to rapid eye movements of sleep. *Archives of General Psychiatry,* **7**, 235-238.

Schwartz, B. A., & Lefebvre, A. (1973). Contacts veille/P.M.O. II. Les P.M.O. morcelees [Conjunction of waking and REM sleep. II. Fragmented REM periods.]. *Revue d'Electroencephalographie et de Neurophysiologie Clinique*, **3**, 165-176.

Segal, S. J. (1971). Processing of the stimulus in imagery and perception. In S. J. Segal (Ed.), *Imagery: Current cognitive approaches* (pp. 73-100). New York: Academic Press.

Stoyva, J., & Kamiya, J. (1968). Electrophysiological studies of dreaming as the prototype of a new strategy in the study of consciousness. *Psychological Review*, **75**, 192-205.

Tholey, P. (1988). A model for lucidity training as a means of self-healing and psychological growth. In J. Gackembach & S. LaBerge (Eds.), *Conscious mind, sleeping brain.* New York: Plenum.

第八章

Bentley, M. (1915). The study of dreams, A method adapted to the seminary. *American Journal of Psychology*, **26**, 196-210.

Calkins, M. W. (1893). Statistics of dreams. *American Journal of Psychology*, **5**, 311-343.

Herman, S., & Shows, W. D. (1983). How often do adults recall their dreams?

The International Journal of Aging & Human Development, **18**, 243-254.

Kahn, E., Dement, W., Fisher, C., & Barmack, J. E. (1962). Incidence of color in immediately recalled dreams. *Science*, **137**, 1054-1055.

Knapp, P. H. (1956). Sensory impressions in dreams. *Psychoanalysis Quartary*, **25**, 325-347.

MacCarely, R. W., & Hoffman, E. (1981). REM sleep dreams and ctivation-synthesis hypothesis. *American Journal of Psychiatry*, **138**, 904-912.

松岡和生・畠山孝男・岡田斉（1993）．夢見の形式的特徴に関する質問紙調査（５）――年齢別の単純集計の結果　東北心理学研究，**43**, 11.

宮城音弥（1972）．夢　第２版　岩波書店．

Murzyn, E. (2008). Do we only dream in colour? A comparison of reported dream colourin younger and older adults with different experiences of black and white media. *Consciousness and Cognition*, **17**, 1228-1237.

内閣府　消費動向調査　http://www.esri.cao.go.jp/jp/stat/shouhi/shouhi.html

岡田斉（2000）．夢想起における感覚モダリティ別体験頻度　人間科学研究，**22**, 139-147.

Okada, H., Matsuoka, K., & Hatakeyama, T. (2005). Individual differences in the range of sensory modalities experienced in dreams. *Dreaming*, **15**, 106-115.

Schredl, M., Fuchedzhieva, A., Hämig, H., & Schindele, V. (2008). Do we think dreams are in black and white due to memory problems? *Dreaming*, **18**, 175-180.

Schwitzgebel, E. (2003). Do people still report dreaming in black and white? An attempt to replicate a questionnaire from 1942. *Perceptual and Motor Skills*, **96**, 25-29.

Schwitzgebel, E., Huang, C., & Zhou, Y. (2006). Do we dream in color? Cultural variations and skepticism. *Dreaming*, **16**, 36-42.

第九章

Arkin, M. (1978). *The mind in sleep: Psychology and psychophysiology*. Oxford: Lawrence Erlbaum.

Foulkes, D., Meier, B., Strauch, I., Ken, N. H., Bradley, L., & Hollifield, M. (1993). Linguistic phenomena and language selection in the REM dreams of German-English bilinguals. *International Journal of Psychology*, **28**, 871-891.

Haas, H., Guitar-Amsterdamer, H., & Strauch, I. (1988). Die Erfassung bizarrer Elemente im Traum. *Schweizersche Zeitschrift für Psychologie/Revue suisse de psychologie*, **47**, 237-247.

Hacker, F. (1911). Systematische Traumbeobachtungen mit besonderer Berücksichtigung der Gedanken. *Archiv für die Gesamte Psychologie*, **21**, 1-131.

Hall, C & Van De Castle, R. (1966). *The content analysis of dreams.* East Norwalk, CT: Appleton-Century-Crofts.

Heynick, F. (1983). Theoretical and empirical investigation into verbal aspects of the Freudian Model of Dream Generation. Dissertations-University of Groningen.

Köhler, P. (1912). Beiträge zur systematischen Traumbeobachung. *Archiv für die Gesamte Psychologie*, **23**, 415-483.

Meier, B. (1993). Speech and thinking in dreams. In C. Cavallero & D. Foulkes (Eds.), *Dreaming as cognition.* Hertfordshire: Harvester Wheatsheaf.

Meumann, E. (1909). Über Lesen und Schreiben im Traume. *Archiv für die Gesamte Psychologie*, **15**, 380-400.

Rechtschaffen, A. (1978). The single-mindedness and isolation of dreams. *Sleep*, **1**, 97-109.

Salzarulo, P., & Cipolli, C. (1974). Spontaneously recalled verbal material and its linguistic organization in relation to different stages of sleep. *Biological Psychology*, **2**, 47-57.

Strauch, I., & Meier, B. (1992). *Den Träumen auf der Spur: Ergebnisse der Experimentellen Traumforschung.* Bern: Huber.

第一〇章

Benington, J. H., & Heller, H. C. (1994). Does the function of REM sleep concern non-REM sleep or waking? *Progress in Neurobiology*, **44**, 433-449.

Empson, J.A.C., & Clarke, P.R.F. (1970). Rapid eye movements and rememberring. *Nature*, **227**, 287-288.

Fishbein, W. (1995). Sleep and memory: A look back a look forward. *Sleep Research Society Bulletin*, **2**, 53-58.

Georgotas, A., McCue, R. E., & Cooper, T. B. (1989). A placebo-controlled comparison of nortriptyline and phenelzine in maintenance therapy of elderly depressed patients. *Archives of General Psychiatry*, **46**, 783-786.

Horne, J. A. (1988). *Why we sleep: The function of sleep in human and other mammals.* New York: Oxford University Press.

Horne, J. A., & McGrath, M. J. (1984). The consolidation hypothesis for REM sleep function: Stress and other confounding factors: A review. *Biological Psychology*, **18**, 165-184.

van Hulzen, Z. J., & Coenen, A. M. (1980). The pendulum technique for paradoxical sleep deprivation in rats. *Physiology & Behavior*, **25**, 807-811.

van Hulzen, Z. J., & Coenen, A. M. (1982). Effects of paradoxical sleep deprivation on two-way avoidance acquisition. *Physiology & Behavior*, **29**, 581-587.

Jenkins, J. G., & Dallenbach, K. M. (1924). Obliviscence During Sleep and Waking. *The American Journal of Psychology*, **35**, 605-612.

Karni, A., & Sagi, D. (1993). The time course of learning a visual skill. *Nature*, **365**, 250-252.

Karni, A., Tanne, D., Rubenstien, B. S., Askenasy, J. J. M., & Sagi, D. (1994). Dependence on REM sleep of overnight improvement of a perceptual skill. *Science*, **265**, 679-682.

Lavie, P., Pratt, H., Scharf, B., Peled, R., & Brown, J. (1984). Localized pontine lesion: Nearly total absence of REM sleep. *Neurology*, **34**, 118-120.

Lewin, I., & Glaubman, H. (1975). The effect of REM deprivation: Is it detrimental, beneficial, or neutral? *Psychophysiology*, **12**, 349-353.

McGrath, M. J., & Cohen, D. B. (1978). REM sleep facilitation of adaptive waking behavior: A review of the literature. *Psychological Bulletin*, **85**, 24-57.

Morris, R. G. M. (1981). Spatial localization does not require the presence of local cues. *Learning and Motivation*, **12**, 239-260.

Osorio, I., & Daroff, R. B. (1980). Absence of REM and altered NREM sleep in patients with spinocerebellar degeneration and slow saccades. *Annals of Neurology*, **7**, 277-280.

Spring, B., Gelenberg, A. J., Garvin, R., & Thompson, S. (1992). Amitriptyline, clovoxamine and cognitive function: A placebo-controlled comparison in depressed outpatients. *Psychopharmacology*, **108**, 327-332.

Stickgold, R. Malia, A., Maguire, D., Roddenberry, D., & O'Connor, M. (2000). Replaying the game: Hypnagogic images in normals and amnesics. *Science*, **290**, 350-353.

Vertes, R. P. (1986). A life-sustaining function for REM sleep: A theory. *Neuroscience and Biobehavioral Reviews*, **10**, 371-376.

Vertes, R. P., & Eastman, K. E. (2003). The case against memory consolidation in REM sleep. In E. F. Pace-Schott, M. Solms, M. Blagrove & S. Harnad (Eds.), *Sleep and dreaming: Scientific advances and reconsiderations*. New York: Cambridge University Press.

Vertes, R. P., & Kocsis, B. (1997). Brainstem-diencephalo-septohippocampal systems controlling the theta rhythm of the hippocampus. *Neuroscience*, **81**, 893-926.

Vogel, G. W. (1975). A review of REM sleep deprivation. *Archives of General Psychiatry*, **32**, 749-761.

Wilson, M. A., & McNaughton, B. L. (1994). Reactivation of hippocampal ensemble memories during sleep. *Science*, **265**, 676-679.

Winson, J. (1972). Interspecies differences in the occurrence of theta. *Behavioral Biology*, **7**, 479-487.

Winson, J. (1985). *Brain and psyche: The biology of the unconscious.* NY: Doubleday.（ウィンソン，J. 相馬寿明（訳）(1991). 無意識の構造　どうぶつ社）

Zimmerman, J. T., Stoyva, J. M., & Reite, M. L. (1978). Spatially rearranged vision and REM sleep: A lack of effect. *Biological Psychiatry*, **13**, 301-316.

第一一章

American Sleep Disorders Association (ASDA). (1997). *The international classification of sleep disorders: diagnostic and coding manual.* Rochester, MN: American Sleep Disorders Association.

Apfel, R. J., & Sifneos, P. E. (1979). Alexithymia: Concept and measurement. *Psychotherapy and Psychosomatic*, **32**, 180-190.

Auerbach, S. (2007). Dreams and dreaming in disorders of sleep. In D. Barrett & P. McNamara (Eds.), *The new science of dreaming, Vol. 1. Biological aspects.* London: Praeger.

Belicki, K. (1992). Nightmare frequency versus nightmare distress: Relations to psychopathology and cognitive style. *Journal of Abnormal Psychology*, **101**, 592-597.

Berger, L., Hunter, I., & Lane, R. W. (1971). *The effect of stress on dreams.* Oxford: International Universities Press.

Berquier, A. & Ashton, R. (1992). Characteristics of the nightmare sufferer. *Journal of Abnormal Psychology*, **101**, 246-250.

Bokert, E. (1967). *The effects of thirst and a related verbal stimulus on dream reports.* Doctoral dissertation, New York University.

Bucci, W., Creelman, M. L., & Severino, S. K. (1991). The effects of menstrual cycle hormones on dreams. *Dreaming*, **1**, 263-276.

Cartwright, R. D. (1979). The nature and function of repetitive dreams: a survey and speculation. *Psychiatry*, **42**, 131-137.

De Koninck, J. M., & Koulack, D. (1975). Dream content and adaptation to a stressful situation. *Journal of Abnormal Psychology*, **84**, 250-260.

Delorme, M., Lortie-Lussier, M., & De Koninck, J. (2002). Stress and coping in the waking and dreaming states during an examination period. *Dreaming*, **12**, 171-183.

Domhoff, G. W. (1993). The repetition of dreams and dream elements: A possible clue to the function of dreams. In A. Moffitt, M. Kramer & R. Hoffman (Eds.), *The functions of dreaming.* Albany, NY: State University of New York Press.

Duke, T., & Davidson, J. (2002). Ordinary and recurrent dream recall of active, past and non-recurrent dreamers during and after academic stress.

Dreaming, **12**, 185-197.

Fisher, B. E., Pauley, C., & McGuire, K. (1989). Children's Sleep Behavior Scale: Normative data on 870 children in grades 1 to 6. *Perceptual and Motor Skills,* **68**, 227-236.

Hyyppä, M. T., Lindholm, T., Kronholm, E., & Lehtinen, V. (1990). Functional insomnia in relation to alexithymic features and cortisol hypersecretion in a community sample. *Stress Medicine,* **6**, 6277-6283.

Kaminer, H., & Lavie, P. (1991). Sleep and dreaming in Holocaust survivors: dramatic decrease in dream recall in well-adjusted survivors. *Journal of Nervous and Mental Disese,* **179**, 664-669.

Kramer, M., Schoen, L., & Kinney, L. (1984). Psychological and behavioral features of disturbed dreamers. *Psychiatric Journal of University of Ottawa,* **9**, 102-106.

Kroth, J., Thompson, L., Jackson, J., Pascali, L., & Ferreira, M. (2002). Dream characteristics of stock brokers after a major market downturn. *Psychological Reports,* **90**, 1097-1100.

Levitan, H. L. (1978). The significance of certain dreams reported by psychosomatic patients. *Psychotherapy and Psychosomatics,* **30**, 137-149.

Levitan, H., & Winkler, P. (1985). Aggressive motifs in the dreams of psychosomatic and psychoneurotic patients. *Interfaces: Linguistics, Psychology & Health Therapeutics,* **12**, 11-19.

Mahowald, M. W., & Ettinger, M. G. (1990). Things that go bump in the night-the parasomnias revisited. *Journal of Clinical Neurophysiology,* **7**, 119-143.

Mahowald, M. W., & Schenck, C. H. (2000). REM sleep parasomnias. In M. H. Kryger, T. Roth & W. C. Dement (Eds.), *Principles and practice of sleep medicine.* 3rd ed. Philadelphia: W. B. Saunders Company.

Mahowald, M. W., & Schenck, C. H. (2005). REM sleep parasomnias. In M. H. Kryger, T. Roth & W. C. Dement (Eds.), *Principles and practice of sleep medicine.* 4th ed. Philadelphia: WB Saunders.

Monday, J., Montplaisir, J., & Malo, J. (1987). Dream process in asthmatic subjects with nocturnal attacks. *American Journal of Psychiatry,* **144**, 638-640.

Muris, P., Merckelbach, H., Gadet, B., & Moulaert, V. (2000). Fears, worries, and scary dreams in 4- to 12-year-old children: Their content, developmental pattern, and origins. *Journal of Clinical Child Psychology,* **29**, 43-52.

Nielsen, T. A. (2005). Chronobiology of dreaming. In M. Kryger, N. Roth, & W. C. Dement (Eds.), *Principles and practice of sleep medicine.* 4th ed. Philadelphia, PA: WB Saunders. pp. 535-550.

Nielsen, T. A., Laberge, L., Tremblay, R., Vitaro, F., & Montplaisir, J. (2000). Development of disturbing dreams during adolescence and their

relationship to anxiety symptoms. *Sleep*, **23**, 727-736.

Nielsen, T. A., McGregor, D. L., Zadra, A., Hnicki, D., & Quellet, L. (1993). Pain in dreams. *Sleep*, **16**, 490-498.

Nielsen, T. A., & Zadra, A. L. (2005). Nightmares and other common dream disturbances. In M. Kryger, N. Roth & W. C. Dement (Eds.), *Principles and practice of sleep medicine.* Philadelphia, PA: WB Saunders.

Nielsen, T. A., Zadra, A. L., Simard, V., Saucier, S., Stenstrom, P., Smith, C., & Kuiken, D. (2003). The typical dreams of Canadian university students. *Dreaming*, **13**, 211-235.

Nofzinger, E. A., Thase, M. E., Reynolds, C. F. III, Himmelhoch, J. M., Mallinger, A., Houck, P., & Kupfer D. J. (1991). Hypersomnia in bipolar depression: A comparison with narcolepsy using the multiple sleep latency test. *American Journal of Psychiatry*, **148**, 1177-1181.

Olson, E. J., Boeve, B. F., & Silber, M. H. (2000). Rapid eye movement sleep behaviour disorder: Demographic, clinical and laboratory findings in 93 cases. *Brain*, **123**, 331-339.

Parker, J. D. A., Bauermann, T. M., & Smith, C. T. (2000). Alexithymia and impoverished dream content: evidence from Rapid Eye Movement sleep awakenings. *Psychosomatic Medicine*, **62**, 486-491.

Partinen, M. (1994). Epidemiology of sleep disorders. In M. H. Kryger, T. Roth & W. C. Dement (Eds.), *Principles and practice of sleep medicine.* Philadelphia, PA: WB Saunders.

Pearce, J. M. (1989). Clinical features of the exploding head syndrome. *Journal of Neurology, Neurosurgery & Psychiatry*, **52**, 907-910.

Raymond, I., Nielsen, T. A., Lavigne, G., Manzini, C., & Choinière, M. (2001). Quality of sleep and its daily relationship to pain intensity in hospitalized adult burn patients. *Pain*, **92**, 381-388.

Schenck, C. H., & Mahowald, M. W. (1995). A disorder of epic dreaming with daytime fatigue, usually without polysomnographic abnormalities, that predominantly affects women. *Sleep Research*, **24**, 137.

Schenck, C. H., & Mahowald, M. W. (2002). REM sleep behavior disorder: clinical, developmental, and neuroscience perspectives 16 years after its formal identification in sleep. *Sleep*, **25**, 120-138.

Solms, M. (1997). *Neuropsychology of dreams.* Mahwah, NJ: Erbaum.

Spanos, N. P., McNulty, S. A., DuBreuil, S. C., Pires, M., & Burgess, M. F. (1995). The frequency and correlates of sleep paralysis in a university sample. *Journal of Research in Personality*, **29**, 285-305.

Stewart, D. W., & Koulack, D. (1993). The function of dreams in adaption to stress over time. *Dreaming*, **3**, 259-268.

Takeuchi, T., Fukuda, K., Sasaki, Y., Inugami, M., & Murphy, T. I. (2002). Factors related to the occurrence of isolated sleep paralysis elicited during a multi-phasic sleepwake schedule. *Sleep*, **25**, 89-96.

Van Bork, J. (1982). An attempt to clarify a dream-mechanism: Why do people wake up out of an anxiety dream? *International Review of Psycho-Analysis*, **9**, 273-277.

Whitty, C. W. M., & Lewin, W. (1957). Vivid day-dreaming: An unusual form of confusion following anterior cingulectomy. *Brain*, **80**, 72-76.

Wood, J. M., & Bootzin, R. R. (1990). The prevalence of nightmares and their independence from anxiety. *Journal of Abnormal Psychology*, **99**, 64-68.

Zadra, A. (1996). The recurring dream. In D. Barrett (Ed.), *Trauma and dreams* (pp. 231-247). Cambridge, MA: Harvard University Press.

Zadra, A. L., & Nielsen, T. A. (1996). Epic dreaming: a case report. *Sleep Research,* **25**, 148.

第一二章

Adler, A., edited by A. Porter (1980). *What life should mean to you.* London : Allen & Unwin.（アドラー，A. 高尾利数（訳）(1984). 人生の意味の心理学　春秋社）

von Boss, M. (1953). *Der Traum und seine Auslegung.* Bern, Stuttgart: Hans Huber.（ボス，M. 三好郁男・笠原嘉・藤縄昭（訳）(1970). 夢—その現存在分析　みすず書房）

Coon, D. (2004). *Introduction to psychology.* 9th ed. Belmont CA: Tomson Wadsworth.

Gendlin, E. T. (1986). *Let your body interpret your dreams.* Wilmette, Ill. : Chiron Publications.（ジェンドリン，E. T. 村山正治（訳）(1986). 夢とフォーカシング　福村出版）

池見陽 (1992). フォーカシング　心理臨床大辞典　培風館.

衣笠隆幸 (1991). 対象関係論における夢の理論　imago 臨時増刊　夢　河合隼雄責任編集　青土社.

越川房子 (1999). 実存心理学　心理学辞典　有斐閣.

宮下一博 (1999). ビンスワンガー　心理学辞典　有斐閣.

Perls, F. S., edited by J. Wysong. (1992). *Gestalt therapy verbatim.* Highland, NY: Gestalt Journal.（パールズ，F. S. 倉戸ヨシヤ（訳）(2009). ゲシュタルト療法バーベイティム　ナカニシヤ出版）

おわりに

荘子・金谷治訳注（1971）．荘子内篇　岩波書店.

コラム 1

Dave, A. S., & Margoliash, D. (2000). Song replay during sleep and computational rules for sensorimotor vocal learnin. *Science*, **290**, 812-816.

Goley, P. D. (1999). Behavioral aspects of sleep in Pacific white-sided dolphins (Lagenorhynchus obliquidens, Gill 1865). *Marine Mamal Science*, **15**, 1054-1064.

コラム 2

McNamara, P. (2004). *An evolutionary psychology of sleep and dreams.* New York: Praeger Publishers.

コラム 3

Hartmann, E. (1995). Making connections in a safe place: Is dreaming psychotherapy? *Dreaming*, **5**, 213-228.

Hartmann, E. (1996). Outline for a theory on the nature and functions of dreaming. *Dreaming*, **6**, 147-170.

Hartmann, E. (1998). *Dreams and nightmares: The new theory on the origin and meaning of dreams.* New York: Plenum Trade.

コラム 4

Degani, H. (2001). Therapists' dreams about patients and supervisors. *Dissertation Abstracts International*, **62** (**3-B**), 1570.

Hill, C. E. (2007). Dreams and psychotherapy. In D. Barrett & P. McNamara (Eds.), *The new science of dreaming. Vol. 2. Content, recall, and personality correlates.* Westport, CT: Praeger Publishers.

Karcher, J. E. (1999). Countertransference dreams in supervision. *Dissertation Abstracts International*, **59** (**9-B**), 5090.

Lester, E., Jodoin, R., & Robertson, B. M. (1989). Countertransference dreams reconsidered: A survey. *International Review of Psychoanalysis* **16**, 305-314.

Rosenbaum, M. (1965). Dreams in which the analyst appears undisguised?

A clinical and statistical study. *International Journal of Psycho-Analysis*, **46**, 429-437.

著者略歴

1959年　大阪府に生まれる
1988年　東北大学大学院文学研究科博士課程心理学専攻単位取得満期退学　文学修士
現　職　文教大学人間科学部臨床心理学科教授
主　著　『臨床に必要な心理学』（編著，弘文堂，2006）
『イメージの世界――イメージ研究の最前線』（分担執筆，ナカニシヤ出版，2001）
『人間科学としての臨床心理学』（分担執筆，金剛出版，2004）

「夢」の認知心理学

2011年2月25日　第1版第1刷発行
2021年3月10日　第1版第5刷発行

著　者　岡《おか》田《だ》　斉《ひとし》

発行者　井　村　寿　人

発行所　株式会社　勁《けい》草《そう》書　房

112-0005 東京都文京区水道2-1-1　振替 00150-2-175253
（編集）電話 03-3815-5277／FAX 03-3814-6968
（営業）電話 03-3814-6861／FAX 03-3814-6854
日本フィニッシュ・松岳社

ISBN978-4-326-29899-0　Printed in Japan

http://www.keisoshobo.co.jp

子安増生 編著　アカデミックナビ　心理学　A5判　二七〇〇円

ラインハート　西原史暁 訳　ダメな統計学　悲惨なほど完全なる手引書　A5判　二二〇〇円

綾部早穂・井関龍太・熊田孝恒 編　心理学、認知・行動科学のための反応時間ハンドブック　A5判　三六〇〇円

村野井均　子どもはテレビをどう見るか　テレビ理解の心理学　四六判　二五〇〇円

ダン・サイモン 著　福島・荒川 監訳　その証言、本当ですか？　刑事司法手続きの心理学　A5判　四二〇〇円

■シリーズ統合的認知　心の科学的理解へとつながる、6本の「大動脈（AORTAS）」

河原純一郎・横澤一彦　注意　選択と統合　A5判　三五〇〇円

新美亮輔・上田彩子・横澤一彦　オブジェクト認知　統合された表象と理解　A5判　三五〇〇円

横澤一彦・積山薫・西村聡生　身体と空間の表象　行動への統合　A5判　三〇〇〇円

三浦佳世・川畑秀明・横澤一彦　美感　感と知の統合　A5判　三五〇〇円

浅野倫子・横澤一彦　共感覚　統合の多様性　A5判　三二〇〇円

＊表示価格は二〇二一年三月現在。消費税はふくまれておりません。